XINSHIDAI
ZUIMEI FALÜ
FUWUREN

新时代
最美法律服务人

司法部法治宣传中心／编

主　　编／李子顺
副 主 编／崔立伟　于呐洋　魏小军
执行主编／陶永新

法律出版社
LAW PRESS·CHINA

编 委 会

目 录

CONTENTS

监狱人民警察

戒毒人民警察

社区矫正工作者

法律普及工作者

公证员

律师

法律援助工作者

人民调解员

司法鉴定工作人员

监狱人民警察

个人小档案

汤洪林

YANG HONGLIN

汤洪林，中共党员，大学文化，四川省渠县人。1980 年 4 月出生，1999 年 12 月参加工作，生前系四川省巴中监狱六监区党支部书记、监区长，三级警督警衔。

从警 17 年，他先后担任分队长、管教干事、狱政科副科长、特警队队长、监区长等职务，3 次被评为优秀公务员，荣记个人三等功 1 次， 在三大主题活动中被省局评为“业务能手”，其所在单位多次被评为先进集体，2015 年被巴中市授予“青年文明号”。2017 年 3 月 7 日在洽谈工作途中因自发性蛛网膜下腔出血，自主呼吸消失。2017 年 3 月 12 日他的家属遵照其生前意愿，将其眼角膜无偿捐献，让一名法医和一名小男孩重见光明。

汤洪林从警17年，先后担任分队长、管教干事、狱政科副科长、特警队队长、监区长等职务，由于工作成绩突出，其所在单位多次被评为先进集体，2015年被巴中市授予“青年文明号”，该同志先后3次被评为优秀公务员，并荣记个人三等功1次。2017年3月7日中午，汤洪林感觉头痛头晕，在稍事休息后，便拖着疲惫的身子按时来到监区继续忙碌地工作。当天17时5分，在与民警郑思源前往西华山洽谈监区党支部活动场地途中，突发疾病，随即被紧急送往巴中市人民医院抢救，经诊断为自发性蛛网膜下腔出血，导致呼吸循环衰竭，当晚自主呼吸消失。2017年3月12日上午，其家属在万般不舍的情况下，遵照其生前多次表达的意愿，将他的眼角膜作出了无偿捐献，目前已让一名法医和一名小男孩重见光明。2017年6月被司法部追授为全国司法行政系统“一级英模”，2017年3月被四川省监狱管理局追授为“优秀共产党员”。

1986年9月，汤洪林同志就读于南江县坪河小学。他品学兼优，爱学习爱劳动，不怕脏累苦，有理想和抱负。1994年9月加入了中国共产主义青年团。1996年9月考入四川省林业学校。朝气蓬勃、怀揣理想的他，乐学善思，热心公益活动，甘于奉献，

先后担任副班长、团支部副书记、班长等职务。在以优异成绩完成学业的同时，他还积极参加学校舞蹈队、书法协会和都江堰青年艺术团等社团活动，不断陶冶自己的情操，提高自己的道德修养，奠定正确的世界观和人生观，为他日后献身于党的监狱事业打下了坚实的基础。

汤洪林同志从小受其父亲军人形象和警察职业的影响，1999 年中专毕业后，如愿以偿地成了一名光荣的监狱人民警察。他忠诚履职尽责，积极靠前指挥谋发展，主动下沉一线夯基础，勇挑急难重担显担当，不断适应新要求、新形势，在打击威慑罪犯，把守监狱最后一道关口，维护监管秩序中发挥了关键作用。特别在全系统警体技能“大比武”活动中，他率先垂范，身先士卒，团结并带领队员，顶烈日、战酷暑，最终取得了团体优异成绩，为集体赢得了荣誉。同时，他个人也以优秀的成绩、娴熟的技能和严谨的作风圆满完成了省局“三大主题”活动各项目标任务，并获得省局“业务能手”的表彰。他牢记宗旨意识，不忘初心，以一个忠诚、干净、担当、敬业的好干部身份，以身作则，率先垂范，鞠躬尽瘁，无私奉献，抓队伍强素质、抓业务树标杆，抓安全保稳定，带头执行制度，模范遵守纪律，不怕苦、不叫累，敢担当、有作为，对同事重情、对罪犯有爱、对工作用心，所管监区各项工作稳中求进、持续向好，为监狱服刑人员积极做好后勤保障工作，为监狱的安全稳定付出了全部心血。

作为一名优秀的监狱人民警察，该同志在 17 年的工作中，他默默把自己的青春献给了监狱事业。他为人低调，待人诚恳，工作敬业，不仅是工作上的“拼命三郎”，更是党的监狱事业的“忠诚卫士”。他在平凡的工作岗位上彰显了一名共产党员“为民、务实、清廉”的优良作风，以实际行动生动诠释了“忠诚、智勇、厚德、尚法”的巴中监狱警训。他的一生没有豪言壮语，就如同一头勤奋的“老黄牛”，踏实厚道，少说多做，以平常之心坚守平凡岗位，勤勤恳恳、任劳任怨，为监狱的发展奉献了热血和青春，抒写了无怨无悔的壮丽人生。

个人小档案

李守权

LI SHOUQUAN

李守权，1980 年参加工作，历任凌源第二监狱副主任科员、中队长，现任凌源第二监狱七监区主任科员。曾荣获凌源第二监狱优秀分监区长，凌源监狱管理分局优秀共产党员，凌源监狱管理分局优秀警官，凌源第二监狱执法先锋、民警标兵，凌源监狱管理分局个别教育能手，辽宁省监狱管理局“优秀人民警察”并记三等功 1 次，辽宁省监狱管理局“个别教育能手”并记三等功 1 次，连续 3 年被评为“优秀公务员”并记三等功 1 次，辽宁省司法行政系统“十佳最美人物”，凌源分局工作标兵，凌源分局优秀共产党员，全国司法行政系统先进工作者，辽宁省委政法委优秀政法干警。

30多年来，李守权同志一直在基层管教战线上，孜孜以求地探索着，默默地付出着，他以实际行动发挥着一名普通中共党员的光和热。工作中，他履职尽责、规范执法。

扎根基层不动摇

从1980年参加工作以来，李守权同志就与分监区长这个岗位结下了渊源。有很多次机会，监狱考虑到他的身体不好，想调他到机关工作，可是他却说："我在基层工作已经习惯啦，还是在基层工作吧。"当组织想提升他为副监区长找他谈话时，他婉言谢绝："我都这把年纪啦，把机会留给年轻人吧。"多年来，凭借着他的高尚品德和求真务实的工作作风，深受领导的认可，群众的信任。

坚守岗位不分心

30多年来，李守权同志一直在基层管教战线上，在分监区这个岗位上心无旁骛、孜孜以求的探索，默默的付出，以实际行动发挥着一名普通共产党员的光和热。多年的管教工作实践，使他逐渐摸索出一套能适应新形势，应对新挑战的教育改造工作方法。李守权同志在工作中主要做到"一公、二细、三创新"。

"公"就是公平、公正、公道。在工作中，他始终注意到这一点，做到奖先惩后，以此激励罪犯改造积极性。对违规违纪罪犯坚决处理，惩歪风，扬正气，从而维护正常的管理秩序。

"细"就是认真、仔细、细腻。工作中力求把工作做实。在实际工作中，他具有严谨的工作态度。作为分监区长，他对分监区内的罪犯能够做到熟知每个人的家庭成员、经济状况、犯罪过程，并在日常谈话中注意发现罪犯的性格、犯罪原因、缺点、优点、个人在犯群中的关系，从中分析罪犯要什么、怕什么、改造态度积极还是消极，并能够针对每个人的具体情况制定不同的教育改造方案、措施。

“创新”就是不断创新工作方法，不拘泥、不教条，善于探索、总结经验与时俱进。李守权同志在实际工作中坚持“依法、规范、系统、长效”原则。经过他不断地创新工作方法，他所辖的分监区无论是监管工作还是生产工作，在监区一直都名列前茅。

执行制度不走样

坚持制度、执行监狱党委决议一直是李守权同志一贯遵循的准则。分监区长这个职务掌握着服刑人员的考核、奖惩的权力，如果分监区长意志不坚，极易走上错误的道路。针对复杂的犯情，李守权同志既做到了公平又做到了公正，所辖分监区的服刑人员心服口服，都称赞他为“黑包公”。

人到中年不松劲

李守权同志已经50多岁了，可以说，在基层管教战线上是个老兵。多年来，不管刮风下雨，无论春夏秋冬，在照顾好瘫痪在床70多岁老母亲的同时，他始终坚持天天骑着自行车亲自提工带队喊口令。在监区里他也很少坐在办公室里，坚持在现场跟班，以力求最大限度地考核罪犯的改造情况，处理现场发生的任何问题。每名罪犯的基本情况、在什么岗位、生产什么、完成情况、改造表现都了如指掌。

熟悉李守权的同志都知道，他患有哮喘病已经多年。有时走百米左右，就得休息一会儿，有时脸憋得发青，可他从没有请过假。为了维护监管稳定，李守权同志一方面几乎每天都找失去改造信心的罪犯谈话，帮助他们解决日常的生活困难，同时结合亲情电话、亲情帮教帮助他们重拾生存信心，并选派专人看护精神病犯和生活不能自理的罪犯，照顾他们的饮食起居、打针吃药、清理便溺等工作；另一方面提前做好预防和管控工作，保证这些老病残犯 24 小时内都有人监护，李守权同志每天都督促、检查，正是由于他日复一日、事无巨细的工作态度和方法保证了分监区的稳定与和谐。李守权同志凭着对事业的忠诚，默默地工作在监管的第一线。

个人小档案

张广军

ZHANG GUANGJUN

张广军，1968 年 11 月出生，河北省玉田县人，中共党员，学士学位，1991 年 7 月参加工作，现任特管监区监区长，副调研员，主任医师。

2007 年 10 月荣获山西省三八红旗手，2012 年 4 月被山西省司法厅荣记二等功，2012 年 5 月被山西省劳动竞赛委员会授予山西省五一劳动奖章，2013 年 1 月被中共山西省委政法委评为全省践行政法干警核心价值观优秀干警，2016 年 1 月被山西省人力资源和社会保障厅、山西省司法厅评为全省司法行政系统先进工作者。

张广军同志从事监管医疗工作20多年来，患者病床边、危急病人抢救现场、重大疫情防控现场、突发情况处置现场、艾滋病犯生活区和治疗区……都留下了她忙碌而坚毅的身影。她用自己的一言一行感染着、激励着、带领着同事们，坚定地跟她一路前行，为挽救患者的生命、拯救罪犯的灵魂无私无畏地奉献着。

立足本职，勇挑重担

“要干就要干好，干出个样子来”——这是她的工作信条。她所在的感染性疾病监区承担着全省监狱系统的重症结核病、肝炎、肝硬化等传染性疾病的住院治疗，作为险要部门，承担的责任相当重大，弄不好就有疫情扩散的可能。她是一名医生，同时也是一名监狱人民警察；她既要诊治疾病，又要挽救灵魂。特别是2005年，省监狱局决定成立特管病区，接管全省监狱系统艾滋病病犯的管理和医疗救治任务，当多数人持观望、远离态度时，家人的劝说、朋友的阻挠都没有动摇她的信念，她身先士卒、为人表率，亲自接诊每一位病人，天天进病房做大量、耐心、细致的说教工作。

敬业奉献、忠贞坚守

在工作中，不管什么时候，无论是休息日还是午夜凌晨，只要有危重病人，只要一个电话，她总是随叫随到。病犯申某，呼吸困难，肺结核合并液气胸，血氧饱和度不到80%，生命垂危，她接到电话，迅速与值班医师积极救治病人，做有效的胸腔穿刺引流，一直忙到晚上 12 点，看到病人病情缓解才回家，每当这个时候，同事们总是说："当主任不容易，也没有属于自己的时间，真辛苦！" 类似的事情还有很多很多……

每逢元旦、春节、彝族节，她都要与艾滋病犯座谈，转达上级领导对他们的关心，把慰问品发到他们手中，用一个微笑的表情、一个温暖的眼神、一句理解鼓励的话语，赢得了他们的信任，矫正了他们逃避、逆反和恐惧的心理，避免了一次又一次伤害、轻生事件发生，使他们保持平和心态，能正确对待自己的病情。他们多次集体自发地给张广军主任写下感谢信，表达内心的感动和真诚的谢意。

迎难而上，勇于创新

艾滋病罪犯的病情、思想最容易出现反复，病犯多、病情复杂，面对在押病犯思想复杂使狱情动态更加不稳定，罪犯教育改造难度增

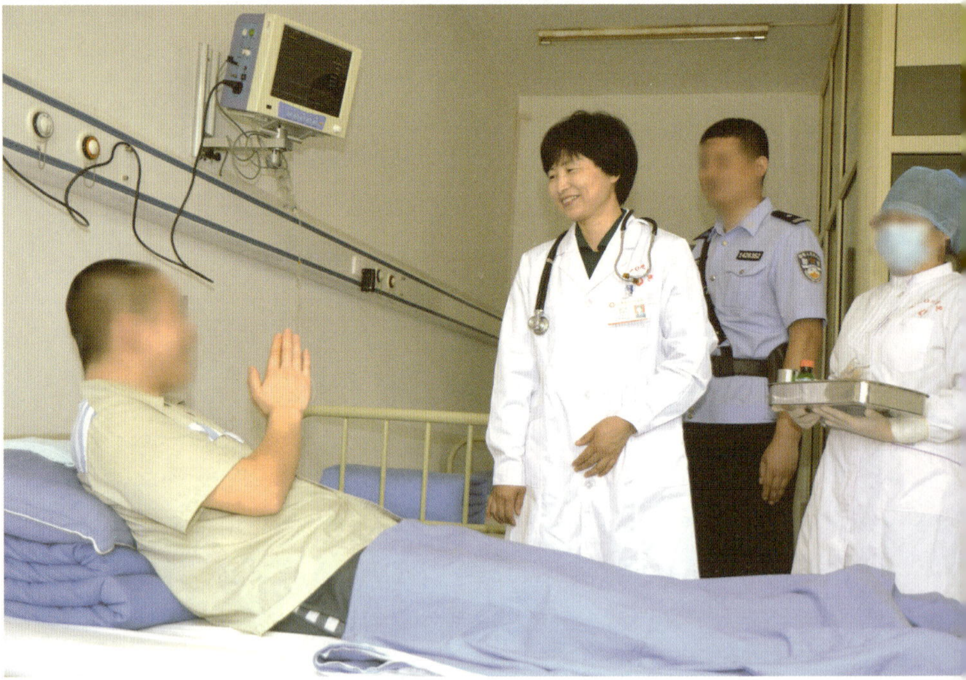

大，监管安全形势更加严峻的情况，她克服人员少、工作强度大、工作危险系数高等困难，发扬不怕苦、不怕累的大无畏精神，确保监区各项工作全面、顺利开展，医疗监管工作安全稳定。

辛勤耕耘，硕果累累

她以“抓安全、保稳定、促发展”为工作中心，自觉树立全心全意为人民服务的思想，讲党性、重品行、作表率，坚持原则，公道正派，任劳任怨，在党员和群众中有很高威望。积极做好在押服刑人员的医疗救治、教育转化工作，提高了在押服刑人员的生理、心理健康水平和教育改造质量。“平常时期能看得出来，关键时刻能冲得出来，危难关头能豁得出来”——是一名优秀党员精神风貌的最好体现。截至目前，山西省新康监狱感染性疾病监区治疗、管理艾滋病犯无一例监管事故发生。在院治疗的患者 CD4+T 淋巴细胞计数均有明显提高，及时有效的治疗唤起了他们战胜疾病、积极改造的信心。

个人小档案

周生才

ZHOU SHENGCAI

周生才，1974 年 10 月出生，江苏省沭阳县人，中共党员，本科学历，法律硕士学位，现任江苏省洪泽湖监狱狱政管理支队支队长。1996 年 8 月参加工作，历任江苏省洪泽湖监狱教改科、心理矫治科科员、副主任科员，三监区任副教导员，一监区任教导员。由于工作业绩突出，先后被评为江苏省政法系统“忠诚卫士”、江苏省司法厅优秀党务工作者、江苏省监狱系统“好警察标兵”、江苏省监狱局优秀党员，荣立个人二等功 1 次、三等功 3 次，多次获得监狱嘉奖。

洪泽湖监狱四面环水，周生才就像艄公一样驾着希望之舟，来回穿梭于新生的彼岸。

攻坚克顽　动真心唤真情打开心灵枷锁

“罪犯也是人，用真情总能换回真心”，这是周生才担任监区教导员时常挂在嘴边的一句话。服刑人员李某，24岁，因诈骗被判有期徒刑3年。在看守所期间就有5次违规，初入监时更是情绪激动，曾为逃避改造多次吞食异物，被认定为监狱级顽危犯。面对顽固抗改的李某，周生才当仁不让地承担起对他的教育转化工作。通过一番全面细致的了解，生活上无微不至的关心，李某冷漠的态度慢慢开始转变。在临近春节的一次活动中，李某向周生才哭述心扉。原来李某父母对其从小就期望很高，中专毕业后又送到部队锻炼，本来以为前程似锦，却一脚踏进犯罪深渊，望子成龙的父母难以接受沉重打击，于是宣告断绝关系，这也让悔恨不已的李某更加自暴自弃、“破罐子破摔”。

解铃还须系铃人，找到了心锁，周生才决定从源头入手，将调和李某冰冷的家庭关系列为突破口。但心灰意冷的李某父母根本不予理会，周生才多次写信均石沉大海，电话也屡屡遭拒。眼看春节将至，周生才毅然决然放弃休息，决定和同事一起去李某家家访，途中恰遇暴雪，当他们忍受着刺骨严寒、踩着厚厚积雪敲开李某家门时，李某父母被他们的真诚打动，答应来监会见。

会见现场，伴着春节的鞭炮声，一家三口哭成一团，破裂的亲情在泪水中弥合如初，李某桎梏已久的心锁恰轰然崩塌，对监狱和民警满怀感激之情，积极寻求悔过自新之路。

坚守良知　守好法律公平正义重要关口

2013年在一次监管安全督察中，一名刚入监罪犯徐某自称有件“小事”想咨询，周生才出于职业敏感，当即与监区领导一起约谈徐某，经初步了解，徐某文盲，没有法律常识，法院审理期间没有提出其刑事拘留期间被羁押13天的情况。回到科室后，周生才第一时间调阅了徐某的档案，会同刑罚执行部门对相关法律文书做了细致研究，核查清楚后，一方面为徐某提供法律援助，另一方面向原审法院去函，商请处理。原审法院对此案十分重视，经过多次认真复查、取证，最终更正了徐某的刑事裁定书。当徐某拿着更正后的刑事裁定书，拉住周生才的手，激动地说：虽然我犯了法，不懂法，但我相信法。

13天对于普通人来说可能不算什么，但对于高墙之内渴望自由的罪犯来说却弥足珍贵，尽管更正的刑期只有13天，但彰显的却是法律的公平正义！

公私有别　永葆浩然正气清廉形象

“不以人情换原则，不以感情代政策”是周生才的廉政格言，无论在哪个岗位，他能严格按章依法办事，时刻绷紧反腐倡廉这根弦，保持一名党员民警的清廉形象。

在日常工作中，周生才坚决做到“三个一遍”：所有监区30层楼每天跑一遍、2000米长围墙每天巡一遍、早中晚重要时段查一遍。他对查出来的问题，见事、见底、见人、见责，敢于较真，是出了名的“铁面无情”。一名和他同时参加工作、私交颇好的监区教导员，曾因监区民警值勤不规范被扣分，私下里多次找他“通融”都未果。在他督促整改下，该监区各项工作上了台阶，年末综合考核排名靠前，该教导员也被评为先进。

“喂，生才啊，我有个朋友的同学关在你们监狱了，给安排会见一下啊”，这样的电话周生才每月都会接到数起。每次他都是义正词严地拒绝，这里面不免有来自他同学、老乡，甚至亲人的托请，时间久了，周生才也就成了他们口中的“榆木疙瘩”。正是这所谓的“榆木疙瘩”，树立起公正清廉的监狱人民警察形象。

潍河悠悠，映照战斗身影，湖水清清，见证忠诚坚守。20多年如一日，周生才用拼搏无悔的人生，演绎着大湖之畔的“摆渡人”。

个人小档案

陈黎华

CHEN LIHUA

陈黎华，1976 年 1 月出生，福建省平潭县人，1999 年 6 月加入中国共产党，2000 年 1 月参加工作，大学本科学历，现任福建省女子监狱七监区主任科员。先后两次受到习近平主席等党和国家领导人的亲切接见，先后被评为“福建省三八红旗手”“福建省先进工作者”“福建省道德模范”“第四届全国道德模范提名奖”“全国司法行政系统先进个人”“全国司法行政系统二级英模”“全国三八红旗手”“全国先进工作者”等荣誉称号。她的家庭也被评为“全国五好文明家庭”“全国最美家庭”“全国五大情系国防建设好家庭”等。

事迹材料

陈黎华同志入警18年来，长期在监狱基层从事教育改造女犯工作，18年如一日兢兢业业、尽职尽责，坚持不嫌弃、不抛弃、不放弃的原则，认真做好罪犯教育改造工作。她牢记只要有爱心、耐心、恒心，再顽固的罪犯也可以改造好的理念，所帮教的160多名丧失生活信心、丧失改造信心、悲观绝望的罪犯无一自暴自弃，无一自伤自残自杀；所办理的800多件减刑假释案件，无一差错、无一申诉、无一上访；她心细如发，时刻关注监管安全，全力化解警囚矛盾和囚囚矛盾，先后成功处置150多起监管安全隐患，维护了监狱安全稳定；她以情感人、真心关爱、真情帮教，使100多个破碎的家庭修复了裂缝破镜重圆；为了救治患病的罪犯，她多方寻医问药，嘘寒问暖医病又医心；为了帮助罪犯解决后顾之忧，她延伸教育改造触角，主动走出监狱深入社区、司法所、企业等单位协调解决罪犯刑释后的安置问题，解决了刑释罪犯后顾之忧，大大降低了刑释罪犯重新违法犯罪率；对没有会见、没有书信、没有接济的“三无”罪犯，她跑东家奔西家当起“和事佬”。她把个人的理想信念和事业追求与党的监狱事业紧密联系起来，忠诚履职、爱岗敬业、扎实工作，努力在本职岗位上创造一流的工作业绩。

陈黎华同志认真做事、干净做人、快乐工作，不浮躁，经得住考验、抵得住诱惑，洁身自好。模范遵守职业道德，弘扬社会公德、家庭美德。她的丈夫是一名空军航空兵，公公是一名国际货轮船长，家里两名顶梁柱一名保家卫国转战各地在天上飞，另一名工作繁忙一年四季在全球海域漂，她全力支持丈夫的国防事业和公公的海航事业，体弱多病的婆婆长期与她生活，为了与婆婆更好地相处，她耐心与婆婆交流，听她说爱人成长往事、与她讲自己成长经历、陪她逛街购物、带她爬山吃饭，将手机号码、办公室电话号码用记号笔写在她备忘本上，平时加班也会提早给她打电话通知，碰到事情时候也会尊重她、征求她的意见与看法，再开诚布公表达自己的想法。在婆婆糖尿病引发并发症尿毒症晚期，等待找到合适肾源更换前，长期住院，每周需要进行两三次的血液透析来维持生命。她周而复始在家、单位、医院三点一线间来回奔波，每天早晨4时30分要准时起床，开始准备婆婆一天三餐的粗粮饭菜，再做女儿的早餐，6时30分将7个月大的女儿唤醒，用15分钟时间帮她穿好衣服、喂完饭，6时50分前将女儿用宝宝背袋固定在胸前，骑上摩托车先将饭菜送到医院交于护工，再将女儿送到今天有空可以帮忙带的亲戚家中，最后再赶到单位准时上班。下班后先去接女儿，接着到医院看婆婆擦洗、更换衣服，将换洗的衣物及保温桶带回、再到超市买第二天的菜、到家给女儿煮饭、喂饭、洗澡、清洗衣服，等女儿睡着后，坐下来吃晚饭，再联系第二天能够帮忙带女儿的亲戚、整理好第二天女儿所要用的尿片、奶粉、衣服等东西，清洗好第二天要用的菜基本上都已经是12点以后的事了，每天睡眠时间没有超过4个钟头，这样的生活她坚持了将近4年，直到婆婆顺利完成了肾移植手术。特别是因操劳过度罹患胃癌饱受放疗化疗痛苦折磨，却依然乐观向上顽强与病魔作斗争，从不向组织提条件求照顾，

从不向病魔屈服，独自一人默默承担赡养婆婆、抚养孩子等重担。生活艰难工作虽忙都依旧乐观豁达，被誉为是尽忠尽孝尽职尽责的好媳妇好母亲好警官。在她的细心照料下，婆婆的身体逐渐好转，多次历经死亡威胁却次次转危为安；在她的大力支持下，其夫出色地完成了各项战勤训练任务，多次立功，先后被中央军委、四总部和空军授予“全军优秀指挥官”“空军技术骨干”“空军科技人才”等荣誉称号。

个人小档案

张明伟

ZHANG MINGWEI

张明伟，四川省成都市人，1968 年 8 月出生，1988 年 8 月参加工作，1994 年加入中国共产党，西藏农牧学院农学毕业，本科学历。

1988 年 8 月至 1993 年 2 月在西藏自治区第二劳改支队任科员；1993 年 2 月至 1994 年 7 月任西藏自治区第二劳改支队办公室副主任；1994 年 7 月至 1997 年 12 月任西藏自治区第二劳改支队政工科副科长；1997 年 12 月至 1999 年 9 月任波密监狱政工科科长；1999 年 9 月至 2001 年 6 月任波密监狱副监狱长；2001 年 6 月至 2003 年 10 月任波密监狱党委委员、副政委；2003 年 8 月至 2008 年 4 月任西藏自治区司法厅监狱管理局副局长；2008 年 4 月至 2017 年 11 月任波密监狱党委书记、政委；2017 年 11 月至今任波密监狱一级警长。

以苦为荣，甘当年轻人的良师益友

波密监狱隶属于西藏自治区司法厅，地处林芝市波密县倾多镇如纳村，距离波密县城33公里，为司法厅直属监狱中唯一一所远离城市、交通不便、信息闭塞、监管场所点多线长、基础设施落后以及电压不稳定的监狱。

张明伟同志1988年8月从农牧学院毕业分配到监狱工作。20世纪80年代，波密监狱的交通和通信条件非常差，报到那天他们一行几人带着简单的行李，沿着崎岖不平的318国道，在颠簸了20多个小时之后才到达机关驻地。他被分配到离机关还有14公里的三监区工作，当时那里的条件更差，住的是几十年的老房子，一到雨天外面下大雨，屋内下小雨，连冻肉也是很长时间才能吃上一顿，只有一个台的电视也不能完全保证。每当回忆起当时的情形，他总会满含深情地告诉年轻同志，社会是发展的，监狱也在发展，现在条件越来越好了，你们唯有尽心工作，才不负肩负的责任。朴实的道理激励着许多年轻人。

扎根基层，永远无怨无悔

2003年8月至2008年4月，张明伟同志因工作调整，转任自治区监狱管理局担任副局长。2008年4月他放弃了舒适的城市生活，服从分配又回到波密监狱与昔日的同志们一起并肩战斗，至今从警已满29年。他多次感慨道：“回顾在波密监狱20多年的工作、生活和学习经历，以及那些艰苦而美好的岁月，我无怨无悔。”

责任在心难尽孝，默默坚守保安全

2007 年 3 月，张明伟同志的母亲经诊断患肺癌，老人家多么希望儿子能够在她有生之年陪伴在自己身边。然而，作为一名深受党培养教育多年的老党员、领导干部，他深知“自古忠、孝难两全”，毅然把床前尽孝的责任留给了妻子，把心中的牵挂和痛苦深深埋在心底，数年来没有请一天假，始终坚守在工作第一线。2017 年 1 月，老人家病情进一步恶化，当时他正在内地轮休，短暂的轮休时间，他是在医院老娘的病榻前度过的。假期结束后，又义无反顾地踏上了返岗的路途，唯有离家时对妻子说的“拜托了”，诠释了他心中的全部感情。2017 年 3 月，他回到单位 10 多天后，接到了母亲去世的消息，才请假回了趟家，这是他自母亲生病以来请的第一次假。与爱人结婚 20 多年来，为了照顾年迈的双亲和女儿，他们天各一方两地分居了 20 多年。

“宝剑锋从磨砺出”，拥护核心听党话

作为一名共产党员，张明伟同志能够始终坚定共产主义理想信念，坚持全心全意为人民服务的宗旨，在思想上、政治上和行动上同以习近平同志为核心的党中央保持高度一致；作为一名监狱人民警察，能够始终牢记习近平总书记重要讲话中强调的“对党忠诚、服务人民、执法公正、纪律严明”的16字方针，团结带领全狱干警职工立足艰苦环境，兢兢业业工作，为西藏社会和谐、稳定、发展做出了应有的贡献。

党的十八大以来，张明伟同志无论是在担当“两个责任”、服务群众方面，还是在刑罚执行方面，都能够以“忠诚、干净、担当”的崇高政治品质，积极作为，“撸起袖子加油干”，并以身作则、以上率下，模范遵守中央“八项规定”，把规矩和纪律挺在前面，对发现的违纪行为和人员“零容忍”，切实夯实了执法执纪的生命线。

从一名普通干警，扎根大山深处，历经20余年成长为一名受人尊敬的领导干部，张明伟同志实现了他的个人价值。“党和人民给予了我很多荣誉，上级领导和同志们寄予了我厚望，对此我倍感珍惜，也深知这些荣誉和厚望的背后，承载着是担子和责任。”他是这样说的，更是这样做的。

个人小档案

陈熹微

CHEN XIWEI

陈熹微，中共党员，大学本科，国家三级心理咨询师，2000 年 7 月参加工作，现任北京市女子监狱九监区党支部书记、监区长。

多年来，陈熹微一直工作在监管改造第一线。在她的团结带领下，全监区民警攻坚克难、顽强拼搏，累计收押改造罪犯 4000 余人，取得了新入监罪犯认罪悔罪率 96% 以上、惩教类罪犯教育改造合格率 100%、监管安全零事故的优异成绩。她所带领的九监区先后获得“北京市三八红旗集体”、北京市监狱管理局“青年文明号”。她个人被授予司法部“新时代最美法律服务人”、首都劳动奖章，北京市监狱管理局先进工作者、优秀共产党员标兵、“责任之星”等荣誉称号，并 3 次荣立个人三等功、多次荣获国家公务员嘉奖等。

2016年7月，陈熹微代表首都监狱人民警察在人民大会堂参加了建党95周年庆祝大会；2017年“五一”劳动节前夕，她被授予“首都劳动奖章”。参加工作10多年以来，先后3次荣立个人三等功，多次荣获国家公务员嘉奖。她，就是北京市女子监狱九监区监区长陈熹微。

她坚定执着，用忠诚担当矢志不渝扎根监管改造一线

作为基层民警的一员，陈熹微同其他监狱民警一样，用艰辛的付出、无私的担当和忘我的奉献坚守在监管改造一线。然而，正是在日复一日的普通而又平凡的工作中，陈熹微用她17年的从警生涯践行着一名监狱民警对事业的无限忠诚。17年来，她铁肩担当、献身使命，用实际行动诠释了监狱民警忠诚的政治本色；她勤学苦练、善谋实干，用一流业绩展示了监狱民警良好的职业素养。“心有忠诚，行有方向”，她用对党的无限忠诚和对监狱事业的满腔热爱，在平凡的工作岗位上创造了一流的业绩。她常说，“教育改造就像种一棵小树苗，从一开始就要种直。如果不种直，以后就会长成歪脖树”。为此，无论是对新入监罪犯的入监教育，还是对狱内违规罪犯的严管教育，她都把“规矩”二字作为监区建设的灵魂，引导民警以严明的执法态度、专业的技术能力和高尚的道德品质，言传身教影响服刑人员。在她的带领下，整个监区形成了讲正气、守规矩的良好风气。

她刚柔并济，用理性智慧不折不扣落实“治本安全观”

陈熹微所管理的九监区是集新入监教育与惩教罪犯转化为一体的特色监区。刚到九监区的罪犯，有拒不认罪大喊大叫的，有消极抵抗装聋作哑的，有对未来失去信心想放弃生命的，也有身患疾病生活不能自理的。无论面对什么类型的罪犯，陈熹微始终认为，“我们是罪犯入监后面对的第一位老师，我们的执法工作就是监狱工作的第一张名片”。为了亮好这张名片，陈熹微带领监区民警，对身患疾病的罪犯，积极与医生沟通制定治疗方案；对顽固难管的“刺头”，用严格的执法立规矩、树权威；对情绪不稳定的罪犯，通过深入地教育改造化解心理问题。复杂而艰巨的工作任务，培养和磨炼了陈熹微同志更强的业务素质、把控能力和攻心治本的工作技巧，展现了过硬的业务素质和职业操守。

面对一个个难管的罪犯，陈熹微带领民警组成攻坚小组，对罪犯的犯罪事实、家庭环境和以往违纪问题进行综合分析，运用危险评估量表等进行科学评估，制定专门教育矫治方案。罪犯李某，入狱前就是当地有名的上访户，入狱后多次无中生有写举报信，试图威胁监狱给她“特殊照顾”。到九监区时，已有32次狱内处分，是监狱有名的抗改造“老大难”，而且距她刑满释放已不足5个月，转化任务迫在眉睫。陈熹微同志用她“巾帼可擎半边天”的刚强和“真情感化迷途人”的柔情，带领攻坚小组夜以继日、攻坚克难，刚柔并济、宽严适度，最终成功教育转化该犯。

她律己律人，用“严”字当头全力打造一支精兵强队

“一枝独秀不是春，百花齐放春满园”，陈熹微深知监区今后的发展，靠的是素质过硬的队伍。如何以人为本，打造一支精兵队伍，是她必须要解决的课题。作为监区党支部书记、监区长，她始终坚持律己律人，“严”字当头。九监区20名女警中，有8人是双警家庭。为了把九监区建设成一个团结向上的集体，陈熹微坚持以党建为引领，以党支部品牌建设为核心，以“家文化”理念为载体，把九监区打造成了坚强有力的战斗堡垒和精锐能干的巾帼之师。在她的带领下，10余名同志陆续走上监狱中层领导岗位，民警队伍的“正规化、专业化、职业化”水平不断提高。

个人小档案

朱国玉

ZHU GUOYU

朱国玉，蒙古族，二级心理咨询师，内蒙古监狱系统心理矫治专家组成员。1999 年参加工作，2009 年担任教育改造科副科长、心理矫治中心主任至今，在服刑人员心理矫治工作上、“大墙诗教”文化建设上均取得较好成绩，几百名服刑人员走出心里的困惑，创作的八百余首改造诗歌、改造歌曲在高墙内传唱，成为赤峰监狱一道亮丽的风景。朱国玉救助过的特困服刑人员未成年子女 20 余人次，个人捐助 19,000 多元。

朱国玉曾被评为司法部心理矫治先进个人、教育改造质量年先进个人、共青团中央彩虹行动优秀人生导师，荣获个人三等功 3 次、内蒙古第五届道德模范提名奖、内蒙古 2016 年 10 月好人榜好人。

朱国玉同志作为监狱一名教育改造科民警，他不断认真钻研教育改造工作新思路、新方法，不断创新教育改造新模式。特别是在服刑人员心理矫治方面，朱国玉同志大胆创新，将民警“四知道”改为“五知道”，把“服刑人员心理健康状况”列为民警应知应会内容，将“阳性强化法”列为民警日常管理服刑人员的应用技术，在积极倡导服刑人员团体活动的同时，切实发挥个体咨询优势。2013年，朱国玉同志对有自杀危险的服刑人员成功实施危机干预，成为赤峰监狱服刑人员心理健康的守护者，为监管安全做出突出贡献。

朱国玉同志提出了大力发展“大墙诗教文化”教育改造工作目标，在其带领下，赤峰监狱服刑人员诗歌文化得到了持续稳定的发展，在全国监狱系统内均有一大批赤峰监狱获奖作品，朱国玉本人也先后创作了《高墙内的忠诚》《戒毒宣传歌》《职务犯罪诫勉歌》《服刑人员家庭责任告白书》《监狱警察颂歌》《监狱警察之歌》和服刑人员改造歌曲《新生路上》《走向新生》等800余首。

2005年，朱国玉同志因一次特殊的家访，走上了他十几年如一日对特困服刑人员未成年子女救助之路。朱国玉同志以资金和心理帮助的形式救助特困服刑人员未成年子女20余人次，个人累计捐助一万九千多元，帮助成长中的问题少年免费开展心理咨询160余人次。同时，朱国玉同志又拉动企业和社会团体对特困服刑人员未成年子女实施救助，累计金额3万余元。令他欣慰的是，在他的救助和心理疏导以及多方协调下，这些孩子能够健康成长，一名特困服刑人员的子女已经考上大学。2015年，共青团中央将赤峰市列为“关爱青少年彩虹行动示范项目”地区，朱国玉同志成为人生导师中的一员，与分派的3名青少年结成帮教对子，这3名青少年均是父母服刑的“失依少年”，经过长达1年的一对一教育疏导及经济救助，这3名处在“边缘状态”

的青少年摆脱网吧，改掉了“游手好闲”的不良习惯，2015 年年底均以学习成绩大幅度提升赢得了老师和同学们的高度认可，彻底改变了老师及同学们认为“坏孩子”的印象。

朱国玉同志的内心也有深深的愧疚，父亲身患重病，朱国玉同志为了工作曾长达 7 年未能陪父母过一个团圆年；2007 年 5 月 18 日，孩子出生，朱国玉同志却在监狱的工作岗位上，两天后，等他回到兴安盟老家时，孩子早已在母亲的身边；2014 年岳母肺癌晚期，老人在弥留之际就想看一眼他，他依旧在监狱的岗位上；2017 年 10 月正当“党的十九大”安保及监区文化创建之际，岳父突发车祸人事不省，待到安保结束匆匆返回兴安盟老家时，岳父已去世多天。这是他无法挽回的痛，但他不后悔，因为他知道穿上这身警服他就已经属于国家和人民。

朱国玉同志曾写过这样一首诗：“一缕春风将大地吹绿，一场春雨是那样的深情。枯木逢春是枝头的绽放，谁来呵护这一叶晚青。高墙里走来一支特殊的‘兵’，春风化雨你将心灵教化，无私奉献你风雨兼程，只为那洗心革面早日新生。一座灯塔将黑暗照亮，一句温暖是那样的深情。浪子回头是你我的心愿，谁来教化这桀骜心灵。高墙里走来一支特殊的‘兵’，呕心沥血你将大爱播撒，舍己为公你风雨兼程，只为那幡然悔悟早日觉醒。啊！平凡的监狱警察，你是共和国的兵，为了社会的和谐，人民的幸福，为了千千万万团圆的梦，你不辱使命、不改初衷，用青春和热血铸就钢铁长城。啊！光荣的监狱警察，你是共和国的兵，为了社会的和谐，人民的幸福，为了千千万万团圆的梦，你无愧警魂、无悔人生，用青春和热血守护祖国安宁。”朱国玉同志用他的实际行动践行着从警誓言。

个人小档案

曹 洪

CAO HONG

曹洪，1968 年 12 月 28 日出生，大学文化，中共党员。1988 年参加工作，历任吉林省女子监狱管教员、狱政科干事、教育科干事、教育监区监区长、教育科长、攻坚办主任，现任吉林省女子监狱六监区党支部书记、监区长。曾获吉林省监狱管理局通令嘉奖；荣立 5 次个人三等功，1 次个人二等功；曾被司法部监狱管理局评为“全国监狱系统教育转化专家”；曾荣获吉林省司法行政系统先进个人、吉林省直属机关五一劳动奖章、吉林省监狱系统优秀共产党员、吉林省直机关优秀共产党员。

临危受命、勇挑重担

吉林省邪教类罪犯人数多、抗改行为突出，给吉林省监狱民警的工作和身心带来了极大的压力和挑战，既要保证安全又要实现改造，还没有可以借鉴的经验和做法，一度教育改造形势非常严峻。2004 年 3 月，吉林省女子监狱成立教育监区，对邪教类罪犯实行集中管理，这是一次大胆的尝试，也是一项新举措。曹洪同志临危受命，走上了攻坚克难的艰辛之路，这一干就是 12 年。她说：“政治任务没有价钱可讲，攻坚改造工作没有退路可走。”根据改造形势的需要，她不断组织开展攻坚战，最长的一次连续 44 天，带领监区民警吃住在监狱，与邪教类罪犯耐心细致地攻坚谈话、斗智斗勇，时常为捕捉一个突破点而彻夜不眠。在历经了真理与谬误的较量、智慧和勇气的锤炼、意志和耐力的考验后，教育改造形势不断好转，不到两年就实现了在押邪教类罪犯全面集中教育管理，改造率达到并始终保持在 90% 以上，开创了全国教育改造工作集中管理教育的先河，为教育改造工作开辟了新的领域。

积累经验，不断探索

教育改造邪教类罪犯是近年来监狱改造罪犯工作的新课题，10 余年来，曹洪同志坚守在这场斗争的最前沿，直接参与教育改造邪教类罪犯 300 余人。根据不同的改造案例，她不断研究探索，总结归纳了“六术攻坚法”，在省内监狱系统予以推广；策划并主持由改造人员参加的“崇尚科学、远离邪教，正与邪辩论会”，制成光碟，组织改造人员编写《我的心路历程》，作为教材在全国监狱系统发放。曹洪同志多次在全国监狱系统教育改造工作培训班中进行工作交流及专题授课，成了全国教育改造工作领域的专家型民警。

教育为本，真情感召

2011 年 3 月，曹洪同志服从监狱党委的命令，接任六监区监区长。六监区押犯成分相对复杂。她引领监区民警牢固树立教育为本的理念，组织建立了监区心理咨询工作组、教育改造攻坚小组。她把多年的改造工作经验传授给监区民警，并把对邪教类罪犯教育改造的成功做法运用到对其他顽危犯的教育改造中，取得了良好效果，极大地增强了监区民警攻坚克难的信心，提升了监区整体教育改造工作的质量，使

监区改造秩序持续稳定。

2013年6月，监区被判处死缓的罪犯蔡某得知其未成年女儿被拐骗，表现出极度的无助和绝望。在监狱领导的支持下，曹洪开放了监区所有电话，建立绿色通信渠道，组织监区全体民警与监区罪犯、罪犯家属及刑释人员共同携手，经历3个昼夜的分析排查，200多个电话的联系和策划，历时88小时的大墙内外的互动，使蔡某15岁的女儿成功获救。在新闻媒体报道中，引起社会的广泛关注和一致好评。4年来，曹洪同志始终对蔡某的女儿进行家长式的关心和资助。她说："每当我看见孩子从校园里像小鹿一样向我奔跑过来的时候，心里充满了欣慰和幸福。如今，孩子已经上大学了，身心都很健康，我会一直关注她，陪伴她走好人生之路。"

个人小档案

岳　海

YUE HAI

岳海，1974 年 8 月出生，1996 年 9 月参加工作，2000 年 12 月加入中国共产党，中央党校函授学院法律专业毕业。现任黑龙江省松滨监狱纪委书记。

曾获得监狱局首席个别教育能手、优秀共产党员、优秀公务员、优秀监狱人民警察、“十佳民警”、十佳优秀共产党员、全省政法系统优秀党员干警、全国监狱劳教戒毒系统规范化管理年活动表现突出个人及新时代最美法律服务人等称号，并荣立个人三等功 3 次。

新康监狱是黑龙江省唯一一所集中收治各类传染性疾病病犯的监狱，在这所特殊的监狱里，身为狱政科长，岳海要肩负协调监管改造和医疗救治的双重职责，担子显然要更重一些。无论是监狱的外出调犯押解，还是省局肺结核病犯每月一次的病犯收治和治愈返监，他都早来晚归、加班加点，将押解方案、车辆和人员警力、名单分配等准备工作提前策划周详，布置得当，力保环环相扣，在调犯环节不出现一丝纰漏和失误，确保监管工作绝对安全。多年来，在狱领导和同志的帮助下，从未发生一起监管安全事故。

工作中岳海在学习理论知识和业务外，更注重工作实践，既担当指挥员，又做战斗员，时刻将“责任”二字记在心头。从办公室到罪犯的“三大现场”，每天不知要往返多少次，多年的基层工作，他深深感到“细节决定成败”的道理，他重基础，重实际，重方法，既站在统揽全局的高度，又有观察入微的细度。

有人形容监狱是“火山口”“炸药库”，是因为罪犯中不乏穷凶极恶者，他们仇视社会，藐视法律，对抗管理，铤而走险。对待这些危险罪犯，岳海从不手软，危难时刻，面对穷恶之徒也从未退缩。2009 年 5 月 14 日，岳海时任艾滋病犯监区代监区长，正在与同事处理服一起违纪事件，另一名艾滋病犯彭某故意用拳头击碎监舍卫生间玻璃，手持沾染着自己血液的玻璃向他及在场民警冲过来，企图干扰民警执法。面对嚣张的彭某，很多民警都愣住了，当时他也没多想，本能地第一个冲上去，直接制服了彭某，而他的手，也被划了一条长长的口子。受伤后，监狱立即将他送往市疾控中心接受阻断艾滋病毒治疗。3 个月后，检验结果显示为阴性，大家悬着的心终于落了地。他失落过、愧疚过，但从未退却和放弃过，真切地感受到了家人的关怀和理解，同事的鼓励及所有身边人的不离不弃。

2015 年，对岳海来讲又是痛心的一年，妻子被诊断出乳腺癌，岳父身患重病，儿子即将参加中考，家庭的诸多变故和压力使他身上的担子顿时重了很多、很多。但性格刚强的他没有向命运低头，而是选择了坦然面对，妻子患病他没有惊动任何人，领着妻子去北京做手术，一路上还想尽办法逗妻子开心，调整她的心态。但当妻子推进手术室的那一刻，他却泣不成声、愧疚和心疼的泪水夺眶而出，他为家里做得太少了，这么多年，都是妻子一个人在操劳，他内心的愧疚无法用语言表达。幸运的是，妻子的手术很成功，病情得到了控制。回到家后，岳海就立即回到了单位，虽然妻子身体很虚弱，但同为监狱警察的她深深理解自己的丈夫，强打精神不耽误他工作。在妻子接受化疗时岳海也是尽量少请假、不请假。

岳海同志是千千万万监狱人民警察中的普通一兵,他所做的一切，也是我们广大监狱民警日复一日，年复一年的真实工作状态。他长年坚守在自己平凡的工作岗位上，战斗在没有硝烟的战场上，时刻牢记为国家执法、为人民服务的宗旨，忠实履行着维护稳定、改造罪犯的神圣职责，为着社会的安宁与和谐，为着一个个犯罪的囚徒能够弃恶从善、走向新生，他不忘初心，牢记使命默默奉献着。岳海同志对待监狱事业矢志不渝、尽心竭力，这种对待工作强烈的归属感、执着的使命感和高度的责任感，无不感染我们身边的每一个人，他在自己平凡的岗位上奏出了不平凡的乐章。

个人小档案

董长青
DONG CHANGQING

董长青，浙江省第六监狱党委副书记、监狱长，曾任浙江省第一监狱党委副书记、监狱长，浙江省第一监狱党委委员、副监狱长，浙江省乔司监狱二分监狱政治委员，浙江省乔司监狱狱政支队支队长，浙江省乔司监狱狱侦支队支队长，浙江省乔司监狱狱政科副科长。

曾获评先进个人（省政法委）、优秀共产党员（省监狱管理局），被推荐为全国监狱劳教戒毒场所规范化管理年活动表现突出个人、全国司法行政系统先进工作者先进个人。

事迹材料

董长青同志30年如一日在监狱基层一线工作，先后在浙江省第一监狱和第六监狱担任监狱长，他处处以身作则，节日、双休日、晚上，经常可以看到他工作的身影。每当有人说起他的时候，他总是以“管理是没有节假日的”来鞭策自己。

他经常教育民警的一句话是：“作为监狱民警，特别是党员干部，不能老想着单位能给你什么，应更多考虑自己能给单位留下点什么。”

在省第一监狱工作的将近8年时间里，他团结带领民警实现监狱发展的成功转型，整体工作走在了系统前列，特别是在他主导下，不厌其烦和地方沟通协调，为省一监未来的发展腾出新的空间，树立新的局面。

2015年6月到浙江省第六监狱工作后，该单位正处于调整转型后发展的特殊困难时期，面临底子薄、基础设施落后、资产处置迟迟未能取得突破等一系列问题。为此，他经常鼓励民警：“我们不怕困难，怕逃避困难，我们不怕做不好工作，怕不愿做工作。”为尽快熟悉掌握实际情况，带领单位尽快摆脱发展困境，他把家安在了备勤区，利用休息时间找民警谈话，召开各层面座谈会，深入一线了解实情等，把“适应期”压缩到最短。虽然到省六监工作短短13个月，但他对单位情况的了解已超过了在六监工作13年、23年的民警，这也为“对症下药”，短时间内啃下制约监狱发展的几块硬骨头提供了前提。他紧盯“瓶颈”不放，积极协调处理，建成了在省内一流的罪犯习艺区。

他说的最多的一句话是：“发现问题要在一线，问题解决要在一线，消除隐患要在一线。”

工作中，他始终秉持了“抓铁有痕”的务实作风和认真严谨的处事态度，始终坚持“一线工作法”，把工作重心放在一线，把自己“办公室”设在了一线。他很少有“准时”上班的时间，正常情况下每天上班都要提早半个小时，第一件事就是拿上随身带的笔记本到基层巡查一边，了解、收集监区、分监区当日情况和急需要监狱层面解决的事项，并发现

基层管理当中存在的问题。进行梳理后又立马召集职能部门负责人，现场商讨、解决问题，直到记本上记录的密密麻麻的事项一项项解决或完成，才安心回到办公室。有同组的民警曾用计步器进行过统计，跟他一起值班，每次巡查步数至少两万步，行程至少十公里。

他最愧疚的一句话是：“亏欠妻子和女儿实在是太多太多。”

对事业的执着追求，他一次又一次放弃了小家的利益。母亲患有严重的高血压，当时他工作的单位省乔司监狱离家只有 5 公里，但他很少回家陪伴老人，2007 年 9 月调到省第一监狱工作后，将近 8 年时间和家人分居两地，他选择以单位为家，“小家”的事情就更无暇顾及，大小事务都丢给了妻子处理，也错失了女儿成长过程中最美的年华。为了工作，他甚至牺牲了个人健康。长期超负荷的工作，让他原本硬朗的身体也渐渐有所不支。2015 年 5 月的一次体检中，发现甲状腺部位有结节，医生建议他进行一次全面复查，但是当时组织刚把他调到正处于转型发展特殊困年时期的省第六监狱工作，为了带领监狱尽快摆脱发展困境，强烈的事业心让他再次选择了工作，而把自己身体健康放在了一边，错失了病情被早期发现的机会。直到 2016 年上半年一次例行体检，发现病情已进一步发展，家人、同事都劝他将工作暂时放一放，住院进行全面治疗，而他依然坚持监狱半年工作会议后再说，直到 8 月 8 日主持好监狱行政办公会，才离开他心爱的工作岗位住院接受治疗，而此时病情已有所扩散。

2017 年，身体初愈的他又回到了他热爱的工作岗位，投入忘我的工作中去，继续履行着一名监狱人民警察的职责，为祖国的监狱事业贡献自己的力量。

个人小档案

肖永华

XIAO YONGHUA

肖永华，1968 年 11 月出生，大学学历，中共党员，现任河南省豫南监狱十五（医院）监区监区长。

肖永华同志从警 26 年来，连续 20 年与艾滋病罪犯打交道，连续 14 个年度被考核为优秀等次，曾先后多次荣获省厅、局优秀共产党员和优秀警官表彰，先后荣立个人三等功 3 次，2010 年被河南省委政法委、省综治委表彰为“中原卫士”，2011 年被人力资源和社会保障部、司法部表彰为全国司法行政系统先进工作者。

不畏风险挑战

1991年6月，肖永华毕业于河南大学医学院，同年在省豫南监狱参加工作，之后一直在医疗卫生岗位上工作。1998年，他在治疗一名长期高热罪犯时，首次发现艾滋病犯（以下简称艾犯），从此与“艾”结缘，为“艾”坚守，在艾犯治疗管理岗位上一干就是20年。2004年，作为监狱医院院长的肖永华，提出将艾犯集中到监狱医院管理。经过几年摸索，该狱探索出艾犯集中管理的新路。2011年，河南省监狱管理局决定在豫南监狱成立特犯监区，集中关押全省监狱的艾滋病罪犯（男性），肖永华兼任监区长。艾犯普遍具有自卑、恐惧、绝望的心理，集中关押无经验可循，加之社会“谈艾色变”，难度可想而知。特犯监区成立之初，监区许多干警申请调离，肖永华没有责怪大家，而是带领班子成员从自身做起，加强防艾知识宣传，组织到社会医院学习，引导干警用科学知识消除误解；他率先脱下防护服走进监舍，与艾犯零距离接触，消除对抗心理。

医心与医身并重

艾犯既是犯人又是病人，医心与医身同样重要，二者并重才能重唤其对生活和改造的信心。肖永华同志坚持规范监测、科学治疗，对病人从不言弃。从全体罪犯的入监筛查，到每名艾犯的定期检测，肖永华每次都要带领警察医生一起摸排，不漏一人。对艾犯的治疗，他积极争取当地卫生部门的支持，把专家请进狱内，与专家一起联合会诊、制定治疗方案。20年来，艾犯服用抗病毒药物依从性达100%，死亡率远低于社会同期水平，受到社会卫生主管部门肯定。娄某，持续高热，CD4 检测为 7/ml，处于艾滋病终末期病危状态，家人拒绝为其办理保外就医，病情的折磨，亲情的冷漠，使娄犯极度绝望，拒绝治疗。肖永华多次为娄犯邀请专家会诊，同时耐心细致地做其思想工作，表明“即使亲属抛弃，我们也决不言弃”，帮助娄犯重拾生活信心，经过多方治疗，病情逐步好转。

对艾犯，往往需要给予比普通罪犯更多的尊重和关爱。肖永华对每一名艾犯家庭情况都了如指掌，时常开导艾犯，想法救助困难家庭，带头组织干警捐款，建立 “春雨爱心基金”，积极争取中央“重点支持地区艾滋病防治项目基金”，累计争取救助金近 10 万元、救助 40 多个艾犯困难家庭，使每名罪犯在关心、关爱中积极改造，很多艾滋病犯刑满释放后依靠双手，顺利融入了社会。

探索完善机制

艾犯管理对监狱是一个新课题，从零起步，在实践中探索。肖永

华提出并实施艾犯集中关押“医学管理模式”，开展监管、医疗、社会一体化管理，重点进行医学管理，采取心理护理和医学防治相结合对疾病进行干预，充分利用社会资源力量，使艾犯在服刑期间和回归社会后都能得到相同而持续的治疗。通过实施这种管理模式，有效管控了犯群，消除了对抗，降低了重新犯罪率。20 多年来，肖永华起草制定了《艾滋病防治管理规定》等 20 多项艾犯管理制度，对艾犯的日常管理、行政奖惩、营养保障、病情追踪、抗病毒及抗机会感染等予以规范，治疗有效率达 95% 以上。20 多年来，肖永华坚持严格廉洁执法，依法合规办事。2011 年，肖永华在监狱和当地政府的支持下，积极争取将全体罪犯医疗纳入驻马店市城镇居民基本医疗保险，开创了河南监狱系统的先河。

作为监区长，依法严格管理，教育改造罪犯，践行着监狱警察的忠诚；作为院长，科学治疗，永不言弃，书写着医者仁心的大爱。

个人小档案

林雪飞

LIN XUEFEI

林雪飞，中共党员，曾任湖北省武汉女子监狱八监区监区长，2017 年 9 月任监狱政治处副主任。自 1997 年湖北省警官学院毕业至今，林雪飞一直在武汉女子监狱工作，先后在二监区、一监区、入监分监区、四监区、出入监监区、政治处工作，主要担任过狱侦干事、教育干事、副分监区长、分监区长、政治指导员、监区长、政治处副主任等岗位。从警 20 多年来，她先后转化危顽犯 50 余人，发表理论调研论文 40 余篇，荣获“全国监狱系统理论研究十百千人才”称号，多次被评为“优秀公务员”“优秀共产党员”，荣立个人三等功 3 次、个人二等功 1 次，2016 年被评为“湖北省监狱系统十佳人民警察”。

林雪飞在担任湖北省武汉女子监狱八监区监区长期间，主要承担罪犯入监教育、病犯（包括艾滋病等特殊病犯）管理等多项工作。从警20余年，她结合实际制定系列制度规范，加强监区管理，用心用情和罪犯沟通，助力其顺利回归社会。常年“泡”在监狱的她，每年积攒了90余天“应休未休”的假期。

给新人“定规矩”

2016年10月，28岁的周某因犯非法持有毒品罪被判处有期徒刑7年。常年混迹吸毒圈，在外“野”惯了的她，一时无法适应新的环境。

林雪飞和同事给周某做工作，告诉她每个时间段应当做哪些事情；同时，多次与周某谈心，详细讲解有关减刑制度规定，帮助她重燃希望。

“她现在脾气好多了，还经常拿自己举例，劝说新入监人员积极改造。”和周某同监室的罪犯冯某说，如今，积极参加各项活动的周某还成了一名组长。

入监教育时，罪犯在每个时间段都有不同的学习任务，每个人的学习进度也有所不同。

多年来，林雪飞下大力气在制度上动脑筋，将工作分门别类，量化落实到具体时间点有序推进；同时，汇总减刑条件，推广为民警使用的“工具表”。

真心为病犯着想

“罪犯杨某卵巢癌病发，需要外诊。”

2014 年春节前夜，刚值完班回到家的林雪飞接到电话。

来不及多想，林雪飞迅速赶至单位，与民警一同将杨某送至医院。

安抚好杨某不久，林雪飞的手机铃声再次响起，罪犯李某尿毒症急发，危及生命。

“按照规定，罪犯出外诊必须要有至少 3 名民警陪同，听说监狱警力不够，林监区长重新安排好监内、监外民警班次，又匆匆赶去接李某救治。”时隔 3 年，民警姜鹰仍旧记忆犹新。

几个回合下来，已是凌晨 5 点多。确认李某病情无碍，林雪飞才放下心来。而罪犯李某发自内心的一句“谢谢”，成为林雪飞她们这个春节的特殊纪念。回单位的警车里响起了“时间都去哪儿了”的歌声，林雪飞不禁哼唱着：时间都去哪儿了……

自 1997 年成为一名监狱民警以来，林雪飞已经不记得度过了多少个这样的夜晚。在她看来，罪犯受到法律的制裁，但其合法权益也应当受到保护。

2017 年 1 月 1 日，武汉女子监狱为罪犯举行元旦联欢会。有民警出于安全考虑，建议监区艾滋病犯不参加此次活动。

“艾滋病犯也是监狱的一分子，怎么能把她们隔离开来呢？”林雪飞说。

最终，民警们完善预案，在活动场地给监区艾滋病犯开辟专区。针对艾滋病犯管理，八监区还单独制定了一份作息时间表，将其起床、洗漱、吃药和休息等事项予以细化落实，及时关注她们的身体和心理健康。

助力危顽犯转化

因病情变化，艾滋病犯的情绪变化也更明显，时而具有攻击性，时而变得悲观，李某便是其中的典型代表。发病时，她身体出现溃烂，口舌久疮不愈。其他犯人不敢接近她，她也从不与人沟通，甚至想要结束自己的生命。

这一问题不解决，监区难以实现真正稳定。为此，林雪飞多次走进病房，主动和李某沟通。那段日子，林雪飞一边忙着安抚李某情绪，一边忙着帮她联系医生紧急外诊。

离监前，林雪飞会细心将擦拭口水的纸巾放入李某口袋；医院里，林雪飞推着行动不便的李某在各个检查室辗转；拍片时，林雪飞帮助不能自理的李某解开衣扣……

事后，李某开始学会心平气和与人沟通，生活逐渐回到正轨。

平日里，林雪飞要求民警主动学习相关知识，克服心理上的恐惧，运用专业知识做好自我保护的同时，通过实际行动让罪犯感受到关爱。

林雪飞已总结出自己的一整套会当“吐槽罐”、念好“正念经”的工作“心得”，坚持宽不过囚、严不过人的“中正”理念，做到以心换心，以诚见行，以情感人，以法正矩，矩不外人，促其自新，始终中肯真诚地教育管理罪犯，帮助引导她们做回守法守规公民。

个人小档案

刘华成

LIU HUACHENG

刘华成，1969年12月出生，广西灵山人，中共党员，1989年3月参军入伍，历任战士、班长、排长、副中队长、副营职助理员。2004年从武警部队转业到海南省三江监狱工作，任管教民警、副监区长、主任科员。刘华成同志爱岗敬业、扎实工作、任劳任怨，主动发挥共产党员先锋模范带头作用，在平凡的岗位上做出了不平凡的业绩，深受领导和同志们的爱戴。先后荣立个人三等功8次，2014年被司法部评为“全国监狱劳教(戒毒)工作先进个人”；2015年被评为第五届海南省道德模范，同年9月被推荐为第三届海南省“人民满意的公务员”评选表彰候选人；2016年被海南省委、省政府记个人一等功1次。

刘华成同志爱岗敬业，扎实工作，任劳任怨，主动发挥共产党员先锋模范带头作用，在平凡的岗位上作出了不平凡的业绩，深受领导和同志们的爱戴。

爱岗敬业对工作尽职尽责

刘华成同志对自己严格要求，对工作更是一丝不苟，同事背后都称他“刘认真”。他说：“监狱警察是看‘老虎’的，只有监管工作万无一失，群众的安全才能不出闪失。”到生活卫生科工作时，刘华成同志经常放弃双休日和节假日休息时间加班加点来带配送菜的车辆，认真管理罪犯食堂的工作，对每天购进的食材严格把关实物验收，细致做好农药残留检测和留样工作，还经常深入到劳动岗位指导罪犯提高劳动技术技能，让全狱罪犯吃熟、吃饱、吃热、吃得卫生。2016 年生活卫生工作在全省监狱系统业务考核中被评为第一名。

牢记宗旨情系人民群众

“爱的最高境界就是爱人民。”刘华成凭着对人民无私的爱，20 年如一日照顾海南红明农场的退伍残疾军人李某良，用实际行动拉近党群干群距离，密切党群干群关系。24 年前，李某良在施工中因石土塌方意外事故，致使下半身终身残疾；李某良的老伴郑某芳积劳成疾，患有慢性结肠炎和胃炎，家中除了夫妻俩每月微薄的退休金，就再没有什么经济收入来源了。刘华成得知李某良的情况后，暗下决心，一定想办法帮助李某良解决实际困难。从那以后，刘华成两口子就像是李某良家的“儿子媳妇”。一有空闲时间，他们俩总要从海口赶来李某良家住上几天，为老人拆洗被褥，上山放羊，下地种菜，还经常买药、买水果、买肉给李某良一家。1998 年正月初二，郑某芳因结肠炎病重住进农垦局三门坡医院，刘华成得知情况，立即打电话把妻子从海口叫来，既要伺候卧病在床的李某良，又要到医院照料郑某芳，每天往返路程 30 公里，整整苦了一个多月。对于刘华成坚持多年照顾残疾人李某良所做的点点滴滴，李某良村的人们也有种种猜测和议论，刘华成泰然处之。他说：“我尽自己的努力为群众做一点事情，并不要求人人都能理解，只求对得起自己的良心，我会一直坚持下去。”

公而忘私永葆公仆本色

刘华成心中只想工作，唯独不考虑自己及家人。他现在住的仍是部队的一套 70 平方米的房改房，妻子已下岗多年，家里的一切开支全靠他一人的工资维持。为了这个家，他妻子更是受了不少委屈。2014 年，刘华成妻子 40 岁的时候，看到身边的姐妹们早已穿金戴银，也很想有件金首饰，而他也觉得亏欠妻子太多，答应等她生日的时候给她买个金戒指。但当妻子在生日那天望眼欲穿地盼着他给她带来金戒指时，他却为李定良老伴治病，把1000元钱全买药了。刘华成在部队时落下腰肌劳损的病根，如今工作时间长一点，就疼痛得直不起腰来。妻子看到他痛苦的样子，就含着眼泪恳求他请个假到医院做个治疗，可他只是淡淡一笑，一天不差地忙工作。刘华成在事业和家庭的天平上，他倾向了他热爱的监狱事业，把对家庭的爱深深地埋在心底。他的妻子农彩秀说："华成是得到党组织的教育和培养，才有今天。滴水之恩，当涌泉相报啊！为了他的工作，我不能拖他的后腿。"多么朴实的一句话，正是对这小小的温馨的家庭的真实写照。

宝剑锋从磨砺出，梅花香自苦寒来。刘华成同志在自己平凡的岗位上，他将自己比作泥土，让众人踩成一条道路，以泥土的品质和胸襟，牢记宗旨，永葆本色，以人民群众的心愿为自己最大的心愿，把自己的心愿化作千家的欢乐，万家的平安！

个人小档案

蔡庆华

CAI QINGHUA

蔡庆华，1976 年 8 月出生，大学文化，中共党员，二级警督警衔，历任四川省女子监狱一监区干事、管教、副监区长，劳动改造科副科长，三监区、六监区党支部书记、监区长，现任机关第四党支部书记、劳动改造科科长。从警 19 年，扎根基层 14 年，专注于罪犯教育改造，探索积累了丰富的改造经验。她坚持严格管理与真情关爱相结合，先后教育转化严重自杀倾向罪犯 30 余名，改造释放罪犯 1600 余名，并自创“教育改造工作延续”法，有效降低了刑释犯再犯罪率。因工作业绩突出，先后被评选为“四川省政法系统先进个人”“四川司法行政系统十大杰出人物”，荣立个人三等功 3 次，多次被评为“优秀共产党员”。

蔡庆华从警19年，扎根基层14年，始终秉持“以法度人、以教育人、以情化人”的教育改造理念，不仅创造了“教育改造工作延续法”降低刑释人员的再犯罪率，带领误入歧途的她们走出困境，还成功教育转化了多名具有严重自杀倾向的女犯，帮助陷入绝境的她们重获新生，她是“知心人”，也是“引路人”。

因材施教探良方，春风化雨照归途

1998年大学刚毕业的蔡庆华怀着理想和激情走上了监狱人民警察岗位，从普通民警到监区长，一步一步走来，她用10年的时间证明了自己。担任未成年犯监区长期间，面对未成年犯“不好管、管不好”的情况，她转换思维方式，运用“抓准时机”“换位思考”“放大优点”等方法帮助未成年犯建立正确的认知；以“朋友”“姐姐”“监护人”的身份给予未成年犯尊重、关爱和帮助，被未成年犯亲切地称呼为“蔡阿姨”“蔡姐姐”。“在她们最无助、最挣扎、最需要你的时候，你的出现，帮助了她，说服了她，呵护了她，她就会以良好的改造来回报你……”蔡庆华深知未成年犯定力不够，重新违法犯罪率较高，2009年她自创了“教育改造工作延续”法，为社会恶习深、性格有缺陷的未成年犯建立了“与你同行”联系网，在她们刑满释放后，通过QQ群与她们保持联系，听她们倾诉情感，为她们提供法律咨询，为她们担当人生指引。由于变被动的狱内改造为主动的延伸引导，大大增强了教育改造工作的“后劲”，降低了刑释犯再犯罪的可能性，迄今为止她所联系的10多名刑释人员都回归正常生活，重新犯罪率为零。

执着坚韧润心田，初心不悔唤冥顽

对蔡庆华来说，每改造好一名服刑人员就是她的“成就”和“荣誉”，当她面对被判处无期徒刑，患有抑郁症，得不到家人谅解丧失生活勇气的罪犯梁某时，她用真诚感动她、用真心帮助她、用珍爱温暖她，通过电话联系、亲情走访让梁某见到了梦寐以求的家人，为她解开了心结，重新找回了生的动力。她说罪犯也是人，每个人都有善良的一面，哪怕她们曾经犯过错，我也要让她们有生的念头、活的希望。在监区里那些有身心疾病的、认知障碍的、劳动能力弱的、被其他罪犯排斥的、家人都不愿管的“疑难杂症”罪犯，在蔡庆华眼里都是“弱势群体”，她希望向所有罪犯传达一个理念：监狱里面每名罪犯都能得到公平公正的对待。由于她带着感情做工作，换位思考去交流，既能严格管理，又能充分保障罪犯权益，以自己的人格魅力赢得了广大服刑人员的尊重和信服。

正身率下立标杆，洁身自好护平安

长时间的重负让蔡庆华患上了多种慢性疾病，1.68 米的个子已微微驼背，但她却始终像根不倒的标杆，既严格要求自己，又要做其他民警的榜样。她常常说自己最大的“缺点”就是对自己严厉的同时对他人不够宽容，但这种严于律己却帮助她守住了监狱民警的底线。当有罪犯家属希望通过给“好处费”的方式向蔡庆华求情，希望她减轻罪犯劳动量时，她不仅断然拒绝，还主动资助经济困难的罪犯家属，并帮助其未成年的两个儿子考上了大学，她经由此事给监区民警和罪犯上了一课，她说：“从我穿上这身警服那天起我就没想过会脱下它，所以请你们也不要用任何形式来试图辱没它。”从 22 岁入党那天起，蔡庆华始终有着共产党员的自豪和骄傲，也始终记着那份责任和担当，她用丰富的管理经验和独到的教育方法努力改造着高墙深处“有缺陷的灵魂”，在监管改造中屡获佳绩。

无私奉献终不悔，漫洒丹心绽芳华。蔡庆华一路走来，用真情教育、感化、挽救每一名罪犯，用信念、执着、坚韧守护监狱一方平安，用柔情和正气在铁网高墙下践行了为法为公的誓言。她就像一盏指路明灯，绽其光华，引领着每一个服刑人员迈向光明，走向新生。

个人小档案

朱永生

ZHU YONGSHENG

朱永生，1975 年 7 月出生，1997 年 9 月参加工作，1999 年 9 月至 2001 年 7 月就读于中央司法警官学院，本科学历，2004 年 7 月加入中国共产党。历任第七师奎屯监狱科员、监区教育管教、监区副教导员、监区教导员，2015 年 3 月至今任奎屯监狱政工科科长。

朱永生连续多年荣获第七师监狱管理局级、监狱级“先进工作者”“个别教育能手”“优秀共产党员”“个人嘉奖”“深化岗位大练兵先进个人”等荣誉。2014 年荣获个人三等功，2015 年被评为“兵团监狱系统优秀共产党员”，2016 年被评为“全国司法行政系统先进工作者”。

朱永生以政治责任感为动力，以“党性最强、作风最正、工作出色”为自身要求，从思想上、作风上加强自身建设，恪尽职守，辛勤工作，竭诚奉献。他对党的监狱事业无限忠诚，凭着敢于进取、善打硬仗的坚定信念，凭着艰苦奋斗、忘我工作的奉献精神，凭着一心为民的高尚情怀，用优异的工作实绩践行着从警和入党时的誓言，在平凡的岗位上用热血和汗水书写着壮丽的人生。

和风细雨　润物无声

20 年如一日，朱永生工作在监狱的第一线，他深知基层民警守的是“火山口”，看的是“炸药库”，罪犯教育是一项基础硬、业务性强的工作，直接关系着整个监狱的安全稳定。他有着丰富的“实战”经验，又勤于学习和钻研，善于从实践中发现问题，从小事上发现狱情，多年来，他累计对罪犯谈话教育千余次，化解矛盾 200 余次，先后消除了 30 余名罪犯的思想顾虑，使 3 名家庭变故罪犯走出困惑，他用爱心唤醒了一个又一个迷失的灵魂，用滴水穿石的精神转化了一个又一个顽固的思想。

罪犯刘某某，是典型的反改造分子，性情粗暴，经常违规违纪，多名民警教育未果。朱永生知难而上主动承包了转化任务，查阅该犯档案，做了大量的调查，发现该犯系“三无”人员，长期无人关心，自卑心理非常严重，经常顶撞民警、与他犯发生矛盾都是为了引起关注，找到问题切入点后，他制定了个教方案，花了近半年的时间，以心理疏导、关心帮助、教育感化等方式，使该犯真正体会到了人情的温暖，最终获得减刑，至今还经常向朱永生汇报近况。

朱永生结合罪犯改造实例，抓住时机，主动进攻，用生动易懂的语言启迪诱导犯群，让罪犯口服心服，以自身的人格魅力影响、教育、感化罪犯，从而实现罪犯由强制教育到自觉改变的转化。让人记忆犹新的是他离开原单位，接任教导员时，监区罪犯自发排成长队、脱帽目送他的远行，这曾在监狱被传为一段佳话。

点滴光华　层林尽染

朱永生凭着对监狱工作的无限热忱，勇敢担当、临危受命，从监区管理入手，细化和完善了岗位职责，强化民警执行力，从而制定出可行性方案，建立考核奖罚机制，推行警务公开，利用业余时间走进警群，把工作做到民警的心坎里，摸索出一套独到的工作方法。对于新生力量他坚持做好“传、帮、带”，言传身教、反复示范、倾其所有，他曾带过的很多“徒弟”也都走上了领导岗位，也正是在朱永生的带领下，六监区成了奎屯监狱的窗口单位，也是奎屯监狱的一面旗，连续多年被评为“优秀基层党支部”并获得兵团监狱系统“先进党支部”。

严格操守　无怨无悔

他常说：“今天的付出，是为了明天无悔。”从警20年的他总是身体力行，以精益求精、无私奉献的工作态度影响和感染着身边的每一个人。他每天工作都在11小时以上，从未因私事调过休、请过假。在父母的口中他不是一个好儿子，在妻子的眼里他不是一个好丈夫，虽然妻子和他同在一所监狱工作，但十天半个月见不着面是常事，手机是他俩唯一的感情寄托。让朱永生心疼至今的是，妻子第一次怀孕出现大出血，他得知赶到医院时，妻子已从手术室推到了病房，看着昏迷不醒、虚弱、苍白的妻子和手术单上妻子歪歪扭扭的签名时，这个铁铮铮的汉子落下了亏欠的眼泪。

戒毒人民警察

个人小档案

赵　亮

ZHAO LIANG

赵亮，1980 年 1 月出生，吉林通化人，2004 年 7 月参加工作，中共党员，吉林司法警官职业技术学院法律专业，在职本科学历，现任通化市强制隔离戒毒所戒毒一大队副大队长。

2008 年度、2010 年度、2012 年度、2013 年度、2015 年度所内评为优秀公务员；2011 年被司法局荣记三等功；2011 年司法厅戒毒管理局理论调研文章评比二等奖；2014 年司法部全国监狱戒毒系统教育质量年活动表现突出个人；2016 年度被通化市委、市政府评为通化市劳动模范。

鸿鹄志千里　绝顶勇登攀

2015 年 7 月，上级让赵亮同志负责吉林通化市强戒所新组建一大队工作，该大队基础薄弱，选调的民警普遍缺乏一线管理经验，作为一名有着十四年劳教、戒毒工作经验的老同志，他带头落实“八勤”“四关注”的工作法，在思想上与大队民警畅通交流，在工作中累活重活抢着干、带头干，在业务上做好传、帮、带。他带领团队攻坚克难，制定了通化市强戒所第一个集多媒体教学、心理矫治、身体康复治疗为一体的教育矫治方案，编写了全套 19 册《戒毒人员多媒体教学简明教程》及配套课件，创造了多项全所第一、全省第一的纪录，填补了多项教育工作空白。

感悟一：敢为人先、事必躬亲，代表着作为一名司法干警扎根基层的工作态度。

春风苏朽木　润物细无声

戒毒人员的教育矫治工作因其特殊的心理和生理特征，对教育手段的细致程度和人性化的要求更高，赵亮同志坚持“三像”方针，即对待戒毒人员要像老师对待学生，像医生对待病人，像父母对待孩子，坚持用心、用情、用法来感化棵棵“朽木”。

2016 年 7 月，该所收治了北京籍回族戒毒人员赵某。赵某因不是本地人，长期无人探视，特殊饮食习惯导致其思想极不稳定，在和其他戒毒人员交谈中，多次流露自杀、自残意图。赵亮在日常工作中及时了解掌握了这个信息，采取了通过深入细致思想教育工作和感化教育双管齐下的工作方法，加强与该戒毒人员交流沟通，细心关照日常生活，用自己的执勤津贴，为该戒毒人员购买日用品，协调后勤为其定制伙食，经过一段时间的思想教育和真情感化，抚慰了赵某心灵，稳定了该戒毒人员情绪，为戒毒场所排除了重大安全隐患。

2016年年底，通化籍戒毒人员吕某，由于受家庭环境影响，性格孤僻，情绪多变，自我保护性极强，价值观歪曲，有严重的暴力倾向，在公安机关抓捕时，他为逃避处罚，用随身携带刀具自残身体多处。该戒毒人员送至该所时，头部、颈部、腹部多处缝合，共计260针。吕某入所后，急性脱毒期反应强烈，他公开对抗戒治，扬言“我要想死，谁也看不住”，并两次撕裂缝合伤口。为了做好吕某教育转化工作，赵亮同志一方面将其列为重点管控人员，调集大队民警24小时轮班看护；另一方面，积极与戒毒医院研究制定治疗方案，防止伤情恶化，并尽快帮助其渡过脱毒期。随着吕某伤情日渐好转和沟通接触增多，

吕某被赵亮的执着和善良所打动，逐渐放下了戒心，从一心求死转化为积极配合治疗，从重点看护到定期主动汇报思想，从一名重点人员转化为普通戒毒人员，顺利渡过了脱毒期。

感悟二：事无缓急、心细如发，代表着作为一名司法警察肩上的责任。

心系岗位职责　奉献彰显本色

2017 年 2 月，强制隔离戒毒人员赵某心脏病发作，在家休息的赵亮同志闻讯后，迅速赶到大队，及时将该戒毒人员送到社会医院救治，直到该戒毒人员情况好转归所后，赵亮才离开。那时已是凌晨2点多了，类似的突发情况实在是太多太多了，赵亮自己也记不清有多少个深夜从家里匆忙出来，有多少个凌晨披星戴月而归。

与戒毒人员无微不至的关爱比起来，赵亮同志对家人的陪伴和照顾却是少之又少，2015 年他父亲重病住院、2016 年妻子流产，他不能看护照顾。女儿已经上小学 2 年级了，他没有参加过一次家长会，周围的同事常问他到底图个啥，他始终坚信“队内和谐，场所稳定，是他的责任和义务，多挽救一名吸毒人员，就是为社会多挽救一个家庭，对得起这身警服”。

感悟三：丈夫、儿子、父亲，这三个称谓代表着家庭角色，但在他们之前，他还有一个身份——警察。

参加工作近 15 载，组织给了赵亮同志很多荣誉，他在感到不安的同时更感到身上肩负的重任，赵亮同志和他的团队将用青春热血随着警徽熠熠生辉，用工作业绩回报党和戒毒事业的无限忠诚。

个人小档案

马庆喜

MA QINGXI

马庆喜，中共党员， 1974 年 12 月出生，浙江省龙游人，现任浙江省十里坪强制隔离戒毒所六大队政治教导员。自 1994 年参加工作以来，先后担任办事员、副中队长、管教干事、政治指导员、副大队长、政治教导员等职务，长期工作在管教第一线，从警 20 多年来，一步一个脚印，用心耕耘事业，在平凡的岗位上干出了不平凡的业绩。先后被司法部评为全国劳教系统优秀教师、浙江省同法轮功邪教组织斗争先进个人、浙江省司法行政系统先进工作者、浙江省司法行政系统抗非典保稳定先进个人、浙江省司法厅直属机关优秀共产党员、浙江省无偿献血奉献奖、浙江省红十字会捐献造血干细胞荣誉奖、浙江省第三届最美禁毒人等，先后荣立个人三等功 3 次。

马庆喜，现任浙江省十里坪强制隔离戒毒所六大队政治教导员，作为一名从事戒毒矫治工作的人民警察，从警20多年来，他一步一个脚印，用心耕耘事业，在平凡的岗位上干出了不平凡的业绩。

严格管理保安全

马庆喜转岗之前，长期在八大队工作。该大队承担全所重点顽危、精神异常和余罪未定戒毒人员的封闭式管理，管理上稍有差错，极易造成工作上的被动，管理难度颇大。“任何一个小小的安全隐患都足以引发大事故”，这句话他常常挂在嘴边，提醒着大队民警注重安全隐患的排查和整改。在日常工作中，他的劳碌和操心是有目共睹的，即使是很小的一个问题，他都是揪住不放，直到整改到位。他带领大队支部一班人依托大队功能优势，营造“讲安全、重稳定，促矫治”的良好氛围，通过摸准思想动态，落实包夹管控，攻关顽危人员，深挖余罪线索等，充分发挥了大队在全所安全防范工作中的“维稳器”作用。

真心育人促矫治

戒毒人员由于吸食毒品，往往会成为社会的边缘人，他们渴望被理解、被接受，进入强制隔离戒毒所后，很多戒毒人员会出现情绪上的波动。马庆喜一贯秉承做戒毒人员心灵上的朋友、生活上的伙伴、行为上的老师的原则，深入到戒毒人员中间，了解他们的所需所想，为他们排忧解难。浙江乐清籍的吸毒人员黄某，因为在戒毒矫治期间参与打架被送封闭式管理。但黄某拒不认错，以自己耳朵受伤为借口，逃避接受管理教育，对民警的教育谈话始终怀有抵触情绪，且多次发生违规违纪行为。面对这样的“刺头”，马庆喜始终心平气和的做黄某的教育引导工作，一方面加强个别谈话，讲明形势政策，促其端正矫治态度；另一方面给予人文关怀，及时安排就医，积极治疗耳部创伤。通过开展针对性的教育疏导，让黄某明确问题症结，从而实现黄某从对抗到收敛，从被动到自觉，逐渐融入大队戒毒矫治整体当中，取得了较好的转化效果。

业务过硬显本领

多年从事戒毒矫治工作，马庆喜积累下丰富的教育矫治经验，尤其在重点顽危人员的个别教育实践中，屡创新绩。他对发生家庭变故、患有心理疾病、常年体弱多病的戒毒人员格外留心，定期召开专题教育矫治研讨会，研究制定“一人一策”的矫治方案。凡是大队的重点顽危人员，他都亲自制定帮教方案，亲自参与教育攻坚，成功转化了一个又一个难矫治人员。工作中经常可以看到他与戒毒人员促膝长谈的场景，也常常听见戒毒人员发自内心的真情流露。这些人出所时，都会主动向马教导员道一声别、言一句谢。浙江台州籍戒毒人员王某出所后还特意写来感谢信，说正是由于马教导员当初的教诲，自己远离了毒品，才有了现在的幸福美满生活。马庆喜说起这件事的时候，满脸都是欣慰，“我们看到有太多的人走上复吸毒品的邪路，有时候会觉得戒毒工作缺乏成就感。但只要用心工作，像王某这样的矫治成功典型就会越来越多，这就是我们的工作成就和最大满足”。

大爱无言勇担当

马庆喜在工作上爱岗敬业，奋发有为，生活中更是积极参与社会公益活动，参加无偿献血 10 多年，累计献血 4000 毫升。2015 年他勇敢地挽起袖子，为一位 8 岁的河北小姑娘捐献了 165 毫升造血干细胞悬液，为她带去重建生命的希望。这是浙江省司法行政戒毒系统首例造血干细胞捐献，得到社会广泛赞誉。“想到自己的行动能延续一个

幼小的生命，我觉得很开心！”“从事戒毒工作，其实和捐献骨髓一样，都是在救人。”没有豪言壮语，只有全心投入，简单的两句话却显露出马庆喜与人为善、尊重生命的高尚道德情操和热爱本职、用心工作的良好职业操守。捐献造血干细胞这一人道主义善举，更是体现了马庆喜作为一名人民警察良好的社会形象和责任担当。

个人小档案

汤洪源

TANG HONGYUAN

汤洪源，山东青州人，1963 年 9 月出生，中共党员，山东大学临床医学专业毕业，现任山东省鲁中强制隔离戒毒所戒毒治疗康复中心主任。

2011 年获淄博市优秀科技进步奖，被山东省人民政府评为“十五”科教兴医先进个人；2012 年获司法部科技进步二等奖，被山东省司法厅荣记个人二等功；2013 年入选国家禁毒委、公安部禁毒戒毒师资人才库，因工作突出再次荣立二等功；2014 年被山东省司法厅聘为山东司法警官职业学院兼职教师，获全省司法行政系统“年度人物”称号并记个人一等功；2015 年获省委省政府“全省人民满意政法干警”荣誉称号；2017 年获人社部、司法部全国司法行政系统先进个人；2018 年获全国最美戒毒人民警察特别提名奖。

不忘初心、不畏风险，奋战在抗痨抗艾第一线

山东省集中对省直戒毒所进行了结核病普查，发现了二十几名疑似肺结核病人员，汤洪源不怕职业暴露风险，他说：“我是党员，是医院的副院长，关键时候我不带头上谁上！”就这样，他带领诊断治疗小组全身心投入对戒毒人员结核病诊断治疗中。经过努力，全省12名确诊为活动性肺结核的戒毒人员，全获治愈。艾滋病感染者的收治也是非常棘手的问题，汤洪源作为山东戒毒系统唯一的心理治疗师，针对艾滋病感染者悲观厌世、自暴自弃、自伤伤人情况，在医院承担了对艾滋病感染者心理治疗的任务。不知道多少个日日夜夜，汤洪源与艾滋病感染者真诚交流，解决心理问题，被艾滋病感染者亲切地称为“知心医生”。

牢记使命、勇挑重担，奋战在戒毒管理第一线

2012年7月，强制隔离戒毒人员越来越多，收治压力很大。汤洪源毅然放弃了舒适的医院工作岗位，来到省鲁中强制隔离戒毒所新收大队，挑起了大队长的重担。

新收人员中很多是“溜拐了”需要立刻生理脱毒的危险人员，当时艾滋病感染者和普通强制隔离戒毒人员混合管理，防控新收期间吸毒人员打架斗殴、自伤、自残、自杀等恶性事件是一项艰巨的任务。面对这些，汤洪源没有退缩，经常十几天不回家，由于身体严重透支，多次出现身体虚脱现象。经常有同志不理解，爱人也时常抱怨，“你这个岁数了，为什么放弃医院这个舒适的工作，这样拼命干到底为什

么？”汤洪源总是说：“在强制隔离戒毒所这个特殊的医院里，一个戒毒人员戒毒成功，不仅仅是救活一个人，更重要的是救活了一个家庭。”就这样，他带领他的团队创建了心身灵一体的“六位一体”的生理脱毒方案，彻底告别了原来“冷火鸡疗法”。他创建的“新兵训练营”“人格重塑戒毒管理法”“21 天改变习惯紫手环在行动”等科学管理方法收到了很好的效果。

春风化雨、润物无声，奋战在教育戒治第一线

汤洪源总是以医者、师者、长者的角色去履行一名戒毒人民警察的责任。他充分利用点滴时间，把每一名戒毒人员的家庭情况和思想动态牢记在心中，为他们量身制定戒毒方案。王某，一名 20 多岁的小伙子，2012 年年底开始强制隔离戒毒，被送到新收大队后，不吃不喝，眼含泪水一言不发。原来母亲因为儿子吸毒喝了农药，生命危在旦夕。作为心理治疗师，汤洪源知道此时任何教育都不会有效，他积极联系医院和家属，把他妈妈抢救成功后对儿子说的话，拍成视频放给王某看。通过孝心与真情，换回了王某的良知，成了所里的戒治明星。

创新发展、砥砺前行，奋战在戒毒科研第一线

汤洪源是一名把戒毒作为事业做的人，为了解决吸毒这个世界难题，他利用节假日时间，自费十几万元到全国各地学习心理专业知识为戒毒工作服务。几年的时间里，汤洪源开创了“九维度心理戒毒法”“心理教练戒毒”“人格重塑戒毒”等多种心理戒治模式，他比喻每一个戒毒人员都是一把锁，专业警察就需要掌握能够开启每一把锁的钥匙，这就需要多方面多专业的学习，尽可能地拥有更多的钥匙，去解开吸毒人员的心锁。他经常应邀到山东各戒毒所授课，无私介绍省鲁中戒毒所科学戒毒经验和自己专业戒毒体会；在省鲁中戒毒所举办了十几期戒毒专业培训班，发挥了戒毒生力军、领跑者的作用。主编和参与编写了《心理教练戒毒》《人格重塑戒毒》《人格重塑戒毒案例分析》《戒毒人员健康指导手册》《心理戒毒矫治教材》《疗程式戒治》《戒毒人员疾病防控实用手册》等多部戒毒培训教材，先后有十几篇论文在杂志上公开发表，其中撰写的《心理教练戒毒在强制隔离戒毒中的应用》获司法部科技进步二等奖。

个人小档案

郑玉凤

ZHENG YUFENG

郑玉凤，1968 年 8 月出生，在职大学学历，中共党员，1989 年 8 月参加工作，1997 年 5 月至 2017 年 9 月先后担任河南省女子劳教所教育科副科长、副大队长、教导员、大队长职务，2017 年 9 月至今任河南省女子强制隔离戒毒所副所长。

2009 年 5 月被评为河南省司法行政系统教育转化工作能手；2010 年 4 月被司法部评为“全国监狱劳教系统先进个人”；2010 年 11 月、2014 年 5 月被河南省司法厅记个人三等功两次；2010 年 3 月被河南省妇联授予“三八红旗手”称号；2013 年 5 月被河南省委防范办表彰为先进个人；2012 年至 2016 年连续 5 年被评为优秀公务员； 2017 年 11 月被河南省人力资源和社会保障厅、司法厅联合表彰为全省司法行政系统先进工作者。

对待工作：迎难而上从不退缩

1989年，是郑玉凤走上改造、教育第一线从事管教工作的第一个年头。这个柔弱而又干练的女警自己也没想到，这一干就是28年。28年来，她从一名普通干警成长为一名优秀基层领导干部。

一万多个日夜，做了多少工作，取得了多少成绩，郑玉凤说她没有细算过。采访中，副所长贾美丽主动介绍起来："郑队这么多年，真的做到了'几十年如一日'，'拼搏进取''敬业奉献''廉洁自律'……这些体现在先进材料中的赞扬，她都名副其实地做到了，她是个榜样。"

2013年，劳教制度改革，场所面临转型，在这个大背景下，郑玉凤坚守在一线送走最后一名劳教人员，迎来了第一名强制隔离戒毒人员。特别是2015年年底，全省吸毒人员"大收戒"活动，戒毒人员收治量在短短一个月内增加了10倍，工作量之大可想而知，面对戒毒人员数量激增，场所配套的软硬件在短时间内都不能负荷，在这个关键时刻，又是郑玉凤第一个站出来，承担了收治戒毒人员382名，一个大队管理两层楼的艰巨任务，这在女所历史上是绝无仅有的。

在那段激情燃烧的岁月里，郑玉凤连续多天不回家，奋战在收治一线，她和教导员胡兆霞带领三大队的同志们一道维护场所的安全稳定，缔造了女所历史上的收治神话。如何保证收得下还能"管得住"是摆在郑玉凤面前的又一难题，她一心扑在工作上，带领同事们研究对策、攻坚克难、努力工作，大队内戒毒人员思想稳定，戒治积极性高，戒毒工作成绩有目共睹。

"在每天召开的'日研判会'上，郑队总是不厌其烦地要求干警将工作中遇到的困难认真研究，最后给出中肯可行的意见。"曾经是郑玉凤的部下，现任四大队大队长的朱明明说。也正是由于这种认真、务实的工作态度，郑玉凤带领的三大队成为女所，乃至全省整个戒毒系统中的拔尖队伍，总结出来的“教育转化五步工作法”也作为全省的教转经验被推广至全国。

对待戒毒人员：关注她们点滴进步

“妈妈，我会像你和郑阿姨期望的那样，堂堂正正做人，脚踏实地干事。妈妈，你一定要向郑阿姨说一声谢谢……”读着儿子的来信，戒毒人员王娟不停地抹着眼泪。她说：“多亏了郑队长，要不俺儿子都不认我了。”王娟说。

“王娟入所后，行为反常，脾气暴躁。”郑玉凤说，她和王娟深谈以后，了解到王娟的丈夫和儿子都在监狱服刑。郑玉凤经多方查证，获知王娟的儿子被送入省郑州未管所服刑。“孩子从内心是怨我的，怨我和他爸没有责任心，生生把他给耽误了。”王娟说。在郑玉凤的

鼓励下，王娟坚持给孩子写信。“郑队长充当我和儿子的信使，帮助我做儿子的思想工作，让我和儿子的沟通慢慢通畅起来。”王娟说，她永远忘不了2016年9月21日那一天，在郑玉凤的协调下，她到省郑州未管所参加了帮教会，和儿子面对面交流，母子冰释前嫌。

对待亲人：再苦再累也值得

“大家常说，忠孝不能两全。玉凤不但工作做得好，在家里也是个孝顺的好女儿。她以自己的人格魅力感染了同事，也感动了戒毒人员。”省女子强制隔离戒毒所政治处主任王华栾和郑玉凤共事多年，对她称赞有加。

工作以后，郑玉凤的父母和婆婆都跟着她生活在一起。不管工作再辛苦，每天，郑玉凤都是早上四五点钟起床，做好早饭，再尽心准备好午饭，然后伺候3位老人洗漱完毕，用早餐。自从父亲瘫痪在床以后，郑玉凤更忙碌了，她几乎没有睡过一个囫囵觉，经常是夜里两三点起来给父亲换洗、清理。“一听到父亲有动静，有的时候我慌得连鞋也顾不上穿就往他床前跑。白天晚上连轴转，我累得两眼发黑，腰都直不起来。可是，我依然咬牙坚持着。工作干得出色，家里人照顾得周到，累并快乐着，我觉得自己的人生很充实、很圆满。”郑玉凤说。

个人小档案

段文娟

DUAN WENJUAN

段文娟，1975 年 11 月出生，2000 年 12 月参加工作，中共党员，大学本科学历。现任甘肃省女子强制隔离戒毒所管理科科长。

2011 年被评为全省司法行政戒毒系统先进个人和甘肃省“三八红旗手”；2012 年荣立个人三等功 1 次，并参加由省委政法委组织的政法干警核心价值观巡回宣讲活动；2013 年被评为全省司法行政系统优秀党务工作者；2014 年被评为全省司法行政戒毒系统先进个人和全省“三八红旗手标兵”；2015 年被省委、省政府授予“甘肃省先进工作者”荣誉称号；2016 年被评为全省司法行政系统先进个人，入选全国政法英模榜。

她身披藏蓝色警服，数十年如一日守护着场所的安全稳定；她头顶闪闪警徽，默默扎根基层一线召唤着迷途的灵魂；她纤细的身躯如磐石般坚定的扛起了戒毒这份重担。没有烽火硝烟，没有枪林弹雨，她用一腔热忱感化着“迷途的羔羊”，用一份柔情温暖着希望，用一份坚韧笃信着人生，她就是戒毒人民警察段文娟。

段文娟同志在戒毒所基层一线从事戒毒人员管理教育工作已有 18 个年头，在这数不清的日日夜夜里，她从一个懵懂少女成长为如今的业务骨干，工作中的艰辛和困难将她磨砺成如今的中流砥柱。

自 2016 年开始收治病残戒毒人员以来，她每天目睹着身患各种疾病的戒毒人员，心情异常复杂，她明白既然被送进来戒毒，她就有责任有义务帮助这些特殊的人重新找回自己，让她们过上正常人的生活。都说一朝沉溺毒海，终身不得翻身，段文娟同志面对的就是这样一群，年龄不同，文化程度参差不齐，性格不尽相似，却有着各自刻骨铭心经历的戒毒人员。

戒毒人员方某，患有重度萎缩性皮肌炎，腿脚行动很吃力，由于身体疾病导致这名戒毒人员性格偏执，敏感多疑，经常与她人发生争执，自暴自弃。段文娟深知这样继续下去毁掉的不仅是这一个人的未来，更会给身边坚定戒毒的人带来消极影响。为此，她因人施教，采取思想教育引导、心理危机干预、生活补助感化三管齐下，晓之以理，动之以情，精神上关怀和物质上帮助，方某终于幡然悔悟，打开了心结，敞开了冰封的心灵。而当她看到生活的希望时，母亲却突遭病逝。这又一次给她的戒毒蒙上了阴影。在这种情况下，段文娟多次联系方某唯一的兄长，一次次被拒绝，一次次被冷冷的回击。她始终没有放弃，因为仅有亲情这根稻草才是唤起这个极尽无望生命的唯一希望。功夫不负有心人，方某的兄长终于答应来探望这个带给全家伤害、失望甚至绝望的妹妹。隔着厚重的玻璃窗，四目相对，泪眼婆娑的那一刻，段文娟明白，她做的一切都是值得的。其实，像这样的感人故事每天都在上演。段文娟十八年如一日，每天都会针对性地对戒毒人员进行个别谈话。18年来，她认真倾听着戒毒人员讲述的一段段经历，或深沉、或欢乐、或悲伤、或惊奇，酸甜苦辣，五味杂陈。她不敢懈怠，也不能懈怠，她要在这一个个的故事中，不断甄别，不断筛选，不断积累，不断淬炼。

强制隔离戒毒工作应急突发状况时有发生，加班加点工作早已习以为常。新收治戒毒人员张某，晚 10 点左右突发胸闷，几近昏迷，医务所诊断急需送所外医院救治。下班在家的段文娟闻讯第一时间赶到医院，配合医务人员成功挽救了一条生命。她蹲守在病床前一夜未合眼，第二天拖着疲惫的身躯继续回到自己的岗位。她早已记不清有多少个这样的日日夜夜，早出晚归，披星戴月，坚守在岗位上。

工作中，在大家的眼里，段文娟是个工作狂，不间断的带工、值班，她把时间消磨在了点名、开饭、查铺、谈话中。她说，只有这样，她才过得踏实、安心。但是段文娟却一直说，她不是一个好女儿、好妻子、好母亲。母亲重病，危在旦夕，急需做心脏手术时，她不能在身旁照顾和陪伴；她不是一个好妻子，舍弃多少阖家团圆夜，把更多的柔情给了戒毒人员；她不是一个好母亲，忙碌的时间让她不能陪伴女儿左右，也错过了女儿成长过程中的许多点滴。

“落红不是无情物，化作春泥更护花。”段文娟就是这样一个甘于默默奉献的人，她把最美的时间给了戒毒事业，把最深的情感给了戒毒人员，她用一寸柔肠感化着坚冰，她让戒毒人员重拾生活的勇气，接受新生的洗礼。她留下坚实的脚印，在平凡的岗位上开拓出一条不平凡的道路。她说，她不后悔选择这份职业，今后她还会不忘初心，继续前行，将生命融进戒毒事业中，让警徽在戒毒一线熠熠生辉！

个人小档案

边　楠

BIAN NAN

边楠，1982 年 3 月出生，2005 年 8 月参加工作，大学本科学历，中共党员。现任黑龙江省花园强戒所一大队党支部书记，大队长。2013 年被评为花园强戒所优秀岗位能手；2014 年被评为花园强戒所优秀民警；2015 年被评为花园强戒所优秀公务员；2016 年荣获个人三等功一次并被评为花园强戒所优秀公务员；2017 年被评为花园强戒所优秀公务员。

2012 年是花园劳教所向戒毒所过渡的转型之年。这一年边楠被任命为强戒大队副大队长,负责强戒大队前期组建工作和后续戒治工作。受命于制度转型之际，一切都是未知的挑战，需要他做的太多太多。由于时间紧、任务重，他多次向有经验的先进单位学习，四处奔走，并在电脑上查找资料，写下数万字的心得体会。在他的辛苦付出和反复考量之下，一项项规章制度，从无到有；一条条所规队纪，由日趋严谨；确保了强戒工作高效有序地开展。

戒毒人员的构成非常复杂，受毒品侵害的程度以及戒断反应各不相同。很多戒毒人员刚刚入所的时候难以管理，有的毒瘾正在发作，有的精神恍惚，有的抗拒强戒治疗，更有甚者自伤自残，妄图逃脱强制戒毒管理。边楠大队长带领全队民警，敢于吃苦，乐于奉献，外强作风，内练修养。无论多么难以管理的戒毒人员，最后都变得认识过错并有强烈的戒毒意愿。戒毒人员刘某，不是本地人，长期无人探视，对强戒生活也很不适应，导致思想情绪极为不稳定，有逃脱和自伤自残倾向。边楠同志在工作中及时掌握了这个信息，采取了做深入细致的思想教育工作和用真情真心感化双管齐下的方法，在亲自找戒毒人员谈话交流沟通的同时，细心关心照顾他的日常生活，经常自己出资为他购买日用品，经过一段时间的思想教育和真情感化，抚慰了他的心灵，稳定了他的情绪，表现出了强烈的戒毒意愿。戒毒人员何某文化层次较低，吸毒史较长，每天精神恍惚，时而产生幻觉，并有暴力倾向。为了做好该戒毒人员的教育矫治工作，边楠同志一方面与医生共同采取措施，在药物上积极治疗，在心理上进行疏导；另一方面每天亲自与该戒毒人员一起诵读《弟子规》《三字经》，并采取向该戒毒人员灌输“法纪法规”来排除“心魔”的方法，帮助其树立信心。终于不负有心人，该戒毒人员精神和心理渐渐发生了变化，思维和情

绪都日趋正常，各方面表现均有明显提高，逐渐能认识到自己错误想法和歪曲心理，由重点管控对象转为普管对象。

在戒毒工作中，边楠同志的时间表上似乎永远是工作，几乎任何时候都能在岗位上看到他的身影，年在岗时长达 3600 小时以上。2014 年年底，从外市戒毒所转所近百名戒毒人员，边楠作为大队长带领大队民警押解戒毒人员转所，工作强度，工作压力，危险程度不言而喻，而且还要面对戒毒人员到所后的稳定与适应等一系列问题。他整整 1 个月没有回家，仅仅几个月大的孩子高烧 39 度，面对妻子电话里的无助和泪水，他只能咬咬牙安慰道：你再坚持坚持，一切都会好起来的。放下电话转身投入紧张的工作中。同事劝他回家看一看，他却说：我也有血有肉，也想多照顾家庭，可是现在正是岗位需要我的重要时期，我相信她能理解我！2017 年年初，边楠同志 70 岁的老父亲因糖尿病导致的酮体升高不得不住院治疗，否则会有生命危险，家里又有两岁多的孩子需要专人照顾，人手不够，需要他给老父亲陪床，可是戒毒工作又经常加班加点，有时两天两夜不离岗位，只有狠下心来把老父亲托付给同病房的病友帮着照看，每每想起老父亲满头的白发和期待的眼神，他的内心充满了愧疚……

边楠同志积极负责的踏实肯干的作风以及廉洁正派的行为，得到了全所同志的一致认可，也在戒毒人员中树立了很高的威望。他常说干戒毒这一行，就要耐得住寂寞、守得住孤独、忍得住清贫。他大学毕业后就通过公务员招录考试来到黑龙江是花园强戒所工作，在这里一干就是 10 多年，为花园强戒所的安全稳定与和谐发展，做出了自己的突出贡献。

个人小档案

贾　俊

JIA JUN

贾俊，1976年出生，中共党员，大学本科文化程度，高级心理咨询师，1994年参加工作，1994年至2002年在湖北省未成年犯管教所工作，先后担任湖北省未成年犯管教所女犯队管教队长、心理咨询教研室主任。2003年至今在湖北省未成年人强制隔离戒毒所工作，先后担任文秘办、政工办、教育科、法制科负责人。工作24年一直从事违法犯罪青少年和吸毒青少年的教育矫治工作。

先后被授予湖北省“巾帼建功标兵”“三八红旗手标兵”称号，被湖北省委宣传部评为2017年“荆楚楷模”上榜人物，荣立三等功两次。

贾俊，20多年扎根基层潜心研究心理学在戒治工作中的运用。她是戒毒人员“心灵朋友”，用心理学“专业”的力量帮助吸毒人员戒除“心瘾”。她是未成年戒毒人员的“爱心妈妈”，用“母爱”暖热冷漠的心，帮助他们上学创业。她公开出版38万字纪实文学著作《走在追光的路上——一名女警察的妈妈手记》用“文字”向社会传播戒毒工作正能量。她捐助重症受伤儿童，创作公益歌曲在电视台滚动播出数月，共募集医疗费20多万元，成功挽救孩子的生命，5年来持续帮扶家庭渡过难关，媒体称其为最美“警花妈妈”，她用专业、智慧、爱心诠释忠诚、责任、担当和大爱，在高墙内外展示出戒毒警察的良好形象。

她是戒毒人员信任的“心灵朋友”

贾俊是高级心理咨询师，多年潜心研究心理学方法在戒治工作中的运用，对于戒毒人员的心理矫治具有较高专业技能，在表达性心理治疗上有较深的研究，成为高墙里的“心灵捕手”，戒毒人员的心里话都愿意对他讲，她成了“刺头”们的“克星”。小李（化名），入所后打架闹事，顶撞民警，有脱逃危险，被列为重点人员，贾俊通过心理咨询方法，走进他的内心，打开心结，对他进行心理矫治。了解其父母离异多年，母亲一直失去联系，父亲和爷爷相继去世，他对生活失去信心。贾俊多方打听找到他母亲，做工作让母亲前来相认，因为他母亲中风生活很艰难，贾俊为她支付了几百元的路费，母子相见小李感动的大哭，决心安心戒毒，贾俊抓住时机挖掘他的闪光点，鼓励他重拾生活信心，经努力他从难矫治人员变成积极上进人员。小李出所后贾俊5年间持续跟踪帮教。

她是戒毒青少年心中最温暖的“爱心妈妈”

未成年戒毒人员中大多数是单亲家庭，从小缺少母爱，贾俊对他们关怀备至，用母爱暖热一颗颗冰冷的心灵，还在这些戒毒人员出所后一直跟踪帮教。小龙（化名）对人冷漠、性格暴躁，不服民警管理。两岁妈妈离家出走，父亲脾气暴躁经常拿他出气，小学毕业就开始“混社会”，贾俊与他结对帮教，成为他的“爱心妈妈”，每周与他见面谈心，生活上关心冷暖，心理上引导他不断成长，陪伴他度过心理低迷期，让他体会到拥有妈妈的感觉，并努力修复小龙与父亲的关系，建立他的家庭支持系统。出所前还为他创作了歌曲《美丽重生》，成为他坚持戒毒的精神动力，出所后贾俊拿出 3000 元钱支持他创业。

小云（化名）是贾俊结对帮教的另一个“儿子”，出所后贾俊一直持续关心他，鼓励他自修大专课程，为他购买高等自学书籍，帮他报考自学考试助其圆了大学梦，还远赴几百公里进行家访，与家庭和当地社区进行对接，共同帮助他回归正常生活。

她是把戒毒工作的温暖向高墙外传播的“阳光使者”

2017 年 7 月她公开出版《走在追光的路上——一名女警察的妈妈手记》，用 38 万字记录了她与吸毒青少年的戒毒故事，展现了戒毒工作是充满阳光和爱的工作，把戒毒场所和戒毒队伍良好的形象传播到高墙外。此书还给普通的父母和孩子们以反思和警示，具有很深的社会意义，多名社会学、心理学专家联合推荐。

她是向生命垂危儿童伸出援手的“警花妈妈”

武汉 3 岁男童轩轩因坠床导致脊椎重伤，生命垂危无钱医治，贾俊从新闻得知孩子情况后，她和亲友为轩轩捐助 9000 元治疗费用，并四处奔走帮助孩子募集医疗费。她的事迹和她创作的歌曲《让我们一起坚强》被湖北电视台拍成公益 MV，在电视台滚动播出数月，共筹集医疗费 20 多万元，挽救了孩子的生命。5 年来持续帮扶该家族渡过生活难关，众多媒体跟踪报道，以《警花妈妈写歌帮卖唱妈妈救儿》《警花妈妈有梦想不绝望》等为题报道了她的义举，称其为最美的“警花妈妈”。

个人小档案

邓　林

DENG LIN

邓林，1982 年 1 月出生，湖南湘潭人，本科学历，中共党员。2006 年毕业于中南大学湘雅医学院，2007 年 1 月参加工作，2008 年放弃医院的工作，从 "白大褂" 转行成了一名戒毒民警。2010 年邓林为救治戒毒人员黄某患病的孩子，自己孩子耽误最佳治疗时间，不幸病逝，这件事被中央电视台、《法治日报》等 10 余家媒体跟踪报道。从 2008 年至今，邓林累计救治艾滋病人员及患有精神障碍戒毒人员 120 余人， 10 多名戒毒人员成功实现就业创业。先后获 2010 年、2012 年、2014 年、2015 年优秀公务员，2011 年长沙市青年岗位能手， 2014 年度湖南省十大最具影响力法治人物，2015 年湖南省司法行政戒毒系统 "最美戒毒警察"，荣记个人三等功两次，2016 年被评为全国司法行政系统先进工作者。

邓林，现任湖南省新开铺强戒所医院院长，多年来，他扎根执法一线，舍小家为大家，谱写了一首无怨无悔的青春赞歌。被戒毒人员亲切地称为“警察爸爸”“最美医生”。

坚持以爱攻毒　勇做执法服务“先行者”

邓林把戒毒人员既当违法者，更当受害者和病人。他针对戒毒人员身体心理特征，推出“病号餐”“脱毒餐”“日夜巡诊”等系列服务举措，为戒毒人员生命健康保驾护航。

2013年除夕，邓林在巡查时，突然听到厕所里传来一阵痛苦的呻吟声。发现戒毒人员刘某捂着肚子倒在地上，脸色苍白，痛苦不堪。他见情况紧急，马上背起刘某，火速送往医院，经诊断为胃穿孔，要是再晚来一点就危及生命。手术完成，已经是大年初一的早上。邓林成功挽救了一条鲜活的生命。

戒毒人员陈某，在查出感染艾滋病后，情绪反常，抗拒管理，扬言要报复社会，叫嚣：“谁敢动我，我就咬谁！”面对这样一名极危险的戒毒人员，邓林冒着被感染危险找他谈话聊天，用忠诚和信任打开了他的“心结”。确保陈某能及时治疗，并享受到政府的关怀救助政策。

把戒毒人员当朋友，积极倡导戒毒医疗服务理念，邓林用自己的行为赢得了戒毒人员的尊重和信任。在他管理下，全所没出现一例戒毒人员医疗事故。他就是一面旗帜，用忠诚诠释了戒毒人民警察的责任和担当。

创新管理教育　争做戒毒人员“引路人”

他坚持以情感教育为抓手，用真诚、平等、信任、尊重的人格魅力影响和改变戒毒人员。

2010 年 5 月 24 日，在与戒毒人员黄某谈心时得知其 5 岁儿子患有先天性心脏病，生命垂危。为让黄某安心戒毒，邓林第一时间向上级领导汇报，并联系省城专科医院，帮助黄某的孩子来长沙诊治。由于手术费用巨大，他和大队民警一起组织募捐活动，筹集捐款 3 万余元。又向媒体求助，在社会上发起了一场横跨 7 个省市的爱心大接力，引起强烈反响。北京一所大型医院决定为黄某的儿子免费手术，其间，邓林始终陪在孩子身边，孩子亲切地称他为 “邓爸爸” 。手术当天，孩子说：“有警察爸爸在，我不怕，长大了我也要做警察。”孩子天真质朴的语言震撼了在场所有人。戒毒人员黄某也在邓林同志的帮助下摆脱了毒瘾，和妻子过上了幸福的生活。

舍小家为大家　妻子眼中的“拼命三郎”

2010 年 7 月，邓林妻子已经怀孕，为救助戒毒人员黄某的儿子，妻子无人照顾，他只得把妻子送去乡下。由于医疗条件简陋，儿子出生后留下了后遗症，体质很差。3 个月后，当他回到家时，妻子累病了，儿子诊被诊断为恶性肿瘤，1 岁生日时，不幸离开了人世。

妻子因此患上抑郁症，生活坠入了低谷。面对困境，邓林同志没有任何怨言，一边干好本职工作，一边精心照顾生病的妻子。几个月后，妻子的病情得到了治愈。2013 年 8 月，他又一次做了父亲。

家庭生活稳定下来，邓林又一心扑在工作上。2015 年 1 月 26 日，连续加班一个星期，值完晚班的邓林病倒了。头晕、冒冷汗、尿血、发烧、全身无力的他，被长沙市中心医院诊断为肾结石嵌顿，必须住院做手术。“病倒了，你可以趁此好好休息，住一段时间院再来上班！”同事们这样劝诫邓林。但邓林仅在医院打了一天点滴就义无反顾地回到了工作岗位，带着饱满的工作热情，继续在医院巡诊、看门诊、做体检。

长年累月的加班加点，加上疾病的折磨，让这位“铁人”终于累倒了。2015 年 12 月 29 日，邓林晚班回家后，就晕倒在家门口，不省人事，被“120”救护车送往医院，诊断为尿路重症感染，结石嵌顿，感染性休克。2016 年 1 月，经过两次手术治疗，才恢复了健康。

多年来，邓林始终坚守在自己的工作岗位上，诠释了一名共产党员“忠诚、敬业、奉献、廉明”的价值追求，用自己对党的忠诚，兑现着青春无悔的从警誓言。

个人小档案

黄达辉

HUANG DAHUI

黄达辉，1986 年 1 月出生，现为广东省南丰强制隔离戒毒所医院门诊部主任，临床医学检验主管技师。自 2013 年起，黄达辉同志独立承担起了全国司法行政戒毒系统第一间艾滋病确证实验室的艾滋病确证与 CD4+ T 淋巴细胞检测工作。黄达辉同志本着检验医者的“工匠精神”，切实发挥检验工作“侦查兵”的作用，为戒毒人员的健康保驾护航。入职 7 年时间里，他曾连续 4 年被评“优秀共产党员”、连续 4 年年度考核“优秀”，荣获“先进工作者”一次、“个人三等功”两次。在“2017 年中国梦：践行者故事 · 广东篇”活动中，黄达辉同志接受了采访，其先进事迹在《广州日报》《南方法治报》等媒体上刊载和报道。黄达辉同志为 HIV 戒毒人员的康复治疗工作做出了突出贡献。

事迹材料

26个英文字母里，最让人惊悚的3个字母的组合绝对是它：HIV。没有人会愿意自己跟这3个字母关联在一起。在广东省佛山市三水区的一处偏远之地，聚集着除广州外来自全省其他市县的男性HIV感染者——广东省南丰强制隔离戒毒所。

敢担当，不辱使命

2013年，为了更好地保障艾滋病病人及其他戒毒人员的生命权和健康权，快速确证艾滋病戒毒人员，广东省南丰强制隔离戒毒所成立了全国司法行政戒毒系统第一间艾滋病确证实验室，也是目前唯一一间艾滋病确证实验室。

31岁的黄达辉就是戒毒所医院检验科医生，作为科室负责人他独立承担起了全省直属戒毒所的戒毒人员艾滋病确证检测工作和艾滋病病毒感染戒毒人员的CD4+T淋巴细胞检测工作。日复一日、年复一年，他每天都需要接触到HIV感染者的粪便、尿液、血液标本。截至2017年12月，实验室共计完成艾滋病抗体筛查约3万余人次，艾滋病确证1233例，CD4+T淋巴细胞检测9780例，连续几年参加国家疾控性艾中心参比实验室，关于全国HIV抗体血清学检测与全国CD4+T淋巴细胞检测等项目的室间质控评价（EQA）满分，成绩优秀。

明责任，坚守阵地

如果把医院比作一个战场，那么医院检验科便是奋斗在战场的最前沿的“侦察兵”，他们率先发现“敌情”，作出准确判断。作为一

名戒毒警察和医生，黄达辉深知这一点，一直以来他严格要求自己，在医疗技术上精益求精，操作中严肃认真，从不忽略每一个细节，将所有可疑的因素牢牢抓住。

2014 年 6 月，从他市调入一批已经确证为 HIV 阳性的戒毒人员，全部附有该市疾控中心的 HIV 确证报告。在入所体检进行 HIV 初筛检查时，黄达辉发现其中一名戒毒人员赵某的 HIV 抗体为阴性，他迅速意识到问题的严重性，第一时间向医院领导进行了汇报，并建议先将赵某单独隔离，防止与其他 HIV 阳性戒毒人员发生交叉感染。次日上午，他亲自对赵某的身份进行了核实后重新抽血，并使用两种不同的初筛试剂再次进行 HIV 筛查实验，结果依旧是阴性。当赵某确认自己不是 HIV 感染者后，他喜极而泣，双手紧握黄达辉的手哽咽地说道：“黄医生，谢谢你，让我从鬼门关逃了出来！”

为了保证戒毒人员的健康，黄达辉同志始终冲锋在前，不怕脏、不怕苦、不怕累，犹如战场上的侦察兵，获取第一手资料。

重创新，开拓进取

为了更好地完成确证实验室的检测工作，黄达辉同志经常学习多种检测方法攻坚克难，遇到特殊病例翻阅资料，反复试验。曾经有一次，黄达辉同志遇到一个特殊的标本，一个有血液基础疾病的艾滋病人员样本，该样品的分析结果由于原有的基础疾病被严重干扰，无法通过常规单平台法进行分析。经过查阅文献与病例，黄达辉尝试使用双平台法（流式细胞仪结合五分类血常规仪器）解决这一难题，通过反复试验，发现双平台法很好地弥补了单平台法的劣势。此后，黄达辉也多次运用双平台法解决类似的病例。“遇事多专研，固强补弱，勇于创先，敢于尝试创新方法”，这是黄达辉同志的深刻体会。

坚信仰，不忘初心

目前，戒毒所内被确诊的 HIV 感染者年龄最大的有 60 多岁，最小的也才 20 来岁。黄达辉每周都会对这些感染者进行检测，观察药物治疗情况，调整用药量。戒毒所不定期的安排感染者家属会面，让感染者感受到家人的关怀。

“通过采取更多的方式，让感染者感受到自己没有被抛弃，增加对生活的期盼和治疗信心。”黄达辉说，作为医生，我的职业使命就是让患者看到希望，让生命在这里重新出发。

个人小档案

李　艳

LI YAN

李艳，1963 年 3 月出生，瑶族，1981 年 7 月参加工作，1992 年 2 月调入广西第五强制隔离戒毒所（原广西第五劳动教养管理所），先后在该所政治处、办公室、警戒科、教育科工作，现为该所教育科主任科员。

2012 年 5 月被评为全区“优秀辅导员”，2000 年至 2005 年先后三次被所党委评为先进工作者，2013 年、2014 年连续两年获得所党委嘉奖，2015 年荣立个人三等功。

事迹材料

李艳同志参加工作以来，工作认真负责，一丝不苟，对戒毒事业倾注了自己最大的热情，始终坚持以情感人，以心交心，以慈母般的爱感化教育戒毒人员，用真情唤醒一个个被毒魔吞噬的灵魂，用爱陪伴一个个戒毒人员走向新生，被戒毒人员尊称为“李妈妈”。

在一个春节前的中午，戒毒人员林某解除强制隔离戒毒离所，李艳同志按照与林某母亲的约定，亲自将出所的林某送到汽车站，请林某吃了快餐，并帮林某备好在车上吃的晚餐，看到林某的钱只够买一张普通车票，为了让林某尽快回到玉林与家人团聚，她掏钱帮林某买了直达玉林的快巴车票。看着只穿秋装外套的林某冻得瑟瑟发抖（解戒人员出所时都不愿意穿所里提供的服装），她又给林某买了一件棉背心。不善言辞的林某走到快巴门口突然转过身含着泪大声地对李艳说：“老师，我真不知如何感谢您！我会珍藏这件温暖牌棉背心的……”

贺州籍戒毒人员苏某，因艾滋病发作被批准所外就医。苏某在所外就医期间李艳一直关心鼓励苏某要与病魔作抗争。2007 年正月十三，她得知苏某快不行了，一大清早就购买好水果、牛奶、鲜花、蛋糕和生日礼物，约了苏某原训练班的组长黄某和邹某一道，李艳自费包了一辆的士从贺州直奔苏某的家，苏某家人为了控制疾病传染，在苏某家的后山上搭建了一个简陋的棚子，李艳就在那个棚子里轻轻点燃生日蜡烛，给苏某过了他在世上的最后一次生日，苏某和家人感动得热泪盈眶。

戒毒康复，贵在坚持。如何成功让戒毒出所后的戒毒人员远离毒品，保持操守，是李艳一直探索和追求的工作目标，近年来，她大胆创新，采取多种方式方法将工作的触角延伸到了所外，为解戒出所的戒毒人员建立了微信群、QQ 群，始终与出所的解戒人员保持联系，及时帮助他们化解生活、工作中的困惑，让他们始终保持生活的信心。贺州籍戒毒人员谢某从该所解戒出所后，李艳像对自己的孩子那样不断鼓励、叮嘱谢某："一定要珍惜今天，任何事情只要坚持就能成功！"如今，谢某出所快10年了，现在谢某已在石家庄成家立业，2013年7月，谢某应广西戒毒管理局教育办公室的邀请，参加了全区戒毒成功典型案例演讲报告团到区直各戒毒所巡回演讲，收到了很好的效果。

为了巩固戒毒人员来之不易的所内戒毒成果，自2017年开始，她又与解戒出所的保持操守较好的解戒人员立下了"四季之约"，坚持每个季度组织解戒人员举行"我们在一起"聚会活动，鼓励解戒人员要在老师的关爱和陪伴下，在戒毒康复的路上勇敢前行，如今，已成功举办了"春、夏、秋、冬"四季的聚会活动，在戒毒人员及其家属中产生了较好的影响。

李艳同志不管是工作或生活，始终充满激情，工作期间，她怀着对戒毒工作的满腔热情，自己作词作曲，创作了反映戒毒人员重获新生的歌舞《闪烁的星星》和反映戒毒工作人民警察精神风貌的歌曲《青春无悔》，这两个作品分别获得了桂林市"漓江之声"艺术节比赛一等奖和创作奖。还把自

己多年在教育矫治工作中的实践体会和感悟编写成论文，积极给《戒毒与矫治》杂志和自治区戒毒局的门户网站投稿，她经常加班加点把戒毒场所文化建设的文娱活动制作成广告宣传图片，向社会展示所里戒毒人员参加教育矫治活动的成果。这些点点滴滴彰显了李艳同志对工作和生活的热爱。

她的故事很多、很普通、很平凡，如今，身患严重高血压的李艳老师已是50多岁的人了，她还如此忘我地工作，坚持在平凡的岗位上，在平淡的生活中，做一个最好的自己，用满腔的热忱去诠释自己创作的那首歌曲：在青春的岁月中，编织着美好的憧憬，让自己无悔青春，青春无悔！

个人小档案

许书波

XU SHUBO

许书波，中共党员，1977 年 10 月出生。现任海南省三亚强制隔离戒毒所十大队大队长。

2010 年、2012 年获海南省禁毒专项斗争先进个人，2013 年获海南省第三劳教所嘉奖，2013 年获海南省司法厅戒毒局优秀共产党员，2014 年获海南省司法厅优秀共产党员，2014 年获海南省教育质量年活动专项工作嘉奖，2016 年获海南省三亚强制隔离戒毒所优秀公务员，2017 年 7 月获海南省司法厅优秀共产党员。

事迹材料

许书波同志，自1996年10月参加工作以来，一直在戒毒一线工作。在这21年里，许书波同志以队为家，爱岗敬业，获得同事们及领导的一致好评和肯定。许书波同志从一名普通科员到大队副大队长、教导员以及大队长的成长，见证了许书波同志从一个小兵成长为能够独当一面的大队领导。21年以来，许书波同志有8个大年三十，10个大年初一在大队值班，坚守岗位。他儿子上幼儿园，需要每天去接。但他每次到学校接儿子时，学校早就放学了，只有他儿子可怜巴巴的在等。有时妻子也抱怨他，说他只要单位，不要家。每当妻子抱怨的时候，他总能用幽默的语言安慰妻子，以获得妻子的理解和支持。

2011年7月22日，海南省三亚强制隔离戒毒所特殊病隔离区开始收治特殊病戒毒人员。当时专管民警都害怕接触特殊病戒毒人员，收治的第一天许书波同志主动要求值班，并对特殊病戒毒人员进行成

功安抚。许书波同志自特殊病隔离区成立以来，主要负责特殊病隔离区特殊病戒毒人员的管理教育工作。在这 7 年里，许书波同志亲自处理了很多特殊病戒毒人员的事件，这期间发生过 3 次打架，5 次绝食，10 次无理取闹事件，都得到妥善处理，确保了场所的安全稳定。

特殊病戒毒人员身体免疫力降低，体质比常人差。他们体弱多病，心理特别脆弱敏感，心理扭曲，总认为自己是快要死的人，经常会制造一些事端。许书波同志作为专管大队的大队长，经常在没有任何防护措施情况下，零距离接触特殊病戒毒人员，通过谈心了解他们的真实想法。通过谈话，好多戒毒人员都对家庭充满愧疚。特殊病戒毒人员林某，在看到许书波大队长没有歧视自己、不顾职业暴露的风险与之谈心，彻底地敞开自己的心扉，讲述了自己最愧对的就是含辛茹苦将自己抚养成人的妈妈，当许书波同志耐心细致地与之谈心后，林某在走廊唱起了《世上只有妈妈好》，其他特殊病戒毒人员也都轻声附和，个别戒毒人员流下了悔恨的泪水。许书波同志，产生了用音乐治愈特殊病戒毒人员扭曲的灵魂的想法。他充分发挥自己音乐方面的才能，根据一名特殊病戒毒人员身上真实的故事，写出了第一首歌《妈妈再原谅我一次》，这首歌在演唱时特殊病戒毒人员都深受感动，流下了眼泪。特殊病戒毒人员都讲“许大队长的歌曲，写出了我们的真实想法，唱出了我们的心声。队长是最了解我们的人”。在所里举行的文艺汇演中，这首歌曲广受戒毒人员欢迎，大家主动学唱这首歌曲。一名解除戒毒人员还在福建省宁德市挑战麦克风电视公开赛预赛中，通过演唱《妈妈再原谅我一次》获得了预赛冠军。消息传来戒毒人员深受鼓舞，纷纷要求参与到音乐中去，并向大队民警敞开心扉，说出自己的心里话，希望能根据自己的经历编写歌曲。许书波同志根据实际情况，组建了戒毒人员康复乐队，自己也参与其中，写词编曲，担当乐队鼓手。根据戒毒人员的故事，许书波同志创作了《你是我的最美相遇》《栖身的地方》《静夜里》等歌曲，受到全所戒毒人员的欢迎。通过开展音乐疗法，戒毒人员全身心投入音乐当中，每一个音符，都安抚着戒毒人员的灵魂。

在处理突发事件中，许书波同志不惧危险，冲在最前，极大地鼓舞了专管民警面对危险的勇气。在7年里，许书波同志找特殊病戒毒人员谈心2000余次，每年给戒毒康复人员上课200余课时。许书波同志21年如一日，爱岗敬业，无私奉献，敢于担当，创新管理，尤其在特殊病隔离区管理特殊病戒毒人员方面做出了巨大的贡献。在管理隔离区的7年里，许书波同志运用他的经验和智慧妥善处理了多起特殊病戒毒人员无理取闹事件。许书波同志作为隔离区组建时的主要负责队领导，从建章立制开始，建立和完善特殊病戒毒人员管理制度10余个。许书波同志带领专管民警成功处置特殊病戒毒人员打架、绝食闹事12起。许书波同志是爱岗敬业的典范，是该所民警学习的职业道德楷模。

个人小档案

廖天晴

LIAO TIANQING

廖天晴，1971 年 9 月出生，大学文化，1994 年 7 月参加工作，2002 年 12 月加入中国共产党。1994 年 7 月至 2010 年 7 月在重庆市垫江监狱工作，2010 年 7 月至今在重庆市北碚强制隔离戒毒所工作。现任重庆市北碚强制隔离戒毒所机关党支部书记、政治处副主任。2010 年 7 月至 2017 年 8 月历任该所女性艾滋病戒毒人员专管大队党支部书记、教导员、大队长。在二大队任职期间，她带领全体民警用心“教育、感化、挽救”每一名艾滋病戒毒人员。因为工作业绩突出，她所在的大队先后荣获重庆市“青年文明号”“巾帼文明岗”和重庆市“平安建设暨社会综合治理先进集体”、全国妇联“巾帼文明岗”等荣誉称号，其本人先后荣获重庆市司法行政系统优秀党务工作者、重庆市“十佳”戒毒警察、重庆市先进工作者等荣誉称号。

事迹材料

说到艾滋病，常人闻之色变；说到艾滋病患者，人们避而远之。然而，在重庆市北碚强制隔离戒毒所女性艾滋病戒毒人员专管大队，廖天晴同志带领这支平均年龄仅30岁的“娘子军”，面对悲观、脆弱、绝望的女性艾滋病戒毒人员，始终秉承着一份耐心和责任心，用真情、心血和汗水去感化、教育、挽救每一位艾滋病戒毒人员，让这群特殊的“花儿”在高墙内重新绽放光彩！

用实干践行本职

作为这个特殊团体的一班之长，廖天晴同志始终坚持“以人为本”理念，以大队“创建”工作为统揽，叫响“创一流业绩，打造特殊战线上铿锵玫瑰”的口号，激发民警队伍的敬业和奉献意识。一是夯实基础工作，规范大队日常管理。组织健全完善和落实档案管理、学习教育、执法执勤等20余项制度规范，使大队各项工作有章可循。二是常态练兵机制，打造和谐争先团队。以岗位练兵为契机，狠抓青年民警的教育和培养，不断强化民警的戒毒工作经验、艾滋病防护知识和心理辅导技能，切实提高单兵作战能力，着力打造精干、高效的铿锵玫瑰队伍。三是狠抓结合，务求支部建设取得实效。与“两学一做”学习教育相结合，强化支部阵地建设，建立党员管理长效机制，构筑坚强战斗堡垒。党支部多年帮扶重庆市合川区隆兴镇贫困儿童陈颖，坚持每月汇款200元资助其上学已7年有余，被当地群众传为美谈，树立了戒毒警察的良好形象。

用真情感化顽石

在艾滋病戒毒人员管理这个特殊的工作岗位上，廖天晴用女性的细腻与执着，将“刘玉美五情工作法”融入日常工作当中，摸索出“两个共同”管理理念——与艾滋病戒毒人员“共同面对，共同担当”，切实践行“两帮扶两延伸”工作法，既帮扶戒毒人员的思想又帮扶他们的实际困难，将工作触角延伸到戒毒人员的家庭和社区。贫困戒毒人员子女因此重新走进课堂，曾经的“女霸王”成为守法公民，病入膏肓的“三无”戒毒人员在民警无微不至的“临终关怀”下安然阖上双眼……她常说：“戒毒人员的事没有小事，只有解决了她们的思想问题和后顾之忧，才能让她们安心戒毒，场所的安全稳定才能得到保障。”

艾滋病戒毒人员由于长期吸食毒品，免疫系统功能丧失，身体各项机能严重受损，随时可能诱发各种突发性重症。突发情况实在是太多，她自己也记不清有多少个深夜从家里匆忙走出，又有多少个凌晨披星戴月而归。她所带领的大队被戒毒人员亲切地称为“咱们的娘家”。

用奉献彰显忠诚

作为女性，她尽力平衡着事业与家庭之间的关系。远在四川年过60的老父亲每次来重庆，她总会歉疚地说：“爸爸，下次我一定多陪您。”有一次，唯一的儿子在学校不慎左手尺骨骨折，她因为工作一时走不开，硬是让儿子在医院门口牵拉着一只骨折了的手等了近两小时！可是队里哪个戒毒人员感冒了，哪只水龙头坏了，她都一清二楚。难怪儿子会埋怨说：“妈妈，你的戒毒人员比我重要。”听到这话，她的内心无比愧疚，但作为警察和班长，她别无选择。

廖天晴，这位战斗在艾滋病专管工作一线的普通民警，用她柔弱的肩膀担负起人民警察的责任，将艾滋病戒毒人员的冷暖记挂在心里，用实际行动诠释了对党和戒毒事业的无限忠诚！

个人小档案

马志坚

MA ZHIJIAN

马志坚，回族，大学本科学历，中共党员，1979年11月出生于云南通海，2000年7月毕业于云南广播电视大学，2001年8月到云南省第三强制隔离戒毒所（以下简称云南三所）工作。曾先后担任基层大队入所教员、政治处科员、管教副大队长等职，现为云南省强制隔离戒毒所四大队党支部书记、大队长，二级警督警衔。

参加工作以来，马志坚同志以兢兢业业、甘于奉献的工作态度和连续17年岗位平安无事故的优异业绩，写就了云南戒毒系统警察队伍“敬业奉献、诚信友善、忠诚担当”的最美法律服务人形象。多次被评为“优秀公务员”、年度“双十佳”人物、“优秀党务工作者”、“优秀党员”等，2014年被共青团云南省直机关委员会评为“杰出青年岗位能手”，2016年被中共云南省戒毒管理局委员会评为“强戒系统优秀党务工作者”，2017年被云南省戒毒管理局评为“十佳心理咨询师”，2017年被云南省妇女联合会授予“巾帼建功标兵”称号。

事迹材料

当清晨第一缕阳光发出光芒时,她早已步入大队开始一天的工作,当夜幕降临、万家灯火通明时,她还在大队巡视戒毒人员,协助干警值班。清瘦的身躯,坚毅的目光,她就是云南省第三强制隔离戒毒所女子大队大队长马志坚。入警16年来,她始终扎根强制隔离戒毒工作第一线,真抓实干,默默奉献,没有激情豪迈的誓言,也没有惊心动魄的壮举,但她完成了对一个个迷失灵魂的成功救赎,用忠诚写下了对戒毒事业的一片执着、虔诚。

她是戒毒所内的坚守者,单位就是她的家。马志坚所在的女子大队是云南省第三强制隔离戒毒所唯一收治女性戒毒人员的大队,是工作环境最艰苦、收治戒毒人员结构最复杂的大队。作为大队长,她每天总是早早来到大队,开始现场全面检查,安排一天工作,晚上下班后巡查完才最后一个离开。留队、加班、很少有周末已是她的工作常态。因为她深知没有枕戈待旦地坚守,就没有戒毒场所的安全稳定,就没有社会的安宁。正是源于这份执着地坚守和默默地奉献,她一步步走上了大队领导岗位,并带领大队警察职工多次获得“先进集体”“先进党支部”“标兵党支部”“优胜党支部”等多项荣誉。

她是教育戒治吸毒人员的工程师,满腔热忱只为新生。马志坚在工作中以法治人、以理服人、以情化人,坚持深入戒毒人员教育、生活、劳动、学习四大现场,摸排戒毒人员思想动态。经常组织开展问卷调查、召开座谈会,有针对性地做好难矫治人员个别教育。每月开展趣味活动、歌唱比赛等娱乐活动,舒缓戒毒人员心理压力。她坚持与每名新入所戒毒人员见面不过夜、对摸排出有问题迹象的戒毒人员不过夜,就潜在的不良苗头及时化解,确保隐患问题消除在萌芽状态。“随风潜入夜,润物细无声”,在马志坚的感染和教育下,累计1000余名戒毒人员戒除毒瘾,一批又一批女性吸毒人员,改过自新,以崭新的面貌回归家庭,回归社会。

她是戒毒人员劳动康复的培训师，只为戒毒人员学会一技之长。马志坚积极引进和储备合适的习艺劳动项目，开展技能培训，矫正不劳而获的恶习，增强生存能力，巩固戒治成果。自建队以来，共引进劳动项目8个，开展花卉栽培、旅游管理等职业技能培训项目5个，参加培训600余人次，取得国家职业资格证书300多人，为戒毒人员出所后顺利就业奠定了坚实的基础。

她是大队警察职工的领头雁。她践行共产党员宗旨树标杆，处处干在实处、以身作则，大力加强党支部队伍和组织建设，亮党员身份、建活动阵地，发挥好党员的先锋模范和党支部的战斗堡垒作用。针对大队女同志多、心思细腻、感情脆弱、敏感，同时承担的家庭角色多等实际情况，她平时注重加强与警察的沟通交流，帮他们解决实际困难，让大家感受到组织的温暖，有力推进了大队各项工作创新发展。在她的领导带动下，大队教育戒治、安全稳定、劳动康复等工作齐头并进，制度建设和警察队伍管理不断完善，呈现后劲十足的强劲势头。

忠诚担当，她用戒毒工作的平凡兑现守望初心的誓言。她把全部精力用在对戒毒人员的教育矫治上，多少次带着戒毒人员在医院与父母相遇，而她自己却多年来没时间照顾年迈多病的父母。这是一份执着，更是一份信念，是对戒毒事业的永恒守望。她付出了，她努力了，她巾帼不让须眉，她也收获了！从戒毒人员自制的简单但却充满感谢的贺卡里，从戒毒人员出所时依依不舍的泪水和向她请求的拥抱里，从家属一声声的道谢，从领导和同事竖起的大拇指，从她坚守的平安防线上，她只是淡淡地说，她的付出值了……

“行者常至，为者常成。”把普通的事情做好就是不普通，把平凡的事情做好就是不平凡。马志坚，戒毒人民警察中平凡的一位，她用丹心碧血书写着人生精彩的篇章，用无悔青春铸就了戒毒所内最美的警魂。

个人小档案

薛　伟

XUE WEI

薛伟，1973 年 2 月出生，1992 年 11 月参加工作，中共党员，大学学历，先后任宁夏吴忠强制隔离戒毒所护卫队队员、分队长，2014 年任一大队中队长，现任一大队主任科员。从警 20 余年来，他兢兢业业，任劳任怨，严于律己，在平凡的岗位上做出了不平凡的业绩。2007 年 7 月薛伟被自治区司法厅授予个人二等功；2012 年荣获自治区司法厅先进工作者；2012 年荣获自治区戒毒局首届“十佳警察”；2013 年荣获自治区司法厅优秀共产党员；先后 9 次荣获吴忠强制隔离戒毒所先进个人；2015 年 4 月荣获全国先进工作者和宁夏回族自治区先进工作者荣誉称号；2017 年 6 月当选宁夏回族自治区第十二次党代会代表。

薛伟同志在平凡的戒毒工作岗位上，他将自己比作泥土，让众人踩成一条道路，以泥土的品质和胸襟，牢记宗旨，永葆本色，诠释着一名基层戒毒民警“立警为公，执法为民”的深刻内涵。

勤于学习　是他进步的源泉

从警以来，薛伟同志从一个工作的生手逐步成长为一名戒毒工作的多面手，这都要归功于他孜孜不倦的坚持学习，不断与时俱进。谈到这些，薛伟笑称他有 “三件法宝”：认真学习理论知识，打好基础是第一件法宝。学无止境是他多年的学习信念。工作之余，他把很多时间都花在学理论、强业务、练技能上。坚持学以致用，在实践中丰富自己是第二件法宝。“知己知彼，百战不殆”，他经常找戒毒人员谈心、谈话，平均每月谈话次数达 30 人次，难危分子转化率 99%，对所在中队戒毒人员基本情况了如指掌。“三人行，必有我师焉”是第三件法宝。工作中，薛伟遇到不明白的地方，虚心求教，不耻下问，身边的领导、同事、亲友甚至是戒毒人员都是他求知的对象。在孜孜不倦的求知中，在实践工作的磨炼中，在战友们的帮助中，薛伟杰出做事、平凡做人，践行着 “忠诚奉献、务实苦干、勇于担当、勇创一流”的吴忠强制隔离戒毒所场所精神。

严于修身　是他做人的本色

平凡中孕育辉煌，一直以来，薛伟同志都坚守“做事先做人”的信念，要求自己做到友善待人，尽责做事，每逢过年过节，他都让中队离家远的民警回家团圆，自己主动顶班；同事遇到困难，他都跑前跑后帮忙解决；中队警察的成长，他都给予无微不至的关怀。在同事眼中，他很平凡，像一名辛勤耕耘的“老黄牛”式的中队长，脚踏实地、默默无闻；在老同志眼中，他是一个谦虚知礼的年轻人；在新警眼中，他憨憨地一笑，绝对是一个富有人情味的大哥……

多年以来，薛伟同志时刻遵循“对己清正、对人公正”的信念。他时刻提醒自己手中的权力是把“双刃剑”，要求自己克贪节欲、立德养廉、严于律己，对戒毒人员奖惩、评估等容易产生腐败的环节，他严格做到“阳光操作”，将自己置身于监督之中，做到“对上尽职尽责，不失本分；对下尽心尽力，不失真诚；对事尽情尽理，不失原则；对己尽严尽廉，不失节操”，赢得了良好的口碑。

甘于奉献　是他人生的坐标

有人把管教民警的工作概括为三句话：“做不完的事、值不完的班、谈不完的话。”吴忠强制隔离戒毒所一直警力紧张，民警平时休息少，封闭、压抑，可曾经担任过大队管教干事的薛伟同志毫无怨言，他把所有的爱奉献给了戒毒事业！大爱无言，大爱无疆，面对一群“特殊的病人”，薛伟同志满怀真情地走进他们的心里，奉献自己的爱心、耐心和责任心，同他们零距离接触，和他们心贴心的交流，用无私的爱滋润他们的心田，给他们关心、鼓舞，给他们信心和力量，尽可能帮助一个个浪子迷途知返。

2011 年的某一天，戒毒人员马某因为从小患有癫痫病，自卑心理严重。入所后，家人也不接见，整天郁郁寡欢，恰逢近期身体不适，因一时想不开，吃了大量的药品，正在值班的薛伟和其他同事急忙带马某赶往医院。因马某昏迷，他们抬上马某作 CT，不怕脏累，彻夜陪着他，为他端茶送水，马某很是愧疚，愧疚地说：“薛队长、你骂我吧，我错了，我的家人都不管我，你却像亲人一样关心我，你就是我的再生父母啊！回所后，我一定好好改造，早日回家。”该戒毒人员没有食言，

他积极改造，提前半年解除回家。

“剪去斜枝枯叶，注入正气浩荡，为了戒毒人员重归善良，我愿垫上我的肩膀”，正是薛伟同志真实的写照。新的征程，他将与新时代戒毒事业脉搏一起跳动，用青春的热血、奋斗的足迹书写平凡而又无怨无悔的人生。

个人小档案

司颜诚

SI YANCHENG

司颜诚，1989年6月出生，本科学历，学士学位，中共党员，现任新疆伊宁教育矫治局指挥中心副主任、团总支书记。

2010年获得自治区公务员岗前培训“优秀学员”，2011年评选为“优秀公务员”，2012年获得司法行政系统维语培训班“优秀学员”，2013年评选为“先进工作者”“优秀团员”，2014年评选为“优秀公务员”、伊犁哈萨克自治州共青团“优秀团干部”，2015年评选为“优秀公务员”、司法行政系统“优秀团干部”，2016年评选为“优秀公务员”，2016年8月至11月在天津团市委挂职锻炼，2017年获得个人三等功1次，2017年被评选为“优秀公务员”。

在新疆教育矫治（戒毒）系统工作的6年时间里，司颜诚同志以默默奉献、事争一流、拼搏创新的实干精神，谦虚谨慎、扎实工作，为伊宁教育矫治局的发展建设做出了突出贡献。

动人以行不以言

1989年出生的司颜诚，拥有着同龄人少有的谦虚、沉稳和干练，具有优良的政治、业务素质和个人修养。参加工作以来，他以饱满的热情和高昂的斗志投入到每一刻的工作之中，认真负责地面对每一个工作任务，谦虚好学，扎实肯干，以最短的时间融入戒毒事业各项工作之中。逐步成长为政治思想坚定、业务素质过硬、工作作风扎实、日常表现突出的优秀青年民警代表。在党的十九大安保工作中，承担信息化建设工作的司颜诚为了确保各类信息化设备正常运行，先期规划，积极作为，对于每一个项目的实施都进行过反复详细的论证和现场实地勘验。为了确保工程质量，提高工作效率，他连续两个月坚守在施工现场，和技术人员一起安装、调试。在强烈的事业心和使命感的驱使下，他忘我工作，全情投入，经常十五六个小时不休息，常常忘记了吃饭，忘记了休息，一天的施工结束后，他还要在办公室进行后台调整，往往为了一个摄像机的角度反复论证，确保达到最佳视觉效果。在他的带动下，指挥中心的全体工作人员都充分发扬吃苦耐劳的连续奋战精神，确保了安防设备在党的十九大安保工作中发挥最大的作用，使指挥中心切实发挥全局“眼睛”和“耳朵”的职能。

敢于探索勇创新

在日常工作中，司颜诚充分发扬钉子精神，刻苦学习，虚心请教，认真钻研，不断提升自己的信息化科技知识储备，使自己实现了从非专业向专业级的跨越，在全系统的信息化建设工作中走在了前面。为进一步探索信息化建设对场所的运用及创新，充分达到“科技强警、科技建警”的目标，使信息化建设成为确保局所安全稳定的有力臂助和有效途径。他积极探索、深入研究，多次向局党委专题汇报信息化建设的必然性和必要性，大力倡导先行一步的思想，同时与各部门开展沟通交流和意见交换，不断提出新的方案和建议，积极参与信息化建设工作，成功地将信息化设备提高场所安全监管水平及在办公自动化的便捷使用上迈出了关键的一步，使伊宁教育矫治局从现实意义上实现了科技强警，大大缓解了基层民警的工作压力和值班疲劳，提高了对管理对象的全天候、全时段、全方位的管控，使民警的执法工作

和管教工作实现了现代化的变革。

舍小家坚守岗位　顾大家无私奉献

司颜诚的家远在乌鲁木齐，在家中他是集万千宠爱于一身的“独苗”，但在从警的6年多时间里，他与母亲在一起的时间却屈指可数。为了心中的荣誉和事业的需要，他远赴离家700公里外的伊宁，把全部的时间和热情都投入到教育矫治（戒毒）事业之中。在工作中，他没有请过一天病事假，经常连休假都忘记了，每次过年都是在节过后才短暂补休几天回去匆匆看望母亲一次。信息化建设经常要出差，但每次他都是行色匆匆，路过乌鲁木齐短暂停留，也大都是在区局汇报工作，从来不主动提出回家看望母亲。同事们戏言，司颜诚是新时代的大禹，每过家门而不入，他的身影，不是在工作岗位上就是在去工作岗位的路上。

司颜诚在自己的岗位上默默奉献着，用全心全意为人民服务的实际行动践行了自己的入党誓言，以坚定的信念、高尚的人格、无私的情操展示了当代人民警察的崇高追求和良好形象，履行了执法为民的神圣职责。

社区矫正工作者

个人小档案

裴大凤

PEI DAFENG

裴大凤，1970 年出生，中共党员，本科学历，国家注册社工师，国家二级心理咨询师，现任新航社区服务总站专业推进会委员，高级督导，新航虹口工作站党支部书记、站长、工会主席。

曾获 1998 年湖北省优秀青少年科技工作组织者先进个人，2000 年湖北省科技馆工作先进个人，2005 年度、2006 年度、2003 年度至 2008 年度、2012 年度、2013 年度上海市新航总站先进个人，2012 年上海市五星志愿者，2012 年上海市首届十佳优秀案例奖，2013 年上海市 2008 年度至 2012 年度关爱行动优秀志愿者，2013 年上海市司法行政先进个人，2014 年民政部优秀案例二等奖，2014 年度、2015 年度、2016 年度、2017 年度上海市防范办教育转化能手，2015 年 11 月荣获上海市心理学会心理咨询与治疗专业委员会征文二等奖，2016 年上海市（两新组织）优秀共产党员，2017 年上海市社区矫正首届平安卫士，2017 年上海市优秀社工。

2004年，裴大凤同志顺应上海市预防犯罪体系建设的需要成为新航虹口工作站的一员。10余年来，裴大凤同志在司法社工没有经验可循的情形下，她始终坚持把学习作为提高自身素质和工作能力的重要途径，先后取得了上海市社工师、国家二级心理咨询师、民政部社工师、国家心理疏导员和国家心理护理师等资质证书，在社区矫正和安置帮教领域脱颖而出，成为新航总站首批中级社工和上海市社会工作者职业鉴定考评员；现任新航社区服务总站专业建设团委员，高级督导；新航虹口工作站党支部书记、站长、工会主席。

扎根一线　精于服务

作为一名一线社工，裴大凤同志积极探索并致力于推进专业社会工作与帮教服务工作有效契合。在工作中牢牢把握职业操守，运用专业知识技巧和方法，整合社会多方资源，以强烈的社会责任感去协助服务对象解决所面临的各种实际困难，赢得服务对象的配合和尊重，其服务的个案多次被《上海法治报》、《青年报》、《老年报》、《新闻晚报》、《解放日报》、《人民日报》海外版、《中国社工报》、中央四台等报道。其撰写的个案案例先后荣获2012年上海市首届十佳案例优秀奖，2014年民政部优秀案例二等奖。10余年来，裴大凤同志结合工作实际，共参与承担过市、区、街道20余个课题的调研工作，她撰写的论文和调研文章，有8篇被中央、市级各类媒体杂志选登，为探索社会工作在社区矫正及安置帮教工作中的实践和理论研究发出了一线社工的声音。

深耕业务　敢于创新

作为工作站业务负责人，她严格履行领导职责，为全体社工提供全方位的专业指导和心理支撑。她还开创了“兵教兵”互助工作方法，在社工中形成了良好互助的氛围，增强了社工的凝聚力，形成了同工督导、骨干社工和老中青初级社工组成的梯队，大幅度提升了新航虹口社工队伍的专业水平和工作成效。裴大凤同志还结合虹口区矫正工作实际，设计申领组织实施的“启程心理矫正”项目自 2013 年启动至今，已连续 5 年获得了虹口区社会组织发展基金的 75 万余元经费支持。2014 年和 2015 年，启程心理矫正项目分别荣获了上海市宣传部的《人文关怀和心理疏导示范点》和上海市综治委《综合治理创新优秀案例奖》。

提升专业　勤于实践

作为新航总站专业建设团委员和高级督导，裴大凤同志结合服务对象的特点和发展需求，不断开拓专项服务内容，参加专业服务项目的策划、组织、实施及推进工作，先后承担或参与了“就业小屋”“爱满新航”“新航港湾”“心灵导航”“启程心理矫正”“爱启新航”等20余个上海市或虹口区的公益创投项目。裴大凤同志还利用自身专长积极参与新航总站心理教材和专业书籍的编写工作，多次代表新航到外省市区交流授课。裴大凤同志将家庭治疗运用于个案帮教服务领域并作为自身专长不断学习和实践，取得了一定的成效，撰写的《家庭治疗在社工帮教工作中的运用和实践》被《社区矫正评论》（第六卷）收录，个人事迹也荣登此书的扉页。

服务社区 乐于奉献

作为一名社区党员志愿者，裴大凤同志利用休息时间积极参与凉城社区和虹口区的多项志愿者活动，她的心理讲座得到了虹口区8个街道的普遍欢迎，多次参与接待了中组部、中宣部到凉城社区的调研工作。裴大凤同志还积极配合虹口区610办疑难案例的转化帮教工作，被评聘为上海市2014年度、2015年度、2016年度、2017年度帮教能手，她用她的专业素养为前来求助的社区居民答疑解惑，展现了新航社工的专业形象，被吸收为上海市应急服务团成员。她积极参与指导安全社区的创建和项目化的推进获得了一致认可，年年获得了凉城社区的表彰，先后被推选为虹口区第九届和第十届党代表，荣获了上海市“关爱行动”优秀志愿者，上海市五星志愿者、上海市两新组织优秀共产党员和上海市优秀社工等多项荣誉称号。

个人小档案

吴　伟

WU WEI

吴伟，1980 年出生，中共党员。曾任铅山县司法局基层股办事员、科员、副股长（主持工作）、股长，现任铅山县司法局社区矫正股股长。

2009 年被上饶市司法局评为全市司法行政系统信息工作先进个人，2010 年被中共铅山县委评为优秀共产党员，2011 年被江西省司法厅授予矛盾纠纷化解能手，2012 年被江西省司法厅评为践行司法行政干警核心价值观先进个人，2012 年至 2017 年被县直机关工委评为优秀共产党员，2012 年至 2016 年被评为优秀公务员，2012 年至 2017 年被县委政法委评为综治工作先进个人，2013 年被县委、县政府评为信访工作先进个人，2017 年被县委评为方志敏式好干部。

在江西省上饶市铅山县司法局,你经常可以看到一个忙碌的身影,或在社区矫正监管平台前仔细查看,或在办公桌前认真审阅,或在谈话室里与人谈心,或在乡村田野间逐一巡查。7年间,在他的带领下,铅山县司法局社区矫正工作先后多次得到省、市的充分肯定,被授予"全省社区矫正执法规范奖",同时他被聘为全省社区矫正骨干教师。

他叫吴伟,1980年出生,中共党员。2010年9月,铅山县开始试行社区矫正,刚过而立之年的吴伟接受了这一使命,从基层工作股股长调任社区矫正股股长,从零开始,迎难而上,开始了他社矫工作不平凡的崭新人生。

"停不下是社区矫正执法人员的使命,不能停是社区矫正执法人员的责任"是他的执法理念

时刻处于执法状态,不是进行巡查、就是审阅案卷,经常加班加点和放弃休息日,7年来从未休过假,即使是他母亲被确诊为肺癌晚期时,照顾母亲,每月陪同母亲去上海检查成为生活常态。为了不耽搁工作,他坚持白天做完工作,夜间乘火车去上海,第二天又匆匆赶回。就这样,在江西与上海间日夜穿梭,在与疾病、痛苦抗争的同时,他没落下一项工作。未发生一起社区服刑人员脱漏管事件,截至目前仅有一名社区服刑人员重新违法犯罪。他还精通信息化平台操作和维护,只要信息化平台或执法装备出了问题,都找他且能解决,被同人称为"万能的吴股长"。

“哪里有社区服刑人员，哪里就有他的足迹”是他的执法习惯

无论是社区服刑人员监管教育还是审前调查，他都亲自深入，了解情况、熟悉情况，体现执法公正，彰显执法效果；全县 17 个乡镇，162 个行政村都留下了他的足迹，每名社区服刑人员家里他都到过，每名社区服刑人员的家庭情况他都知道。他每个月都要深入 18 个司法所进行检查指导，交流执法经验和体会，帮助解决执法中遇到的困难，对于司法所认为“难管”的人，他都扮好“黑脸”角色。

“严格执法，有违规必查处”是他的执法思维

经过几年的实践摸索，他总结形成了一套特有的社区矫正执法思维；社区服刑人员在县司法局办理登记接收时，他亲自为新入矫社区服刑人员进行“你是什么身份、你到这里做什么、你应当怎么做”的入矫教育，促使社区服刑人员在入矫时就清楚明白“自己是一名社区服刑人员，如不想进监狱服刑，就应当遵守法律法规、应当履行定期报到义务、应当遵守监管规定”。他还不断变化执法方式，开展了夜查夜巡、查处违反监管规定专项行动，练就了从蛛丝马迹中“侦查破案”本领，令社区服刑人员不敢违规；如 2017 年 2 月 15 日晚，实地巡查归来的他，在对信息监管平台巡查时，发现虹桥司法所社区服刑人员吕某 2 月 10 日和 11 日连续指纹报到，之后手机定位轨迹一直未变动，当即拨打定位手机无人接听。结合吕某生活经历，分析吕某可能擅自外出。他立即与公安机关取得联系，发现吕某已前往浙江省慈溪市匡堰。随后立即责令吕某于第二天上午 9 时到司法局说明情况。在大量的证据面前，连夜从浙江赶回的吕某对违规事实供认不讳，县司法局依法对其作出了警告决定。

“把每个执法案件办成铁案，经受得住法律和历史的检验”是他的执法原则

对于每个执法事项，他在程序、收集和固定证据、适用法律、执法文书语言尤为严谨较真，其办理审前社会调查 263 件，提出不宜适用社区矫正 34 件，委托机关采信率 100%，办理社区服刑人员违反监督管理惩处案件 58 件，无一例错案，是一位名副其实的“办案能手”。面对少数社区服刑人员威胁，他从不畏惧，时时处处维护社区矫正执法的严肃性，让每个社区服刑人员在社区矫正中感受到公平正义。在办理社区服刑人员徐某未经批准离开铅山县的案件中，他顶住来自各方的说情，依法提请公安机关对徐某治安处罚，由于证据确凿，公安机关依法对徐某作出了行政拘留 7 天、罚款 500 元的行政处罚决定；在 2017 年 9 月开展的查处社区服刑人员违反监督管理规定专项行动中，办理了提请撤销 4 名社区服刑人员缓刑案件，均作出了撤销缓刑的裁定。

吴伟同志是社区矫正工作岗位上极为普通的一员，可他凭着自己的一颗火热的心，竭力维护社区矫正执法的权威，谱写基层社区矫正执法人员践行“忠诚、奉献、公正、专业”的新篇章。

个人小档案

杜　薇

DU WEI

杜薇，1979 年 7 月出生，中共党员，大学本科学历，法律专业。2001 年 5 月参加工作以来一直在陕州区司法局工作，历任司法所副所长、法制仲裁与司法鉴定股副股长、基层股股长，2013 年 4 月至今任陕州区司法局社区矫正管理股股长，同时任社区矫正中心主任、社区矫正执法大队副大队长。

杜薇同志连续多年被市、区司法系统和区委、区政府表彰，并先后获得“优秀公务员”、“先进工作者”、“三八”维权先进个人、“陕县（现陕州区）第一届劳动模范”、三门峡市政法系统“十佳巾帼岗位标兵”“全市人民满意政法干警”和三门峡市“三八红旗手”等荣誉称号。三门峡市委组织部曾将杜薇同志的先进事迹在三门峡电视台《党建之窗》栏目中播出。

有人说她“坚强如山”，有人说她“温情似水”；有人惊叹她“娇弱的身躯如何迸发出惊人的能量”，有人诧异她“一个女同志为啥‘镇住’了曾经桀骜不驯的社区服刑人员”。她就是杜薇，现任河南省三门峡市陕州区司法局社区矫正管理股股长、社区矫正中心主任。

勇于探索创新篇

2012 年 3 月 1 日，社区矫正工作正式从公安机关移交至司法行政机关。工作开展初期，各方面制度都不太完善，杜薇边干边摸索。数不清多少个夜晚，她都守候在电脑旁浏览大量信息、学习制度法规。巨大的工作压力，让她在不到两个月的时间里体重骤减了 10 多斤。凭着顽强拼搏的韧劲，她迎难而上，一方面，始终坚持把突出法律严肃性放在首位，尽量把社区矫正的各个环节公开化、准法庭化、威严化，增强社区服刑人员的在刑意识，提高积极改造的自觉性；另一方面，在管理上完善各项规章制度，加大对社区服刑人员的监管、教育力度，确保做到不失控、不漏管，“接得顺、管得住、不出事、有亮点”。2017 年，她又将国学教育引入到社区矫正的教育矫正中来，从思想深处去教育、改变那些曾经走错路的人。这一做法，也被河南省司法厅列为社区矫正教育矫正的试点项目。

作风严谨勇担当

社区矫正工作移交初期，许多社区服刑人员认为司法行政机关没有公安机关权力大，对司法干警软抵硬抗，甚至曾有社区服刑人员对于监管规定拒不执行，还指着杜薇叫嚣“拍你两板砖，不就再进去蹲俩月嘛，你能把我怎么样？”面对这样的工作现状，杜薇非但没有被吓住，反而更加激发了她内心扭转工作新局面的斗志。

她一方面要求司法所为社区服刑人员组建矫正小组，通过各种途径向社区服刑人员讲清道理，晓以利害；另一方面向局领导申请，联合公证人员，对不服从管理的社区服刑人员一一上门进行警告，告知他们受到警告处罚的后果并现场进行公证。通过这次声势浩大的联合行动，极大地震撼了社区服刑人员，也为社区矫正工作树了威、开了路。

用情矫正促提升

“社区矫正工作不仅要用法去管，也要用情去感化。”社区服刑人员程某，因病被决定暂予监外执行。其家属对司法机关有极大的抵触情绪，极不配合社区矫正工作。得知这一情形，杜薇多次上门了解程某病情，与其家人促膝长谈，慢慢融化了程某家人与社区矫正工作人员之间的隔阂。当有人问起杜薇，一名罪犯，值得你去这么做吗，她却说：“虽然他有错，但他有享受健康的权利，他理应受到我们每个人的关爱。况且，我们这样做，关爱的不仅仅是罪犯本人，更是对他整个家庭的不歧视与关爱。要用这种关爱去影响和感化更多的服刑人员，使他们早日改邪归正，融入社会中来。”

在杜薇这种思想的影响下，部分社区服刑人员在社区矫正矫正期间发生了大的转变，涌现出了积极向公安机关检举他人犯罪线索、冒险抢救 7 名被暴雨围困的老人等服刑人员转变的事迹。他们这些积极的转变，是杜薇最值得欣慰与骄傲的。

敬业奉献舍“小家”

作为社区矫正工作的“管家”，社区矫正管理股要对全区社区矫正工作进行指导和把关，对全区社区服刑人员进行监管和奖惩考核，

加班、熬夜对于杜薇是再正常不过的事。在一天繁忙的工作结束后，她常常会腰疼得直不起来。

对工作过多的倾注，自然少了对家庭的照顾。2015 年，杜薇的爱人生病了。她一直说等忙过这一阵儿，就抽时间陪爱人到医院检查。就这样，病情在杜薇的反复推托中被延误了。本来并不是很严重的问题，之后却陆续做了 3 次手术。由于工作太忙，杜薇仅仅请了两天假就又返回了工作岗位，医院里是年近七旬的公婆在陪护，杜薇只有下了班或者周末才能到医院忙上一会儿。

社区矫正这条路很艰辛，杜薇同志虽然有些累，但她依然步履坚定，在这条路上，她尽职尽责、无怨无悔……

个人小档案

翟泽玉

ZHAI ZEYU

翟泽玉，宜都市姚家店司法所所长，自 1995 年开始从事司法行政工作，1984 年 9 月参加宜都市（当时的宜都县）基层干部招考，在青龙嘴乡先后从事民政、计生和共青团工作。

1988 年原宜都县更名为枝城市，并成立枝城市洋溪街道办事处，其被调到办事处担任妇联副主任、计生办主任，此间曾获得宜昌市优秀妇女干部。

1994 年洋溪撤办事处建镇政府，开始担任洋溪镇司法助理；1997 年成立洋溪司法所后，担任司法所长；2012 年 12 月调任宜都市司法局姚家店司法所，担任司法所所长至今。

1998 年在抗洪抢险中荣获个人二等功；被宜昌市表彰为“优秀妇女工作者”； 曾多次被宜都市表彰为“综治先进个人”“司法行政先进个人”；所在的姚家店司法所被宜都市多次表彰为“综治优胜单位”。

在司法行政工作岗位上，翟泽玉巾帼不让须眉，履职尽责敢作为，忠诚事业勇担当，大半生扎根基层司法所，勤勤恳恳工作，默默无闻奉献。曾荣获个人二等功，被宜昌市表彰为“优秀妇女工作者”，被宜都市表彰为“综治先进个人”“司法行政先进个人”，所在的姚家店司法所被宜都市多次表彰为“综治优胜单位”。

2007 年，43 岁的翟泽玉接受一项艰巨而光荣的新使命——在本辖区内开展社区矫正工作。面对一个全新的领域，面对一项特殊的使命，面对一群特殊的对象，她迎难而上，边学习社区矫正理论知识，边在实践中探索和积累可行的方法经验。她坚持依法矫正，以理服人，以情感人，不放弃、不抛弃任何一个社区服刑人员，以无怨无悔的执着和不离不弃的坚守，全面贯彻社区矫正非监禁刑罚执行政策，认真落实监督管理、矫正教育和适应性帮扶三大任务，积极践行平安和谐社会建设，为确保辖区社区矫正监管安全、营造安宁与和谐稳定的社会环境作出了应有的贡献。10 年来，她所在的姚家店镇司法所共接收社区矫正人员 60 人，50 人矫正期满顺利回归社会，目前还有 9 人正在接受矫正（其中 1 人已自然死亡），无一例重新犯罪现象。

一件件实事，让绝望者重新燃起生活的希望

在全市开展社区矫正工作试点初期，姚家店司法所就接受了一个被原判 20 年有期徒刑，后被裁定假释的王某。王某回来后家人对他非常抵触。王某报到时说的第一句话是“我不知道该不该回来”，翟所长意识到这是一个需要重点帮扶的人员，脑海中迅速梳理出了帮扶线路图——一是协调当地民政部门，先帮他解决生活必需问题；二是与

派出所取得联系，为其办理身份证；三是妥善安置好住宿。民政部门给予了大力支持，为王某筹集了棉衣棉被和粮食。翟所长又做通他哥嫂的工作，让他在哥嫂家度过了他回归后的第一个春节。接下来，翟所长与村委员会协商，想方设法为王某落实了责任田，并为他向民政部门申请了农村低保。为了解决王某的住宿问题，翟所长通过城建部门为其申请危房改造补偿款。得知他想开一家餐馆，自食其力，翟所长又到处奔波，帮助他办手续，联系市社矫局筹措资金，彻底解决了王某的后顾之忧。

一件件小事、实事办下来，一个个问题、难题解决了，让王某一颗绝望的心燃起了生活的希望。

一次次安抚，让误入歧途的花季少女重新绽放生命的光彩

2012 年入矫的小玲是一位漂亮的“80 后”女孩，她因敲诈勒索罪被人民法院判处有期徒刑 3 年，缓刑 4 年。刚入矫时，她思想十分偏激，很不适应生活突然转变的巨大落差。为了更好地帮助小玲面对现实，接受改造，翟所长不厌其烦地做工作，帮助她稳定情绪，鼓励她树立自信坚持到底。每次法律法规的学习，都对她进行一对一的辅导讲解，每一次到司法所报到时，翟所长和社工都会与其单独谈心。

当小玲想请假去外地打工挣钱时，翟所长在讲明纪律的情况下，劝她在本地找工作，方便照料家人。她听从翟所长的建议后，开始自己经营一家服装店，做得有声有色。解矫那天，她动情地说：“感谢翟所长，感谢司法所工作人员！没有你们四年来的辛苦付出和关怀教育，就没有我的现在啊！我现在要努力工作，好好生活，回报父母和社会！”

一个个感化，她让怨恨扭曲的心灵渐渐归于平静理性

宜都市姚家店镇是一个城郊乡镇，社区服刑人员的犯罪类型复杂

多样，有打架斗殴寻衅滋事的、有贩卖枪支的、有吸毒的、有诈骗的、有组织卖淫的，还有极端仇视扬言报复社会的。无论哪一种，翟所长都不惧不弃，以法矫正，以诚相待，以理服人，以情化人。

2014年，社区矫正人员白某，因不满征地拆迁，故意毁坏公私财物，被人民法院判处缓期。当司法所通知她来报到时，她说的第一句话是："只要我不死，我还要继续搞！"态度坚决，情绪激动。在充分了解她的情况后，翟所长真诚与她谈心，还专程到医院看望她生病的丈夫，她的心被感化了，并诚恳地向被害人道歉，真心悔过。

因信用卡诈骗被判处缓刑的张某，患尿毒症综合征而自暴自弃，并扬言："死也要找几个垫背的！"翟所长毫不畏惧，也未轻易放弃他，尽心尽力帮助他申请低保和困难救济，定期上门去走访，使张某的情绪得到平复，不再仇视社会，自觉接受矫正教育，直至自然死亡。

都说社区矫正工作是走在悬崖边的坚持，都说社区矫正工作是戴着枷锁胆战心惊的坚守，可她没有退缩，10年间，在她的努力下，50个人重新走上了正途，50个家庭重新燃起了生活的希望，一方社会治安隐患"治于未萌"，她实现了作为一名基层司法行政工作的誓言，用10年时间交出一份的闪亮答卷。

个人小档案

罗　锋

LUO FENG

罗锋，1974 年 10 月出生，中共党员，大学本科文化，1993 年 12 月入伍，历任通信员、班长，排长、副指导员，1996 年进入中国人民解放军济南陆军学院学习，2004 年 9 月转业至重庆市大足区司法局，历任办事员、科员、办公室副主任、社区矫正科科长，现任重庆市大足区社区矫正管理局局长。曾获十佳新兵、连营嘉奖各一次，优秀学员，两次荣立三等功，优秀公务员，优秀共产党员等荣誉。

10 年以来罗峰同志在社区矫正岗位上从建立制度、规范管理、完善程序入手，不断创新和推广社区矫正工作方法，不断提高思想素质和业务技能，全面规范大足区的社区矫正工作，各项工作均取得了优异的成绩。自大足区社区矫正局 2007 年 10 月成立以来，在他的带领下年年被评为先进单位，多次被区委评为“政法先进集体”，被重庆市司法局评为工作先进单位。

罗锋同志自 2007 年任大足区社区矫正局局长以来，10 年间不断总结和创新，见证和推动了社区矫正事业的发展。该同志及时总结社区矫正工作试点的经验，从建立制度、规范矫正、完善程序入手，全面规范全区的社区矫正工作。为加强社区服刑人员的教育管理，2010 年该同志所编写的社区服刑人员八个教育教案，被列入重庆市社区矫正“13589”模式并在全市全面推广。2011 年该同志又创建“大足区司法局网上心理咨询中心”，在全市率先开展对社区服刑人员进行网上心理矫正活动，最大限度地消除他们的心理障碍，使其顺利回归社会。2012 年为加强管理该同志又创新工作方法，对全区社区服刑人员实行点到制（在社区矫正信息平台内随机抽点社区服刑人员限时到司法局报到，随时检查社区服刑人员工作、生活、外出及司法所工作开展情况），2013 年该同志新推出社区服刑人员人面识别报到制，全面规范社区服刑人员报到工作，较好地杜绝了对社区服刑人员脱、漏、虚管的问题，为平安大足建设起到了积极的推动作用。

罗锋同志任职以来，充分认识到社区矫正工作是执法工作，更是教育人转化人的工作，他时刻带着高度的责任感，强烈的事业心，以法律教育人转化人为重点，严格按照上级要求全面加强对社区服刑人员的教育管理，用爱心去关怀每一名社区服刑人员。不仅如此，他还积极参与“结穷亲”“大下访”活动，为“穷亲戚”送去了衣物、化肥、资金等，真心实意为社区服刑人员办实事、解难事、做好事。

罗锋同志在多年的工作中树立了正确的权力观、地位观、名利观，始终自重、自警、自省、自励。10 年来，罗锋同志时刻将执法为民牢记心间，其廉洁作风得到了社区服刑人员及其家属的广泛赞誉。

社区矫正工作起步晚，任务繁重、压力较大，对此他没有丝毫怨言，仍坚持以认真负责、一丝不苟的态度对待繁重的工作。在繁重的工作中也不忘学习，面对工作中存在的问题，勤于思考，善于调研，不断总结不断提高，先后撰写相关社区矫正信息百余条，理论调研文章十余篇均被重庆市司法行政网刊用，还有 2 篇论文被司法部《人民调解》采用。2014 年撰写的《当前社区矫正工作存在的问题和困难》一文得到领导肯定，对大足区社区矫正工作建设与发展起到了积极的推动作用。在他的时间观念里没有休息，为了他热爱的社区矫正事业，经常提前半个小时到岗，下班后一两个小时加班。没有节假日，在大多数的周末和节假日里，仍在办公室里经常出现他忙碌的身影，在到司法

局 13 年的工作历程中从未休过公休假，为促进社会和谐稳定做出了积极贡献。

在社区矫正工作岗位上，罗锋同志脚踏实地、兢兢业业履行自己的神圣职责。他将自己的绚丽青春、饱满热情都奉献给了社区矫正工作；他用至真至诚，感化社区服刑人员，照亮其回归社会的路。

个人小档案

武 真

WU ZHEN

武真，1966 年 1 月出生，北京市人，本科学历，中共党员，任北京市天康教育矫治所主任科员。1987 年 12 月至 2003 年 11 月在北京市团河劳教所工作，曾任政策法规科、教育科副科长。2003 年 11 月抽调到北京市朝阳区司法局从事社区矫正工作，2008 年 3 月轮岗交流到北京市门头沟司法局（军庄镇司法所）继续从事社区矫正工作。曾荣立个人三等功 3 次，6 次公务员年度考核优秀或嘉奖。曾荣获奥运安保嘉奖、60 年大庆安保三等功、十八大安保三等功、社区矫正十周年矫正干警先进个人。2015 年度至 2017 年度被评为北京市司法行政系统先进个人。

武真同志于2003年12月接受指派到北京市门头沟区参加社区矫正工作。15年来，一直做社区服刑人员的管理教育工作。她政治过硬，始终坚持党的事业至上；业务精湛，严格执法，有很强的责任心；加强对社区服刑人员的管控，重在教育；牢固树立廉洁自律意识，筑牢拒腐防变的思想防线。实现了所管社区矫正人员零脱管、零漏管、零重新犯罪，全部顺利回归了社会。

政治坚定　作风优良

武真同志在政治上始终与党中央保持高度一致，始终保持正确的政治方向，忠实践行全心全意为人民服务的宗旨和政法干警核心价值观，具有良好的职业操守。严格按照公务员的要求，恪尽职守，甘于奉献，养成了良好的工作作风。

严格执法　勇于担当

武真同志虽然是个女同志，却从不挑肥拣瘦，始终保持积极向上的精神状态，有强烈的事业心和责任感，在平时的工作中，服从当地司法局、司法所的领导，与司法所的同志一起，严格按照社区矫正实施细则及补充规定，工作高标准、严要求，不推脱，敢担当。在对社区服刑人员的管理教育中一视同仁，严格执法，公平公正。社区服刑人员刘某纳入社区矫正后，因违反矫正制度，曾受到两次警告，武真同志多次找其谈话，进行批评教育，刘某每次都承认错误，表示坚决改正，过后，依然我行我素，毫无悔改表现。为维护法律的严肃性、权威性，建议对刘某撤销暂予监外执行、收监执行。鉴于刘某家庭关系复杂，有两名婚生子女，一名非婚生子女，之前两次犯罪都因怀孕或哺乳期由法院裁定暂予监外执行，武真同志为能顺利收监刘某做了大量的工作，走访了刘某 3 个孩子的实际抚养人和刘某的监督人，积攒了充足的证据，为顺利收监刘某奠定了基础。因刘某是北京市第一例在哺乳期被收监执行的社区服刑人员，为防止发生意外，在收监过程中，武真同志又接受干警领队委托，协助公安派出所进行了抓捕、去医院体检等工作。刘某被收监后，该案被区司法局定为《警钟长鸣》收监警示教育篇，对其他社区服刑人员起到了很好的警示作用。

教育为先　注重实效

严格管控是社区矫正工作的根本，多年来，她在做好日常工作的基础上，能全身心地投入到各项重大安保工作中去。克服车辆单双号限行的困难，长住镇里，坚守岗位，加大排查力度，加强对两类人员的管控，受到了区司法局领导和镇领导的好评。

武真同志在严格管控的同时，狠抓教育工作，坚持集中教育与个别教育相结合，政策教育与法制教育相结合。突出个别教育，因人施教，根据不同社区服刑人员的特点采取有针对性的教育措施，在教育效果上下功夫，维护了地区的平安与和谐。

多年来，武真同志兢兢业业，默默奉献着，为维护地区稳定做出了自己的努力，经她管理的社区服刑人员有的考上了大学，有的事业有成，有的结婚生子。还有一名社区服刑人员赵某因给灾区捐款受到表彰，曾被媒体报道，成为社区矫正典型案例，对社区服刑人员产生了积极的促进作用。武真同志的事迹被刊登在北京市教育矫治局的《教育矫治报》上，成为矫正干警工作和学习的表率。

廉洁自律　坚守底线

武真同志在日常的工作生活中，牢固树立正确的人生观、价值观和利益观，筑牢拒腐防变的思想防线。积极参加党课和廉政教育，用身边的案例警醒自己，加强防范，多次拒收社区服刑人员的请客送礼。解除矫正的社区服刑人员陈某在办理解除手续时为感谢矫正干警武真同志对他的帮助教育，送来了香烟和饮料，被拒收后，他又让哥哥将礼物送来，再次被武真同志谢绝，陈某很受感动，最后他送来了写有“晴天有鉴 司法为民 公正执法 清正廉洁”的锦旗，来表达对矫正干警武真同志的谢意，这面锦旗，承载着对矫正干警廉洁的尊敬，对干警品格的夸赞，对干警言行的信赖，展现了矫正干警的风采。

武真同志没有惊天动地的壮举，却始终专注做好每一件社区矫正工作的“小事”，她用朴实的行动、真情的奉献，做到干一行，爱一行，专一行，在平凡的岗位上实现着自己的人生价值。

个人小档案

王富忱

WANG FUCHEN

王富忱，1963年1月出生，中共党员，本科学历。1982年毕业于承德农业学校，先后获中央司法警官教育学院大专学历、中央党校函授学院本科学历。1982年至1992年在承德市隆化县基层乡政府和隆化县畜牧局工作。1993年以来，在承德市劳教所、承德市司法局工作，现任社区矫正管理处处长。王富忱同志认真践行教育改造罪犯“治本安全观”，推出社区矫正“承德模式”，走在全省前列。同时，大力宣传司法行政特别是社区矫正工作，在市级以上新闻媒体发表各种稿件1800多篇，并建立社区矫正微信公共号，扩大了社区矫正社会知晓度和影响力。先后被授予河北省司法行政系统“先进工作者”“全省社区矫正先进个人”，获三等功和二等功各一次。

河北省承德市司法局社区矫正管理处处长王富忱，认真践行教育改造罪犯“治本安全观”，积极探索、大胆创新，推进的社区矫正“承德模式”，收到良好社区效果和法律效果。承德市的社区矫正工作走在了河北省前列，《人民日报》《法治日报》等国家级报刊报道了承德市社区工作经验。王富忱同志被先后授予河北省司法行政系统“先进工作者”称号，享受市级劳模待遇；被授予“全省社区矫正先进个人”；被授予承德市“政法系统职业素养标兵”、承德市“政法系统优秀党员干警”荣誉称号；曾4次被评为优秀公务员；荣记个人三等功和二等功各一次。承德市司法局曾被河北省司法厅授予“全省社区矫正工作先进集体”和对社区矫正工作给予单独通报表扬；承德市委、市政府、市委政法委主要领导对承德市司法局社区矫正工作先后做出两次肯定性批示；2017年，在河北省首次社区矫正工作督察、执法检查和绩效考评中，承德市司法局位居全省第一。

抓创新求突破

王富忱勇于探索、勇于创新、勇于实践，在全省实现了一个又一个突破。一是创新管理体制。承德市和11个县区先后全部成立了社区矫正管理局，各乡镇（街道）全部设立了社区矫正管理所，此举开创了全国先河。二是创新管教方法。探索总结出“十必访、十必谈”人性化管教方法，为社区服刑人员落实低保220多人，落实责任田2730多人，指导帮助就业、创业、就学3100多人，帮助改善家庭关系260多人。三是创新教育机制。在监狱建立承德市社区服刑人员警示教育基地2个；指导司法所建立社区服务基地133个；组织全市社区服刑人员开展集中教育培训3390人，位居全省首位；创建全省首家“承德市阳光中途之家”，为 93 名社区服刑人员和刑满释放人员免费培训机动车驾驶技术。四是创新督导方式。承德市在全省率先创立社区矫正联合执法检查机制，基层人民检察院共下达《纠正违法通知书》50 多份。五是创新培训范围。王富忱自编社区矫正培训教材并制成课件，前往各地亲自授课，还把培训范围还扩展到乡级政法委书记。2016 年以来，承德市连续两年组织举办了由 280 多人参加的“四长 +1”全市社区矫正业务培训班，王富忱详细讲授了以实施社区矫正“123456 工程”为主要内容的《社区矫正工作实用技巧》。六是创新工作举措。承德市创新实行了社区矫正目标管理责任制，并对 2016 年目标考核取得“优秀单位”的 8 个司法局每个奖励 2 万元；在河北省率先制定出台了《承德市社区矫正执法过错责任追究暂行办法》，全市已追究执法过错责任人员 28 人。七是创新宣传形式。王富忱利用市以上新闻媒体发表社区矫正工作稿件 400 多篇；他自创了《法治星轨》微信公众号，编发社区矫正稿件 70 多篇，关注者 4700 多人，在全省尚属首创；他还编辑出版全省首部《承德市社区矫正文集 100 篇》一书。

抓制度求规范

“没有制度就不成方圆”。王富忱亲自起草制定了《承德市社区矫正工作实施意见》《承德市社区矫正工作流程规定》《承德市社区矫正对象考核奖惩规定》《承德市社区矫正工作职责和制度》《承德市社区矫正工作执行办法》《承德市对社区服刑人员实行手机定位监管的通知》《承德市社区矫正工作制度》《承德市社区矫正安全管控工作的实施意见》《承德市创新实行“定位 + 微信”管理模式的通知》等多个规范性文件，为全市社区矫正工作步入信息化、严格化、规范化和实效化提供了政策依据和可操作性的管理制度。特别是在社区矫正奖惩制度上，做到了公平、公正、公开。全市对社区服刑人员请减刑 5 人，请特赦 58 人，撤销缓刑和收监执行 87 人，警告 1694 人次，有力震慑了社区服刑人员，严重违规违纪率和再犯罪率逐渐降低，承德市已累计接收社区服刑人员 11,936 人，解除矫正 9292 人，在册

2644 人，再犯罪率仅为 0.168%，低于全省和全国平均水平，已连续 15 个月无再犯罪案件发生。

抓管理求实效

在社区服刑人员管理上，王富忱督导推动全市统一采用“一条链”式管理措施，做到“管得住、无脱管、管得牢，教得好”。一是加强定位管理，确保动态监控到位。全市对符合条件的 2350 多名社区服刑人员统一实行 GPS 手机定位监控，为市、县、乡三级 300 多名社区矫正工作者配备了移动式监控终端，有效提高了监管效率和效果，河北省司法厅在历次抽查时，承德市的手机定位失败率始终最低。二是加强微信管理，确保功能发挥到位。承德市在全省率先以司法所为单位创建社区矫正“微信管理群”，对符合条件的 2500 多名社区服刑人员全部纳入微信群管理。三是加强外出管理，确保逐级报备到位。在全省创新实行了社区服刑人员请批假逐级报送备案制度，严格把握法定请批假事由、程序和期限，批准外出的人员一律在手机定位平台“请假登记”栏内填全信息。四是加强等级管理，确保规定落实到位。承德市对社区服刑人员全部实施严管、普管等级报批管理，对于严管等级人员还做出了每周向司法所思想汇报 1 次、每半个月当面和书面综合表现汇报 1 次、每个月参加集体学习 2 次、16 小时的管理规定。五是加强档案管理，确保软件建设到位。自 2008 年以来，王富忱经过积极探索、精细研究和不断完善，统一设计和规范使用了社区矫正各种档案，并在全省业务培训班上进行了讲解和推广。

只求奉献、不求索取，是王富忱同志高尚品格的真实写照。他 10 年如一日，脚踏实地，亲力亲为，舍小家为大家，以爱岗敬业精神和拼搏进取作风，成为司法行政战线上创新务实的时代楷模。在他的辛勤工作和引领下，创建了教、管、保“三位一体”社区矫正“承德模式”，点亮了“治本安全观”这座灯塔，教育、感化、挽救着一个又一个“失足”的“灵魂”，回归社会、回报社会、答谢社会的典型事例层出不穷、屡见不鲜。

个人小档案

杨金堂

YANG JINTANG

杨金堂，1969年6月出生，中共党员，本科学历，原黑龙江省长林子劳教所管理科科长，现任哈尔滨市社区矫正支队六大队大队长。

曾获2001年省局同“法轮功”邪教组织斗争先进个人标兵、个人三等功，2002年市司法局同“法轮功”邪教组织斗争嘉奖、市政法系统“十佳”业务尖子，2003年市司法局抗击“非典”个人三等功、市局优秀党员、市局模范家属、市局嘉奖，2004年、2008年市司法局优秀党员，2006年、2007年市司法局模范家属，2008年、2010年、2013年、2014年市司法局嘉奖，2011年市政法系统优秀党员干警、省政法系统优秀党员干警，2012年市司法局嘉奖、哈尔滨市社区矫正先进个人，2015年市司法局个人三等功，2016年、2017年市司法局嘉奖。

杨金堂同志始终能够保持着忘我的敬业精神，用无私奉献诠释着社矫人员的辉煌，用一腔忠诚书写着司法矫正警察的担当。几年来，协助区司法局入矫训诫 817 人次，下所集中教育 91 次，不服从管理人员个别训诫 76 人次，调查评估 19 次，走访安全排查 33 次，查找失联人员 26 人，家属个别谈话 65 人次，参与大型活动 7 次，收监 5 人。

勇于探索，是制度建设的开创者

入矫训诫是开展社区矫正的初始教育，也是接受社区矫正的关键环节，庄重严肃的执法环境，对社区矫正服刑人员的心里矫正尤为重要。杨金堂同志深入研究，勇于创新，大胆尝试，创建了“八项制度”并公示上墙。一是大队驻区牌匾上墙；二是大队队训上墙；三是警示宣栏上墙；四是大队民警执法服务相片上墙；五是大队民警胸卡上墙；六是警械器材上墙；七是对讲警戒器材上墙；八是对外警用电话上墙。通过氛围的建立，更加彰显了社区矫正工作的严肃性。

严字当头，是矫正执行的保障者

协助区局在社区矫正管理工作中做好“六关”，严格执法，体现警察身份是至关重要的，“六关”即入矫训诫关、点验走访关、集中训诫关、违纪个别训诫关、失联查找关、收监关。社区服刑人员孟某，由于妨害公务罪接受社区矫正。该服刑人员到司法所报到时，毫无规矩，气焰嚣张，扬言公安警察我都不放在眼里，何况小小司法所等不逊话语。司法所工作人员将这一情况及时反映给区司法局和驻区大队，大队民警在杨金堂同志的带领下及时告知约谈训诫，该服刑人员初到驻区大队才意识到社区矫正机构中还有和派出所一样的警察队伍存在，经民警做深入思想工作后，最终该服刑人员深刻认识到自身的错误，并哭着向司法所工作人员赔礼道歉，表示一定服从管理，改过自新。

根据几年来的社区矫正实践，在杨金堂同志的倡导下，区司法局成立以矫正大队民警为主体的培训班，期限十天，重点针对受到警告的违纪人员及重点人员，矫正效果较好。

侠骨柔情，是思想转化的教导者

原有劳教监管的因人施教、因事施教、因情施教、因案施教，晓之以理、动之以情等教育手段，同样适用社区矫正工作。大队民警在对社区服刑人员白某进行入矫教育时，杨金堂同志观察到，白某报到是妻子抱着孩子陪同来的，接受训诫时该人犯情绪低落、精神恍惚，不说缘由。杨金堂大队长单独安排白某妻子到办公室交谈才了解到，白某由于危险驾驶罪被道外区法院裁决拘役。自出事后一直走不出心理阴影，不愿意与人沟通。由于身份瞬间的变化，从大学毕业刚参加工作到成为社区矫正服刑人员，一时接受不了现实，家人做了大量工作无济于事，于是其妻恳请大队民警帮忙，以警察的角度对其进行教育，使其思想转化。杨金堂同志先安排两名女民警全面从其爱人那里掌握该人犯思想脉搏，缓解白某心理上的抵触情绪。谈话内容从大学谈到就业，从结婚生子谈到男人担当，从目前状态到今后面对的生活，使他低迷的情绪慢慢好转。最后大队长杨金堂同志利用原有监管改造丰富经验面对面疏导，白某的情绪状态有了较大的好转，最终思想彻底转化，并及时将情况与直属司法所对接，衔接好教育工作。

根据这种有家属陪伴前往报到的情况，结合监管改造“三个延伸”理念，杨金堂同志又制定了大队民警与社区服刑人员家属个别谈话制度，及时掌握动态，进一步提高社区矫正质量。

善于协调，是区局工作的推动者

驻区大队坚持矫正支队制定的“参与协助”原则来协助区司法局开展矫正工作，与区局的协调关系是完成一切社区矫正工作的关键，哈尔滨市长林子劳教所职能转变为社区矫正支队工作以来，哪个区有困难，杨金堂同志所在大队就交流哪个区，先后进驻过哈尔滨市3个主城区工作，正因为杨金堂同志时刻把握工作的尺度，顾全大局，充分摆正大队民警的位置，竭力处理好与区局关系，做到遇事勤请示、勤汇报、勤沟通，严格文明执法、从来不计较个人得失。曾经工作的哈尔滨市呼兰区司法局距离哈尔滨市30多公里，最远的基层白奎司法所距离呼兰区司法局还有70公里，由于是一人薄弱所，收矫人员40多人，各种情况层出不穷，杨金堂带领大队民警驾驶自家车多次往返协助区司法局工作。这种作为在区司法局车辆紧张情况下，时常发生。“不忘初心，牢记使命”，树立了矫正警察新形象魅力，树立了大队服务新窗口理念，无论各区司法局领导还是基层司法所领导，对杨金堂同志及大队民警都有较高评价。

个人小档案

黄巧琴

HUANG QIAOQIN

黄巧琴，1968 年出生，大学本科学历，九三学社社员。现任张家港市社区矫正中心主任。曾荣获“张家港市劳动模范”称号，多次公务员考核优秀，荣立个人三等功和二等功一次；被评为张家港市港城十年社工人物；当选张家港市首届法治人物；多次被评为张家港市司法工作先进个人。撰写的多篇论文获奖，其中《社区矫正执法实践问题研究》入选司法部社区矫正研究论文集。所在单位两次荣获“江苏省社区矫正试点工作示范区”称号。

事迹材料：攻坚克难，砥砺前行，她是改革“急先锋”

2004年，张家港市作为全国首家试点单位，社区矫正在起步阶段，到底做什么、怎么做，一系列问题迎面扑来。“没有路就自己走出一条路来”，黄巧琴暗下决心要闯出一条路来。为了积累专业知识黄巧琴天天泡在书堆里，枕边案头堆满了法律书籍。全市各司法所她已记不清跑了多少次，手册便笺记满了各类意见和谋划。苦心人天不负，终于形成了10余个规范性文件。其中《张家港市社区服刑人员分级分类管理办法》等部分文件在全省进行了推广。她总结提炼了“五步工作法”规范调查评估，“六个明确”规范入矫宣告，“七个步骤”规范季度评审，“日定位、周汇报、月考核、季评审”规范日常监管。面对有人托人情、找关系，意图逃避监管时，她始终坚持公正执法，筑牢维护社会公平正义的最后一道防线。

锐意进取，敢为人先，她是创新“火车头”

“黄主任，我儿子职高毕业，找到工作啦”，当接到社区服刑人员李某的这个电话时，黄巧琴难掩心中的激动，眼泪润湿了眼眶，为了这一天，她整整奔波了10年。10年前，尚在服刑的李某因患尿毒症保外就医，家庭条件十分困难，而小学在读儿子的抚养成了李某的心病，黄巧琴为了帮扶李某，多次与民政局等部门沟通协调，向李某伸出援助之手，而这也成了李某悔改的动力，让他重拾回归社会的信心。

2009年，黄巧琴倡导成立江苏省首家为“两类特殊人群”服务的社会组织“张家港市春晓社会服务社”，其中面向“两类特殊人员”

未成年子女的项目——“托起明天的太阳”，不仅温暖了“两类特殊人员”的心，也为他们子女铺平成长之路，项目开展以来已累计帮扶未成年子女268人次。2016年8月的一天，一名聋哑服刑人员高某带着11岁女儿小娟来到黄巧琴办公室，拼命打着手语，看黄巧琴不明白，高某着急得直跺脚。小娟赶紧翻译，妈妈是来感谢的。原来小娟父亲5年前离家出走，母女两人

靠残疾金生活，黄巧琴为小娟争取到项目资助的同时，还帮她联系聋哑学校学习哑语，如今看见她们母女生活幸福，她心中的石头终于落地。

2013年，黄巧琴主导推出的公益项目“七色彩虹”获得江苏省民政厅奖励，她探索推行的三级心理工作网络、菜单自助式教育服务等模式在《中国司法》上进行了报道，她率先实施的双八“积分制”管理得到了江苏省司法厅的肯定。

竭尽心力，矢志不渝，她是雪夜“点灯人”

“喂，黄主任吗？我有事找你”，黄巧琴一听，是曾在监狱里自编自唱《妈妈在等我》的社区服刑人员朱某。那天朱某见到黄巧琴就掩面痛哭：“妈妈在等我平平安安回家，可是我哪里还有家啊？”原来朱某假释回家，母亲不在了，父亲患上肺癌，妻子离家出走，儿子

溺水身亡，这让朱某感到了绝望。黄巧琴深知，要让朱某从绝望中走出来，就要让他回归正常生活。她走遍了街道的数十家企业，一一做推荐，最后终于帮他找到了工作，黄巧琴还鼓励他发挥特长，参加市爱心合唱团，如今朱某的生活已步入正轨，破碎的家庭也变得温馨起来。

蜡炬成灰泪始干。黄巧琴也有自己的家庭，她是一位妻子和母亲，但朋友都称她为“铁娘子”，身为警察的丈夫工作繁忙无法照顾家庭，而婆婆双目失明，一家老小的担子全部压在了她的肩上。2016 年 2 月的一晚，黄巧琴一直胃疼，由于第二天要赶着收监一名社区服刑人员徐某，她早饭没吃就去上班。见她胃痛，同事们都劝她休息，她却故作轻松说：“放心，老毛病啦。”一直忙到下午 3 点才把徐某顺利送进看守所，由于没吃中饭，黄巧琴感觉两眼昏暗，冷汗直流，后被同事紧急送到医院。当她丈夫赶到时，她终于忍不住抱住他哭道：“我真的好累好痛啊。”

“来日纵使千千阙歌，飘于远方我路上。”黄巧琴和她的团队唱出了最美歌谣，点亮了风雪的夜空。让每一个黑夜成为最美，让每一名迷路的人都能找到方向，这便是黄巧琴心中的永恒之歌。

个人小档案

唐 强

TANG QIANG

唐强，1982 年 6 月出生，中共党员，山东省惠民县人，本科学历，法学学士学位，现任山东省滨州市任惠民县司法局皂户李司法所所长。

唐强同志因工作业绩突出，先后荣获“惠民县十佳文明干警”“人民满意政法干警”“优秀基层政法干警”“惠民县优秀青年”“滨州市优秀青年岗位能手”等荣誉称号。先后被山东省高级人民法院记个人二等功一次，被滨州市中级人民法院记个人三等功一次，被惠民县人民政府记三等功两次。

“社区服刑人员的每一次改变，都让我看到了重获新生的希望，也让我深深感受到自己肩上的重任！哪怕只能够照亮一点点他们回归的路途，我都将义无反顾地做好他们的引路人。”在新时代社区矫正工作改革的大潮中，唐强同志不忘初心，牢记使命，从一名社区矫正工作新手，一步一个脚印地成长为一名严明执法的标兵。在五年的工作历练中，他摸索出打开社区矫正工作之门的3把“金钥匙”，教育、感化、挽救了一个个误入歧途的社区服刑人员。

第一把金钥匙：正义

社区服刑人员张某，在唐强对其作出第二次警告的时候，闯进司法所，指着唐强的鼻子留下一句“你给我等着”，便扬长而去。同事老李提醒唐强：张某就是个地痞，这种人什么事都干得出来。你可得小心啊。果然，1个月内，唐强莫名其妙地被人举报了4次，并接受调查。张某以为自己的伎俩起到了作用，便擅自跑到黑龙江，唐强给出第三次警告并准备报请法院收监的时候，有些背景的张某得到了这个消息，深夜便给唐强的妻子打了一个电话：“我知道你儿子在哪个幼儿园，告诉唐强，有些人不是他能管的！”身为法官的妻子对唐强说：“我不怕，我知道你也不怕，我就是担心咱们的孩子。”也是在那天夜里，年迈的母亲打来电话：“强啊，你在外面得罪啥人了，我和你爸就你一个孩子，你要真有个三长两短，我和你爸也不活了，咱不干了行不？”放下电话的那一刻，他还是没能忍住眼泪。作为一名父亲，保护自己的孩子是本能；作为一名司法所长，监管社区服刑人员是职责。那晚他在昏黄的灯光下坐了整整一宿，第二天坚定地报送了收监材料。

2016 年 6 月 27 日，张某被正式收监。有人问他：“你真的不怕吗？”唐强沉默了片刻：“咱们怕了，这些社区服刑人员就彻底没法管了，老百姓咋办？法律的尊严咋办？咱不能怕！”

是啊，社区矫正工作管理的对象是罪犯，坚持正义，敢于担当，才能维护法律的尊严。

第二把金钥匙：创新

社区服刑人员赵某，在组织社区服刑人员到某中学公益劳动时，总是躲在角落里，问起缘由，五大三粗的赵某竟蹲在地上哭了起来：“唐所长，俺闺女就在这个学校上学，要是让老师同学看到我在这儿，让孩子咋抬起头？这比挖我的心还难受啊。”赵某的话提醒了他，很多社区服刑人员不愿参加公益劳动，很重要的一个原因不就是怕在公共场所被人指指点点吗？为什么不能建个专门的属于自己的劳动场所呢？唐强的想法不仅得到了县、镇两级的支持，更得到了社区服刑人员的积极响应。这些人里有木匠、有铁匠、有电工，他们都自发地发挥着自己的专长。一名所长，39 名社区服刑人员开始了建造一个特殊的“家”，2015 年 8 月，全市首个镇级社区矫正劳动基地建成。自此，社区服刑人员都积极地参加公益劳动。

社区矫正工作面临着很多困难，只要做一名有心人，善于发现问题，并创新性地去解决就可以事半功倍。

第三把金钥匙：爱心

社区服刑人员杜某，假释出狱回到了离开 5 年的家，当看到破败的院子和卧病在床的母亲时，跪在母亲床前失声痛哭，“妈，对不起，对不起啊，是儿子不孝啊”。“回来就好，回来就好，妈终于活着等到你了。”因为有犯罪记录，杜某一直找不到稳定工作，只能帮人打零工，看着手里微薄的工资不知道抹了多少次眼泪。看不到希望的杜某一直精神萎靡，甚至好几次差点又走上邪路。唐强几乎每天都给他打电话，并时常自掏腰包接济他。为了让杜某真正振作起来，唐强不知道跑了多少家企业，一次次的拒绝一次次的努力，终于帮他在一个食品厂找到了工作，其中的心酸他从没与人说过。现在的杜某收入稳定，还找了对象。逢人就说：“唐所长就是我亲哥，这辈子绝不做给他丢脸的事！”

社区矫正，矫的是行为，正的是人心，我们多付出一点爱就可能拯救一个人，挽救一个家。

严格执法敢较真，教育监管有创新，真情帮扶心贴心，像唐强这样的千千万万社区矫正工作者，他们擎着信仰，带着嘱托，默默无闻，怀揣着 3 把“金钥匙”坚守在基层，时刻维护着法律的尊严，守卫着万家灯火的安宁。

个人小档案

侯迁广

HOU QIANGUANG

侯迁广，侗族，1969 年 5 月出生，湖南省会同县人，研究生学历，1991 年 12 月加入中国共产党，1992 年 6 月参加工作，现任湖南省社区矫正工作管理局局长。

2011 年、2012 年、2014 年、2016 年获湖南省司法厅嘉奖；2011 年评为“省直优秀党务工作者”，记二等功一次；2017 年被湖南省司法厅记二等功一次。

侯迁广同志是湖南社区矫正工作的奠基者、拓荒者和领跑者。2008年，根据厅党组的安排，时任组干处副处长的他接下了筹备全省社区矫正试点工作的重担，从此开启了他与湖南社区矫正的创业历程。

工作伊始，摆在侯迁广面前的是“无机构、无编制、无经费、无经验”4只“拦路虎”。面对困难，他没有退缩，暗下决心，哪怕是困难再多，也要如期启动试点。“5+2”“白＋黑”成为工作常态。筚路蓝缕，玉汝于成，经过大半年时间的埋头苦干，工作开始取得突破：7月，省政府常务会议专题研究通过成立省社区矫正试点工作领导小组及办公室，省编办批复同意省司法厅增设社区矫正工作处，编制5人。9月，全省社区矫正试点工作电视电话会议圆满召开，全省各市州共15个区县如期启动了试点。10月，印发了全省第一个社区矫正规范性文件；12月，各试点区县相继接收“人档齐全”社区服刑人员近千名。

2014年年初，侯迁广回到省社区矫正管理局主持工作。5年过去了，湖南社区矫正工作虽有起色，但缺人、缺编、缺钱、缺场所等问题依然棘手。如何夯实基础，破解难题，加速发展，让他再次陷入了沉思。上任不到一周，他就直接赶赴基层调研。了解社区矫正工作实情，当看到许多区县司法局社区矫正机构仅有一间办公室、一张桌子、一堆档案时候，他沉默了。在一次座谈会上，他情不自禁问：这哪里像个刑罚执行的执法场所？从哪里看出社区矫正工作很受重视？在一次陪同省领导调研时，有位省领导突然问他：“当前湖南社区矫正工作最大的困难是什么？”侯迁广不假思索，迅速提出当务之急是解决社区矫正执法场所问题。通过积极争取，2015年、2016年，省委、省政府连续两年将“社区矫正中心建设”纳入了“省重点民生实事项目”。省委、省政府如此重视让侯迁广感到压力倍增。因项目经费未及时纳入当年预算，为了统筹省级资金，他想尽了一切办法，在最艰难的时候，他曾半夜爬起来落笔致信求助有关领导。为了推动建设，他一有时间就深入一线，哪里有困难和阻力，他就出现在哪里。有一次，为了督促某县项目建设进度，他执意要求会见县委书记面谈 10 分钟，事后那位县委书记表态说："作为县委书记，我为不及时了解省重点民生实事项目实情感到脸红，为我县社区矫正中心建设进度拖了全省后腿感到脸红。"两年来，侯迁广几乎跑遍了所有区县，常常是白天看现场、开座谈会，夜里赶路、赶时间。在省财政厅的大力支持下，全省两年总投入 3.4 亿元，其中省级筹措资金 1.1 亿元，如期保质建成了 123 个县市区社区矫正中心，实现了全省全覆盖，完成了省委、省政府部署的艰巨任务。

全国人大连续 3 年将《社区矫正法》列入立法规划点燃了所有社区矫正工作者心中的期盼，然而 2016 年年底公布的《社区矫正法（征求意见稿）》却将期盼浇到了冰点。侯迁广对那天的情况记忆犹新，他说被打爆的电话饱含了大家对《社区矫正法（征求意见稿）》的期待和担忧，他意识到迷茫和悲观情绪已在基层社区矫正工作者心中蔓

延，如不正确疏导，来之不易的工作局面将会“崩盘”。如何才能既稳住局面又将基层呼声反映到中央？侯迁广快速思索着，离征求意见截止日期仅有10多天时间，他要弄清到底是哪些条款不合实情，哪些需求没有体现？为此，他亲自带队拜访多位省内法学教授，听取真知灼见，亲自赶赴区县摸底调研，听取基层呼声。事后统计，不到1个月时间里全省就收集个人意见上万条，集体意见3900余条。侯迁广把所有的意见建议整合分类，赶在征求意见截止时间前，以一名社区矫正实务工作者名义分别向国务院法制办、全国人大法工委和司法部投寄了一封亲笔信。他说：“这绝非小事，我们要对历史负责。”

在司法部和省司法厅的正确带领下，侯迁广正带领这支社区矫正工作湘军，大踏步向前迈进。

个人小档案

王向权

WANG XIANGQUAN

王向权，1972 年 6 月出生，大专学历，中共党员，1990 年 3 月入伍，2004 年 10 月转业后分配到陕西省渭南市临渭区司法局，现任临渭区社区矫正中心主任。10 多年来他用崇高的职业理想、严谨的工作作风和无私的奉献精神，彰显着一名社区矫正工作者的赤诚本色。

1990 年至 2004 年在部队服役期间先后荣获团级“三等功”两次，2005 年至 2008 年连续被评为“优秀党员”，2012 年至 2017 年连续 5 年被评为区级“优秀公务员”，2015 年、2016 年被评为区级人民满意的政法干警；所在科室连续被评为市、区人民满意的政法单位、优秀科室等。

一心实干在矫正

2010年，临渭区社区矫正工作开始启动，由于工作需要，他被抽调从事社区矫正工作，一干就是7年。由于全区社区矫正工作刚开始试点，人员少，没有经验，面临着诸多难题。凭借着一份责任心和事业心，他利用业余时间上网查资料，向省外的同行请教，摸索出了一套审前评估的经验；他先后组织编印了《临渭区社区矫正对象须知手册》《临渭区社区矫正执法手册》《社区服刑人员法规测试题》；他多次自发组织一些业务不熟悉的新人进行社区矫正培训，帮助他们熟悉业务，以最快的速度融入社区矫正工作中。

在他的带领下，探索建立了用指纹考勤杜绝替代报到、用手机定位建起电子“围墙”、用视频抽查防止脱管、用微平台服务提升监管

质量 4 项社区服刑人员信息化监管举措，构建起“报到有记录、行踪有轨迹、监控有图像、帮扶有温度”的立体化教育管理帮扶体系。目前，临渭区累计接收社区服刑人员 1010 人，在矫 394 人，解除矫正 616 人，无一例脱管、漏管和重新犯罪发生，有力维护了社会和谐稳定。如今，临渭区社区矫正工作已步入正轨，取得了有目共睹的成绩。但是在他看来，没有最好，只有更好，如今的他依旧是每天第一个到单位的人，上班的第一件事就是打开电脑，查看电子围墙是否安全，是否有特殊情况发生。

用真情呼唤回归

社区矫正工作不仅是刑罚执行，更是教人向善，在规范管理的同时，他热情耐心、真情付出，成为迷途者社区回归路的掌灯人。

“黄丝带”，寓意是回归、接纳与爱。作为“飘动的黄丝带”项目的发起人之一，他和项目组的成员一起奔波劳碌，向市民宣传社区矫正知识，热情地向他们宣传社区矫正工作，寻求社会面的理解、支持和关注；他带领项目组走进基层司法所，从最初所里的不理解和不配合，到最终得到全区 20 个街镇司法所的全力支持和帮助；他主动参加志愿者活动，和服刑人员一起完成志愿活动，让“助人自助、自助助人”的理念深入人心。从 2013 年至今，项目组共帮助社区服刑人员 200 余名，有很多服刑人员亦然成为“黄丝带”项目的积极参与者与推动者。

用奉献书写忠诚

2011 年 11 月，王向权的父亲经诊断为突发性脑溢血，生命垂危，老人多么希望儿子能够在他离世之前陪伴在自己身边。然而，当时有个案子急需他去处理，他毅然把床前尽孝的责任留给了妻子。12 月 26 日，刚到单位就接到了父亲病危的消息，他才请假回了趟家，这也是他工作以来请的第一次假。回到家，一声“爸，我回来了”，老人顿时热泪盈眶，含着微笑永远地闭上了双眼，这时，这个平时坚韧不屈的七尺男儿怀着无比的愧疚，整个人瞬间崩塌了。那时，他刚刚接手社区矫正工作，面临的问题复杂艰难，作为一名共产党员，他选择留下来工作；作为一名曾经的军人，他服从召唤，迎难而上；作为一名社区矫正工作者，他不忘初心、牢记使命。

15 年的从军生涯，14 年的政法工作经历，练就了他忠诚为民、务实担当、敢闯敢干的工作作风；8 年的社区矫正工作历程，1010 名社区服刑人员，他夙夜在公、任劳任怨，在奉献中树起了陕西社区矫正工作的一面旗帜！

个人小档案

蔡海清

CAI HAIQING

蔡海清，1968 年 12 月出生，青海省互助土族自治县人，1996 年 10 月至今在青海省互助县司法局工作，期间先后担任 7 年司法所所长和 3 年司法局基层办公室主任；2009 年 10 月至今任青海省互助县司法局社区矫正办公室主任（2017 年更名为社区矫正中心）。

2001 年至 2007 年连续 7 年获得县局“司法行政工作先进个人”；2009 年至 2016 年连续获得县局“社区矫正先进工作者”；2016 年获得互助县社会管理综合治理先进个人；2017 年荣获优秀公务员称号；2014 年考取国家二级心理咨询师。

蔡海清，中等身材，2008 年因左腿髋关节手术落下病根，走路有些颠簸。近 50 岁的他，每天 7 点 30 分上班。9 年的社区矫正工作中，他废寝忘食，勤奋工作，创造了零再犯罪率，为全县的社区矫正监管工作作出了突出贡献。他就是青海省互助土族自治县司法局社区矫正中心主任蔡海清。

务实进取，努力奋进，谱写敬业新篇章

互助县社区矫正工作自 2009 年试点，2010 年全面试行，工作开展后发现社区服刑人员人档衔接存在社区矫正执行等文书拒绝向社区矫正机构送达的误区。遇到这种情况，他告诉同事，社区矫正是一项崭新的刑罚执行工作，在实施过程中，不免会出现一些漏洞和问题，我们应该主动联系，否则的话刑法执行就失去了本色。他亲赴相关矫正决定机关进行沟通。经过努力，2010 年半年时间里，他先后联系了 7 家法院和 1 家监狱，纠正了法律文书的送达误区，最终现实了与社区矫正决定机关的人档无缝对接，捋顺了工作思路。

不负重托，对症下药，展现矫正新气节

几年来，不少的社区服刑人员甚至其家人认为“监外执行等于没事”。由于认识不到位，时常给矫正工作的顺利开展带来难度，司法所的同志也产生了很大的心理压力。为此，他不辞辛苦，不顾身体不适，经常会同司法所同志，深入部分人员的村社、家庭，与他们交流沟通，找出症结。通过掌握的情况，对症下药，制订矫正计划，分类实施。

社区服刑人员王某，因抢劫罪被人民法院判处有期徒刑3年，缓刑3年，犯罪时只有15岁。其父母常年外出务工，对社区矫正工作配合不给力，家庭教育不到位，经常出现违反社区矫正规定的情形，经司法所多次批评教育，效果甚微，提出了撤销缓刑的建议。蔡海清告诉司法所的同志，社区矫正工作不能简单粗略，对他们尤其是未成年人一定要坚持教育感化的原则。通过他与王某谈话和心理测试得知，王某性格内向，存在偏执症状和敌对情绪。经1个星期的疏导教育和心理危机干预，王某的态度有了很大转变，从初期的沉默转变为能够自愿交流，敞开心扉。王某承认了以前的错误，表示今后一定服从监管，好好改造。2017年5月，王某顺利解除矫正，令人欣慰的是，解矫后的他有时间便打电话给蔡海清，告诉他现在跟人学房屋装修等。

帮困扶助，以情化人，点燃希望之光

多年来，蔡海清一直将帮困扶助贯穿于社区矫正工作始终，他认为只有感受到温暖，才能为认真服刑改造做好铺垫。马某1997年因犯盗窃罪被青海省高级人民法院判处死刑，缓期二年执行，剥夺政治权利终身。服刑期间，因患冠状动脉硬化性心脏病（心功能Ⅲ级）、陈旧性心肌梗死、高血压3级（极高危）等疾病，2013年批准对其暂予监外执行。长期的监狱改造生活，使马某的思想意识处于僵化状态，保外就医后，无家可归，生活无着落，在家境十分贫困的弟弟家住了1个星期后，马某表示不再住下去，情绪十分低落。得知这一情况后，蔡海清立即前往，和司法所的同志与村委会协商，最终村委会同意腾出村委会办公室一间房，让马某居住，同时与当地政府协调，由政府出资给马某购置了日常生活用品以及灶具，并解决了面粉、食用油等，村委会解决了生活用煤，政府先后救济了看病治疗费 5000 元。一度对生活失去希望的马某情绪开始好转，从最初的“等”“靠”“要”，转变为自己动手处理力所能及之事，能够有条不紊地摆放房间物品，整洁自己的衣物。2014 年协调为其落实了“五保”，每逢去看望马某时，马某总是热泪盈眶，他感谢政府，感谢蔡主任和司法所给他的帮助。

蔡海清，这位从事社区矫正的普通工作者，用他的敬业精神和努力奋进为基层社会稳定奉献自己，成长自己，用实际行动诠释了对党和社区矫正事业的无限忠诚。

法律普及工作者

个人小档案

靳文莲

JIN WENLIAN

靳文莲，1974 年出生，中共党员，1989 年参加工作，现任陵川县盲人曲艺宣传队副队长兼团支部书记。

1989 年 5 月参加陵川县盲人曲艺宣传队，先后任宣传员、小组长；1999 年 5 月任陵川县盲人曲艺宣传队团支部书记；2005 年至今任陵川县盲人曲艺宣传队副队长。

她先后被团省委、团市委授予“新长征突击手”“优秀团员”“十大杰出青年”；被省妇联授予“巾帼建功先进个人”；被市委、市政府授予“劳动模范”荣誉称号；2009 年她参与辅导的吹打乐《金秋太行》荣获全国第七届残疾人艺术汇演“辅导铜奖”；2010 年她参与辅导的器乐合奏《和谐乐》荣获山西省残疾人声乐器乐表演赛“优秀辅导奖”；2013 年由她主演的陵川钢板书《退钱》荣获第十届中国艺术节“群星奖”；2015 年由她参与辅导的器乐合奏《幸福乡村》荣获全国第七届特教艺术汇演“辅导一等奖”；2017 年 5 月 9 日由她作为报账人参加了中央电视台综艺频道《幸福账单》栏目；2017 年 8 月 14 日荣获全国第九届残疾人艺术汇演“辅导二等奖”。

靳文莲参加工作以来，靠赤诚和爱心，在法治文艺宣传战线上默默工作了28个年头。她始终把学习宣传党的各项路线、方针、政策和国家的法律法规为己任，认真履行着“我是党的传话员”的责任和义务，坚守宣传阵地，忠诚服务群众，学法守法宣传法。充分利用陵川县盲人曲艺宣传队这一独特的优势，发挥“法制文艺轻骑兵”的作用，挽着残疾人的手上山下乡跋山涉水，顶严寒，冒酷暑，走遍了陵川的村村落落，用她优美的歌喉，字清板稳的曲调，生动逼真的表演感染着广大人民群众。她身处基层，工作生活在基层，直接与老百姓打交道，始终坚持群众路线，绝不拿群众的一针一线，按规定收取宣传费，从不多收一分钱；身为法治宣传员，时刻牢记自己要起好表率作用，坚持发扬了自力更生、艰苦奋斗的曲艺队精神；做廉洁自律反腐倡廉的带头人；在党的十九大召开之前，她带领队员们上山下乡跋山涉水进行宣传，为党的十九大胜利召开营造良好的社会环境。在党的十九大召开之后，为更好更及时地学习贯彻落实党的十九大精神。她把十九大会议精神及时编排成节目进行普及宣传，她生动逼真的表演感染着广大人民群众。在艺术上她精益求精，工作中兢兢业业，带头实干，团结同志，无私奉献，争做文明事，争当文明人，克服常人难以想象的困难，无怨无悔地把自己的青春年华献给了党的宣传事业和残疾人事业。

她20多年如一日，勤勤恳恳、立足基层，为这一方热土奉献了自己的汗水和青春，赢得了广大群众的满意与信赖。为了把法制教育、法律知识宣传到千家万户，她编、导、演一肩担。多年来她创作和改编鼓书、小戏、快板、小品等宣传法律法规的演出曲目80多个，共涉及《国家安全法》《环境保护法》《婚姻法》《税法》《土地法》《国家赔偿法》等 20 多部相关法律法规。编演节目有《依法治国就是好》《登记》《劝妻》《学法守法爱土地》《六个老汉学水法》《人人遵守交通法》《保护森林都有责》《税务漫谈》《安全法规早知道》《五支队伍话普法》《古陵环保一支花》《三五普法掀高潮》《拆房还田》《四个老汉学习安全法》《以法治县》《退税》《抢公爹》，小戏《赔钱》《我是法律顾问，有事找我》等一批剧情生动化、人物形象化、语言通俗化的普法宣传节目。为了把普法知识宣传好，占领更多演出阵地，她大胆改进表演方式，扩大演出领域，添置了先进的音乐器材，更新服装道具。带领队员们深入开展了进机关、进社区、进学校、进企业、进单位、进农村进行“法律六进”活动。把公民法制宣传教育用形式多样、喜闻乐见的文艺节目呈现在观众面前。这些演出曲目来源生活、群众易懂，和老百姓最能产生共鸣。每个文艺节目都诠释着一部法律，在潜移默化中让老百姓接受法律知识的熏陶。有效地促进公民依法行使权利和履行义务，自觉用法律规范行为，形成了遵守法律、崇尚法律、依法办事的社会新风尚。加之近距离为群众演唱，最接地气，深受广

大人民群众喜爱，已成为当地群众的一道文化大餐。她和队员们平均每年巡回演出 600 余场，把法律知识传播到山庄卧铺、田间地头，用真诚和爱心让法治阳光照进了每个偏僻的山村，受教育群众达 25 万人次，总行程超过 30 多万里。为陵川的经济发展和法制建设起到了一定的推动作用。被广大人民群众誉为“太行山上的一支普法文艺轻骑兵”。

个人小档案

黄震良
HUANG ZHENLIANG

黄震良，现任上海曲艺家协会副主席、上海故事家协会副会长兼秘书长、上海市嘉定法宝故事团团长、上海市嘉定区安亭镇文化体育服务中心副主任，师从著名滑稽表演艺术家王汝刚。2008 年成立“黄震良名师工作室”，法治故事《洪流复仇记》《存心勿还》获第七届、第八届中国艺术节“群星奖”银奖、金奖；情景故事《戆到底》、沪书《领奖风波》分别获第九届、第十届中国艺术节“群星奖”金奖；上海市“沪鹰杯”故事大王电视大赛金奖；全国“119”故事大赛金奖、华东六省一市故事大赛金奖。2011 年第三届中国故事节获“中国故事家”称号，2014 年首届中国好故事（走马）邀请赛中，荣获中国曲艺家协会颁发的“中国故事大王”称号。

贴近群众，创新法治宣传形式

法治故事，是法治文化的重要表现形式。黄震良通过编写法治故事，发挥故事“口口相传”的魅力，与群众近距离交流。2012年开创了“嘎嘎三胡”百姓故事会品牌活动，探索由群众共同参与的“互动故事”新讲法，宣传社会主义主流价值观，受到群众的热烈欢迎和广泛参与。

黄震良积极组织故事团成员在全市各区县进行法治故事巡讲，共计200余场，达18,000人次。黄震良组织故事团成员参与了嘉定区第26届至第29届宪法宣传周、连续多年在嘉定区各街镇进行法治故事巡讲、廉政故事巡讲、“反邪教”主题宣讲、法治故事全市巡回宣讲、红色经典故事巡讲等活动。并且每年下基层巡演多达150场，其中不乏法治故事精品。沪书《领奖风波》、情景故事《戆到底》、群口故事《捉漏》、沪书《猫眼倒装》、故事《此路不通》等优秀法治题材的故事作品应运而生，在内容上，贴近百姓生活，弘扬社会新风，倡导诚实守信。

故事大赛，谱写法治宣传章程

黄震良积极倡议并推动了2014年、2015年“培育法治文化，增强法治理念”“法宝”杯法治故事创作讲演大赛，分别收到应征作品1000余篇、700余篇；2016年全国性的“身边的法治故事，我们的法治中国”——“法宝杯”中国法治好故事创作讲演大赛，收到应征作品1000余篇。作品展演暨颁奖典礼借助“互联网＋”，通过“O2O”全程网上直播。连续3届的法治故事大赛有效提升“嘉定法宝”法治文化品牌的影响力和感染力，掀起了尊法、学法、守法、用法的热潮。更可喜的是国家级“中国法治好故事”项目于 2016 年 12 月正式落户嘉定，从 2018 年起，每两年举办一届。“法宝杯”中国法治好故事项目落户是对法治故事大赛成果予以的高度评价，坚实打牢了嘉定创建“中国曲艺名城”的基础，谱写了法治宣传的新章程。

身体力行，推进法治宣传实践

黄震良作为嘉定法宝故事团团长、普法志愿者，安亭故事团的领军人物，集聚了 60 多位来自嘉定和全市的优秀故事创作、讲演人才。近几年来，故事团以“背靠乡土，弘扬法治，服务乡亲”为宗旨，根据真人真事编写法治故事，用百姓“听得进”的语言，讲述百姓的身边事。黄震良创作的法治故事，涵盖了交通安全、家庭伦理、医患纠纷、劳动争议、动拆迁、安全防范、诚实守信、反腐倡廉、法律援助、房屋买卖、禁毒等方面的内容，体现了群众生活的点点滴滴，更是唤醒当代人们法治与道德信仰。

黄震良还全程参与编写了《“法宝”杯长三角法治故事大赛优秀作品集》《“法宝杯”华东六省一市法治故事大赛优秀作品集》《身边的法治故事——“法宝杯”2016 年全国法治故事优秀作品集》，这些不仅是生动有趣的故事集，更是广大群众弘扬法治精神、推动法治实践的成果集。

效果显著，共建文明法治社会

故事，一种传统的民间艺术表现形式；法治，一种现代的治国理政基本方式。黄震良以故事来诠释法治，碰撞出别样的火花！多年来，黄震良创作和表演的许多法治故事或令人捧腹大笑，或催人泪下，用他幽默的语言和丰富的内容感染了无数观众。黄震良致力于通过收集素材，创作巡演，创办大赛等多种形式，积极进行普法宣传教育，努力弘扬社会主义法治精神，严格按照“充分运用典型人物、典型案例事例，善于讲感人的法治故事”的要求，把蕴含在故事中的法治精神传递给广大受众，以案释法，引导全体人民成为社会主义法治的忠实崇尚者、自觉遵守者、坚定捍卫者。

个人小档案

熊为义、闫怀玲

XIONG WEIYI
YAN HUAILING

熊为义和闫怀玲是邳州市八义集镇八义村的一对普法夫妻，自 1985 年全国开展普法教育以来，无论寒冬还是酷暑，夫妇俩 33 年如一日，先后投入 30 多万元，坚持义务普法宣传，行程 10 万余公里，足迹遍及苏北的山山水水，教育群众 700 多万余人次。他们连续多年被评为全国法制宣传教育先进个人、全国十大法治人物、中国十大影响力法治人物、全国优秀社区消防宣传大使、江苏省十大法治新闻人物、江苏省普法用法十佳家庭、江苏省普法达人、江苏好人等，被人们亲切称为“普法鸳鸯”。

33 年普法路，无论阳光灿烂还是风雨泥泞，他们一直在路上，从青春岁月到年过半百；33 年普法路，无论荣誉鲜花还是误解苦涩，他们都淡然面对，追寻自己的人生理想。这对“普法鸳鸯”在义务普法道路上默默奉献，以愚公移山精神和斗志，谱写了一曲普法宣传的先锋之歌。

设在乡间的“法治庭院”

33年来，熊为义夫妇将法律的火种撒遍十里八乡，大家遇到什么难事都会主动来找他们寻求帮助，每天来找熊为义咨询法律、寻求调解、借阅法律书籍的人络绎不绝，熊为义突然有个念头，何不把自家的3间瓦房改造成一个供乡亲们查阅资料、学习法律的普法小院。邳州市司法局得知他们的想法之后，非常支持，对小院进行修葺改造，并送去电脑、电视、桌椅、书籍等。2012年春节前夕，“普法鸳鸯”法治庭院建成了，这是徐州市首个集法律咨询、矛盾调解、“互联网+法治宣传”、法治文艺演出为一体的普法新阵地。不仅如此，熊为义还起早贪黑挤出时间，自购水彩颜料，将整个八义集村绘成了一个“随处见德法”的美丽村庄。如今，在“普法鸳鸯”的辐射带动下，许多志同道合的热心人士加入义务普法行列中去，法治庭院已在邳州遍地开花，正能量源源不断地传递到社会的每个角落。

“互联网+”普法开辟新天地

“你的普法内容单一，过时了，如今流行网络，青少年喜欢上网，谁还能听你干说。”一次普法中，一位年轻人的话语敲击着熊为义的心。随着社会的进步和科技的发展，如何用更新、更好、更快、更有效的手段来推进普法宣传，成为夫妇俩的心病。2012年6月，熊为义夫妇用自己的名字创建了“鸳鸯普法网站”，邳州市司法局得知后，主动把购买的新电脑送到他们家，还专门安排网络管理员筹划建立网站，定期帮助维护。在邳州司法局的大力支持和帮助下，“鸳鸯普法网”

终于开通了。网站集法律常识、新法解读、法制课堂、以案释法、法治动漫、法律咨询、传播文明道德风尚等多功能版块于一体，内容丰富，形式多样，为他们的普法生涯开辟了崭新的天地。网站开通后，在群众中有较高的声誉，已吸引大量网友点击登录，并引起社会高度关注，为他们的普法生涯开辟了崭新的天地。5 年时间里，该网站点击量超过 21,000 次，解答群众各种涉法问题 7200 余个，受到网友的好评和欢迎。近年来，随着微信、微博等各种新传播媒介的出现，熊为义夫妇更是紧跟时代潮流，开通了“普法鸳鸯”普法微信公众号、注册了实名微博，粉丝已过万人。

热心帮扶感化回头浪子

村民石某因故意伤害罪在盐城监狱服刑 8 年，2015 年 3 月服刑表现良好假释回家，在八义集司法所接受社区矫正，但是由于脱离社会的时间太长，起初他的态度极其消极，整日足不出户，熊为义了解这一情况后，经常到其家中开导石某，并专门抽出时间带着他到市区、集镇熟悉社会环境。在熊为义的关爱下，石某决心加强自我改造，重塑人生。当得知石某想开中介公司的想法后，熊为义专门给他送去了 2000 元的启动资金，鼓励他开创自己新的人生。如今，石某的中介生意红火，家庭和睦，他逢人便说：“正是熊老师的帮助才有我今天的幸福生活，我一定会好好珍惜，做个对社会有用的人。”

多年来，熊为义先后与浦口监狱、盐城监狱、东海戒毒所里面的服刑人员通信近千封，帮教各类失足人员近百人。无数次的推心置腹的谈话让越来越多的失足人员重新树立了生活的信心，在这些特殊人群的心里，熊为义成了他们可以信赖的朋友、亲人和老师。熊为义还带着他的法治文艺演出队多次奔赴监狱、戒毒所进行帮教演出，通过编演集普法宣传、亲情感化和爱心帮教为主题文艺节目，激励服刑人员遵规守纪，自觉改造，帮助他们早日回归并顺利融入社会。

普法万里行再出发

“七五”普法以来，熊为义夫妇开始了以“行万里路、送万册书、演万场戏、讲万堂课、进万家门、解万户忧”为主体的“普法万里行再出发”活动。熊为义说：“我想更加努力地利用多种形式，比如说继续办好展板，建好网站，还有这些微博微信，以及群众喜闻乐见的文艺演出等多种形式，寓教于乐，让更多的人懂得法律，让普法的旅程拓展得更远更长。”

个人小档案

牛丙午

NIU BINGWU

牛丙午，1935 年 9 月出生，家住河南省巩义市站街镇老城村。1951 年 4 月参加工作，1959 年 9 月调任基层政府工作，担任司法所长。1995 年 12 月退休至今，一直从事普法宣传、法律服务、人民调解等工作。

1984 年被评为郑州市十佳信访工作者，多次被郑州市司法系统评为普法先进个人，先后荣立三等功 2 次、二等功 1 次。2010 年被评为河南省人民调解金牌之星，2011 年、2014 年被评为河南省优秀社会法官，2012 年被评为郑州市优秀共产党员并获“全省人民调解能手”“全国人民调解能手”称号，2015 年被评为河南省第二届十大法治人物、被河南省委授予“全省优秀共产党员”称号，2016 年荣登“中国好人榜”，2017 年被评为河南省第六届道德模范。

牛丙午，1951年4月参加教育工作，1959年9月调任站街镇政府工作，任司法所长。1995年12月退休至今，一直从事普法宣传、法律服务、人民调解等工作。

他退休后，1998年义务办起了《法律与生活》黑板报，每10天换写一次，19年来从未间断。黑板报上写的法律故事，全是群众身边事以及群众在生产生活中遇到的法律难题。黑板报潜移默化的宣教魅力，让群众来访和法律咨询络绎不绝，每年接待群众有记录的就有400起1100人次以上，对反映的问题，及时进行调解处理，避免了纠纷发生，劝阻了群众上访，减少了诉讼案件，维护了社会稳定。

从“一五”普法到“七五”普法，他走过了几十年的普法路，深知群众需要什么，群众需要什么，他就学习什么法律，写了110多万字的学法笔记。把黑板报底稿经过编选，先后印刷了两本《公民学法100例》，还把在法律服务和调解民间纠纷中遇到的法律问题，编写了一本《继承法读本》，都无偿地赠送给全市1200多名人民调解员。

退休给他提供了充足的时间，他把在职时积累的人民调解资料和实践经验以及学到的法律知识，总结出了8类300多种民间纠纷的调解方法。边学习、边实践、边研究、边总结，从2002年起，16年来，每年都为全市人民调解员培训作报告30场以上。陆续编写了《人民调解实务讲座》一套10本、调解方法技巧以及法律进村、进企业、进学校等宣传资料120多万字，先后印刷21本35,000多册，无偿发放给全市1200多名人民调解员和需要的群众。

2014年6月，市委组织部以牛丙午的名字，依托社会法庭成立了党代表工作室，党代表工作室成立的志愿者妇女维权服务队和党员志愿者服务队，给社会法庭开展调解纠纷、法律服务、普法教育工作增添了社会力量，架起了党和群众的“连心桥”。社会法庭每年惯例进行的“普法教育以案释法促进会”，都要对驻村社会法官、人民调解员进行培训，培训出的普法骨干，都要深入群众中进行普法教育。开展的“法律进乡村”活动，不再是社会法庭单个跳舞了，而是两个志愿者服务队高举旗帜，形成了声势浩大的法律宣传大军。社会法庭创新方式进行的“法治对话”，改变了一人台上讲大家台下听，为台下问台上答的模式，群众问的是身边事，生产生活中遇到的涉及切身利益的法律难题，解答的法律内容针对性强，易记且能解决实际问题。法治对话经过实践，形成了普法品牌。建庭 7 年，从第一年受理调解民间纠纷 72 起，到 2017 年受理调解民间纠纷 17 起连年下降，下降率 76.39%，主要得益于普法教育工作。

在普法教育、调解纠纷、法律服务的同时，牛丙午非常重视村级依法治理法治化建设，村级基层 4 项制度基础机制的落实。对于村规民约和村民自治章程的修订，村民会议和村民代表会议决议的合法性的把关，他每年都下乡进行调查，为依法治村提供了很好的法律意见。他在基层的普法教育和法治工作中，发挥了社会稳定、人际关系和谐的积极作用。

牛丙午在基层法治化建设进程中做出的贡献，群众认可，原省委副书记邓凯到站街镇社会法庭考察时称“老牛是公平、正义、阳光的播撒者”。

个人小档案

王道凤

WANG DAOFENG

王道凤，1954年8月出生，湖北省宜昌市当阳市人，小学文化。1960年至1966年就读于当阳市半月镇冬青小学，后辍学回家务农。1989年在当阳市两河镇开办“凤平餐馆”，后更名为“凤平法治文化餐馆”。她先后被湖北省和宜昌市妇联授予“五好文明家庭”，连续多年被当阳市评为“优秀法律中心户”“科技文化中心户”“五好文明家庭”“学法用法先进个人”。2004年当选为当阳市人大代表。2006年被中宣部、司法部表彰为“2001—2005年全国法制宣传教育先进个人”；2013年荣获宜昌市首届“十大法治人物”称号；2015年荣获第四届“当阳市道德模范”。

王道凤，当阳市两河镇“凤平法治文化餐馆”一名普通的女老板。20多年来，凭借她的三尺小灶台义务宣传法治，让每一位南来北往的顾客驻足餐馆，享受丰盛的法治“大餐”。

1989年，一家不起眼的“凤平餐馆”在当阳市两河镇上开业了，老板就是当地村民王道凤夫妇。

刚开餐馆的日子里，她发现客人们一来就是打牌赌博，有时因为输赢而争得面红耳赤甚至动手动脚。她有些坐不住了。一天晚上，送走最后一批客人，她掏出日记本写道：“要是人们多一点道德观念，就会少一个不孝之子。要是人们多一点法律知识，就会避免一些社会矛盾……”她突发奇想，何不通过自己的餐馆来普法？一来丰富墙刊内容，二来帮助村民们增长法律常识，说不准时间久了还真能潜移默化。

说干就干。她把法律知识编成顺口溜、三字经、七字诗，迅速在她那100多平方米的餐馆上下墙上，办起了“学法用法”“诚实守信”“人生感悟”“生态保护”“左邻右舍”等栏目。还把餐馆一楼接待厅开辟成法制图书阅览室，每年自费1000多元订阅法律、法规报刊杂志30多种，购买、收集法律、科技文化书籍1000多册。她还自费在门口集贸市场旁竖起了一块10多米长的法治专栏，为市场经销商和街道居民提供学习条件，使他们抬头见法，做事守法。

为办好专刊，王道凤练习书法、绘画，学会了电脑。迄今，她已办刊300多期，30多个栏目。宣传栏图文并茂、言简意赅。普法专刊定期更新，叠起来厚达十几公分。现在来餐馆打牌赌博的少了、看书看报的多了，酗酒骂街的没了、学习气氛更浓了。一些村民们购买地下“六合彩”，把辛苦赚来的血汗钱拿来赌码，最后输的血本无归。王道凤见此非常痛心，在自家的墙刊上专门开办了“劝君莫赌六合彩”

专栏，村里很多人看了墙刊之后，觉得说的有道理，纷纷改邪归正，也没有一人在这个餐馆里进行赌码活动。

王道凤还是一个热心快肠的人，她免费为周围邻居办“家庭法治宣传栏”30多个。她还利用自己所学的法律知识，帮助邻居调解纠纷、化解矛盾。周围邻居都说：“王大姐为人热情、处事公道，我们相信她！”

当别人问王道凤为什么这样做时，她说：“法律是我最亲爱的母亲，只要人在，就要一生地追求下去。”

王道凤不仅写给人看，也做给人看，在家里孝敬公婆，与妯娌相处和睦远近闻名。她关注留守儿童问题，利用自己文化餐馆的优势，办起了“爱心驿站”，请孩子们假期来“驿站”读书、画画，还停业为孩子们免费提供午餐，让留守儿童找到家的温暖。她还是镇福利院的常客，经常带着精心熬制的鸡汤、菜肴到镇福利院，看望孤寡老人。在她的带动和影响下，两河镇连续13年创民间纠纷“四无”乡镇，当阳市也涌现了一大批普法带头人、法治文化示范户。十几年来，有10万多人次在她的“法治专刊”里学到了法律知识；也有人在她的“人生感悟”栏目中找到了自尊和自信，学到了对人的宽容；还有人在她的“诚信”栏目中懂得了人间最宝贵的是真诚，学到了以诚相待；在她的“保护生态”栏目中，人们增强了环保意识；还有少数“麻木不仁”者看了“尊老爱幼”栏目后，竟生出了难得的孝心。

王道凤不靠政府、不靠财政，发自内心热爱普法事业，对法治宣传情有独钟，把法治宣传专栏办得声播远洋，得到上级领导的充分肯定、党委政府的高度评价，获得人民群众的交口称赞。王道凤被留守儿童们称作“爱心妈妈”，被孤寡老人称作“再生父母”，被街坊邻居们称作“知心大姐”，她是“最美家庭”的女主人、是当阳市道德模范、学法用法先进个人……

以食会客，以法传道，赋美食予法律内涵，给人们更多精神“营养”。王道凤以一名农妇的担当，让法治精神在农村基层闪光。

个人小档案

李兴元

LI XINGYUAN

李兴元，中共党员，1951 年 6 月出生于吉林省辉南县一农民家庭，1971 年至 2007 年先后当选为村生产队队长，村主任兼治保、调解主任，2007 年 4 月当选为辉南县楼街朝鲜族乡板石河村党支部书记、村调委会主任至今。2015 年 4 月 5 日被聘为市人民监督员。

2004 年至 2017 年先后获县“民族法治示范村建设先进个人”，市“十佳人民调解员”、“五五”普法先进个人、“六五”普法先进个人，省“人民调解工作能手”“优秀志愿者标兵”“我最喜爱的人民调解员”，2006—2011 年全国法治宣传教育先进个人，“最美辉南人”，“通化好人”，“吉林好人标兵”，“中国好人榜”等荣誉 20 多项。所在的村先后被国家、省、市县授予“全国民族法治示范村”等 16 项荣誉称号。

一位土生土长的庄稼汉子，几十年如一日学法普法，用法律武器维护百姓利益，他用“四个心、三笔账、八个字”，扶贫济弱，调难解惑，不求个人半分名利，只为守护一方清平。他就是吉林省辉南县楼街乡板石河村党支部书记，被乡亲们亲切称为乡村“法博士”的李兴元。为了方便群众办事，解决村民法律难题，老李申请建立了吉林省首家个人调解室——“李兴元调解室”，十几年里无偿为百姓提供法律服务，不仅稳定了农村秩序，更促进了乡里和谐。

2001 年 4 月 3 日，李兴元当选村委会主任，发现村民普遍缺乏法律知识，法治观念差，经常为了一垅地而大打出手，为一尺宅基地邻里不和，为一点遗产亲人反目，他便决心要从法律方面给村里做点贡献。2007 年当选板石河村党支部书记后，老李特别重视村风和谐稳定，工作之余李兴元刻苦钻研法律，无论书籍、电视新闻还是网络，他多方面学习各种法律知识，累计记录案例 600 多个，并自费两万多元购买了各类法律资料，以便在调解纠纷和处理村务时能准确运用所学法律和有关政策。他不求百姓一支烟、不喝百姓一杯酒、不吃百姓一顿饭，主动为群众提供法律服务，充分发挥知法、懂法的优势为群众保驾护航。

长时期的法律服务之路，让李兴元总结出了自己的一套普法依法治理心得：“四个心、三笔账、八个字。”“热心接待、耐心听诉、细心询问、诚心调解”是他工作秉持的“四个心”，“感情账、金钱账、时间账”是他工作中算好的“三笔账”，“事实、法理、情理、公平”是他办事信守的“八个字”。

李兴元常说：“依法治理时我是‘村官’，普法宣传时我是律师，调解纠纷时我就是法官。”2012 年李兴元申请建立了吉林省首家“李兴元调解室”，对矛盾纠纷信息采集、上报、反馈形成了一系列制度，坚持把矛盾纠纷化解在基层，以案释法，有效推动了依法治村的发展。他坚持服务群众“十不出村”，即法律咨询不出村、自诉案件调解不出村、民事案件代理不出村、债权案件不出村、邻里纠纷不出村、土地承包纠纷不出村、解答政策不出村、依法签订合同不出村、不构成追究刑事责任的社会治安调解不出村、家庭纠纷不出村。老李充分利用村民大会、党员大会等有利时机，向村民积极宣传法律法规知识，并定期组织村民进行法律培训，用身边人、身边事教育引导村民遵法、守法、学法、用法，依法维护自身权益。几年来，李兴元同志作为县“草根宣讲团”的一员，受邀到省、市及各乡镇、村屯开展法律知识培训达100余场。他语言朴实，事例鲜活生动而接地气，表述真挚而有情感，老百姓听得懂，愿意听，称誉他为黑土地走出来的“法博士”。

2013年7月，一辆由白山驶往长春的客车，在行驶至辉南县楼街乡营白线板石河供销社丁字路口时与驾驶农用三轮车的板石河村民唐某相撞，由于大客车躲闪及时，所幸未造成人员伤亡，但是大客车将农用三轮车撞翻，将乡政府50余米景观墙撞毁。当时客车司机李某声称自己的客车有全险，保险公司会负责，说完就离开了事故现场。受害人唐某及其家人害怕客车车主逃脱责任，于是找到李兴元寻求帮助。此类交通事故纠纷赔偿数额较大，纠纷事实复杂，且当事人双方抵触情绪较大，一旦调解不当很容易激化矛盾，造成不可预料的后果。李兴元分析案情后，为双方当事人算了“三笔账”。首先是感情账，如果双方不同意和解对簿公堂，那只能使双方之间的矛盾越来越大，不仅不利于纠纷化解，最重要的是当事人无法及时得到赔偿；其次是金钱账，双方如果不同意调解，诉讼费、律师代理费等费用会让本应获得的赔偿变少；最后是时间账，打官司耗时长且耗费当事人精力。通过给双方当事人算完这“三笔账”后，双方的关系缓和许多，最后双方就10万元赔偿金额达成一致。

据不完全统计，“李兴元调解室”成立至今，共成功调处各类民间纠纷192起，为当事人节省各类诉讼费用48.3万元，协议涉及金额

473 万元，为群众提供的法律咨询和讲解服务更是数不胜数，服务范围已经超出了本村、本镇乃至本县，并且没有一个案件出现反复。

十几年的坚守，李兴元，他把自己的舞台设立在基层，活跃在街头巷尾，奔波于田间地头，他用真情与睿智化干戈为玉帛，以自己的辛勤和汗水，编织着和谐社会的一针一线，构筑起维护社会稳定的第一道防线。在农村司法调解和法律志愿服务的道路上赢得了群众的口碑，让凡人善举历久弥香，彰显了基层党员干部爱岗敬业、无私奉献的满腔赤诚，也展现了一个辉南人维护村内秩序稳定、共促邻里和谐友善的浓烈乡情。

个人小档案

王 霞

WANG XIA

王霞，1978 年 2 月出生，1998 年从事司法行政工作，先后担任乡镇司法所司法助理员、县司法局办公室副主任、司法局法宣股副股长，现任太湖县司法局法制宣传股副股长。

2008 年被评为安庆市司法行政系统信息化建设与应用先进个人，2010 年被评为安徽省司法行政先进个人，2016 年被评为 2011—2015 年全国法治宣传教育先进工作者，2017 年 1 月获安徽司法行政年度榜样人物提名奖，多次荣获太湖县妇联、县政法系统、县司法系统综治宣传先进个人等荣誉称号。

在同行眼中，她巾帼不让须眉，默默奉献在普法工作一线，用勤奋、执着和热情在平凡的岗位上谱写出一首不平凡的普法之歌。

在群众眼中，她是个“热心肠”，把群众当作自己的亲人，耐心细致地帮群众答疑解惑、出谋划策，用自己的一言一行影响关心群众的生活。她就是新时代最美法律服务人，太湖县司法局法制宣传股副股长王霞。

勇于创新织密网络

为适应新时代普法工作需要，让更多的人沐浴到法律的阳光？王霞努力开拓新思维，织密了一张覆盖面广的普法网。她参与并推动建立了一套横向到边、纵向到底的工作机制，完善了太湖县的普法依法治理奖惩、普法培训、集中统一考试及学法用法考核等制度，规范了普法工作运作。她根据干部农民、工人、学生等不同领域不同群体的特点，研究制定了全县分类普法的具体方案。工作中，紧紧围绕《宪法》，她采取分层次逐级培训的方法，即以《行政许可法》等法律法规作为领导干部学法考试重点内容，有效推进依法行政；以《预防未成年犯罪法》等相关法律法规为重点，落实建立了学校、家庭、社会“三位一体”青少年法制教育网络；以《劳动合同法》为重点，以企业职工法制学校为载体，强化企业员工学法，推动企业经营管理走上了法制化轨道……同时，积极开展“法治企业”“法治学校”“法治社区”等创建活动。

王霞想点子、设办法，把普法工作做到群众心里去，让群众在愉悦中学习法律知识。她精心组建了“夕阳红普法宣传工作队”“‘六五’普法讲师团”“蝴蝶兰法治文艺演出队”“‘五老’普法联络员队伍”

等团队，参与“‘法律’进机关、单位、学校、企业、农村、社区”宣传；在她的积极倡导和努力争取下，太湖县建设了法治广场，定期开办法治宣传栏目和流动宣传阵地，每年组织并参与巡回法治宣传 20 余次，组织发放宣传资料和法律宣传手册 10 余万份。她创新打造了“互联网+法治宣传”新模式，开通了“太湖司法行政在线、法治太湖”政务微博、“法治太湖”微信公众平台，将复杂的法律知识以“以案说法”“看图说法”“答题送红包”等方式，通过“法治太湖”微信公众号、手机报等易取便捷的形式提供给群众。她创办的“互联网 + 太湖司法”村级 App，使老百姓动动手指，就能了解全村情况。太湖的在线申请人民调解、法律援助等法律服务，大大增强了法制宣传的社会效果，也促使太湖县司法信息化及法制宣传工作跻身省、市先进位次。

心系百姓真情服务

太湖是一个农业农村人口较多的县，少数群众尤其是地处偏远农村的群众法律意识还较淡薄。有时遇到一些矛盾纠纷，想通过法律途径解决却不知从何入手。面对这种状况，近年来，王霞把普法工作的重心前移，沉下身子走村串户，在向群众宣传法律知识的同时，把群众利益放在首位，热心、耐心、细心地帮助群众解决遇到的棘手问题，成了群众的“贴心人”。

“要不是王警官，我家哪有现在这个样子。非常感谢她，她把我们当成了亲人。”徐桥镇前进村 73 岁的村民汪某曲逢人就这样夸赞王霞。汪某曲的大儿子早年因病去世，小儿子刘某兵 20 多年前在上海打工摔成残疾，生活不能自理。汪某曲一个人照顾着孙子、孙女和小儿子，艰难度日。在一次进村的普法宣传中，王霞得知了她家的情况，为她家的境遇叹息，希望为改善其生活做些力所能及的事。王霞首先想通过法律援助帮这一家人。可在调查时，了解到当年刘某兵打工地的包工头已因病死亡，而且无财产可追究。法援途径只能放弃。于是，王霞又积极联系工会、扶贫办及社会爱心企业，为她家争取经济援助，先后争取到援助资金 6 万多元，缓解了汪某曲的家庭经济困难。王霞还经常上门看望这一家人，让他们感受到社会温暖。

新仓镇茗北村村民章某校、汪某玲夫妇计划外生育了二胎。女儿出生后患先天性心脏病，花去医疗费用 17000 多元，却没能享受到相关医药费补偿政策，让这个原本困难的家庭雪上加霜。王霞到该村普法时，章成校找到她，向她咨询相关法律法规。王霞热情接待了他，并留下电话号码，让他随时和自己联系。回来后，王霞认真查询了相关法律法规，了解到有关部门拒绝报销补偿无法律依据。王霞便到县、镇相关部门帮章成校进行多方协调，补办相关手续，同时积极宣传国家政策法规，最终为章成校家庭争取到 13000 多元的补偿，减轻了其家庭负担。

像这样一心为群众着想的事，远不止这两件。只要别人有困难找到她，她都乐于帮忙。自己能解决的，二话不说。自己不能解决的，就帮着联系相关部门。每次别人感激她的时候，她总是笑着说：“这是我应该做的。看到你们因事情解决了而高兴，我也非常快乐。”这朴素的话语，正是她“爱岗敬业、一心为民”崇高精神的体现。

个人小档案

林建德

LIN JIANDE

林建德，1922 年 7 月出生，福建省漳州市东山县铜陵镇人。新中国成立前以小商为业；1950 年在东山县成立的第一届人民代表委员会上，担任县人民代表会议常委，1982 年 7 月退休，1985 年至 1987 年参加《民主与法制》函授学习，并获得结业证。自 1987 年起，他自费创办“铜陵镇公园街道老年法制学校”，担任校长一职至今。

1989 年获漳州市普法办、文明办、民政局联合授予“关心协会工作好会长”；1992 年获漳州市“老有所为先进个人”“老年教育先进工作者”；2006 年获东山县“2001—2005 年度法制宣传教育先进个人”等荣誉称号；2016 年被中宣部、司法部、全国普法办授予“全国六五普法模范个人”荣誉称号；2017 年获“2016 年度感动福建十大人物”；2017 年加入中国共产党；中央人民广播电台、《中国老年杂志》、《中国老年报》、《福建日报》、《福建老年报》、《闽南日报》、福建电视台、海峡之声广播电台等国家级、省级媒体多次宣传报道林建德义务开展普法教育的事迹。

在福建省漳州市东山县铜陵镇，有一位叫林建德的老人，他自1987年自费创办老年法制学校，义务普法30年，至今依然坚守在海岛的普法讲台上。他教导乡亲学法尊法，更引导他们守法用法。30年来，铜陵古镇治安良好、社会稳定。邻里相敬如宾，群众安居乐业，已经95岁的林建德坚持普法时间之长实属难得。

1985年秋，已从县百货公司退休的林建德与中医朋友陈镜藻先生开办了“政协老人诊所”，安置12名知青就业。在与老人们的接触中，他发现求诊老人的“身病”多源于“心病”——许多老人由于子女不孝、弃养、产权纠纷、家庭不和睦等合法权益未能得到保障，又不懂得“维权”，导致心情压抑、愤怒，出现身体不适。出于同情、义愤，林建德常为他们仗义执言。在多次遭遇“秀才遇官兵，有理讲不清”的尴尬后，林建德深切领悟到，只有学好法，才能用好法。

一开始，有人认为他的想法简直是天方夜谭：“这么大年纪，又没学过法律，你知道什么是法吗？”1985年，林建德自费报名参加了上海《民主与法制》杂志社的法律函授学校，63岁的他成为当时学校最高龄的函授生。他下苦功研读民法、民事诉讼法、经济法等课程，经过3年不懈努力，以优异的成绩获得法律专业结业证书。林建德说：“经过学习，我告诉曾经质疑我的人：法是什么？法律是权利，法律是义务，法律是责任，法律是担当，法律是公平和正义，法律是成本和效益！”

1987年春，在东山县有关部门、铜陵镇党委和街道干部的支持下，漳州市第一届基层老人协会组织——公园街老人协会成立，林建德被推选为会长，由此开始30年普法的篇章。

1995年，林建德自费在全市率先开办首家基层老年学校并担任校长。学校常年开设由他主讲的法律法规、老龄工作方针政策、公民道德等专题课，生动活泼、深入浅出、通俗易懂，深受学员欢迎。不仅如此，学校还开办“学法用法特色班”，从公、检、法、司等部门聘请专业法律人士讲授婚姻家庭、遗嘱继承、老人权益保护等特色课程。曾有一位陈氏老人，丈夫病故、儿子劳教，她一个人孤苦无依，虽然政府给予莫大的关怀，但生活终有许多不便之处。她想改嫁又怕遭世俗冷言和亲人阻挠。经过学校课程的学习，了解到老年人再婚的权利，在林建德的帮助下，做好财产公证等事宜，终于重组家庭。

因为来法制学校学法的对象是老年人，林建德针对老年人日常生活的需要，重点讲3部法律：一是《老年人权益保障法》，二是《收养法》，三是《继承法》。这些法律都和老年人密切相关。主题包括：尊法——首要的道德要求，学法知规，老年人也要提升自身法律能力……都是根据老年人的特点来编制的，内容精准实在。

林建德每年都要入户进行“一访四查”活动，及时发现老人遭受虐待、遗弃和赡养纠纷问题，为老人提供法律帮助。1992年，陈阿婆丈夫病故、儿子被劳教，她一个人孤苦无依。想改嫁又怕遭世俗冷言和亲人阻挠。经过学法，陈阿婆知道了再婚是老年人的权利，在林建德的帮助下，做好财产公证等事宜，终于重组家庭，再续佳音。30年来，林建德热心帮助十几对丧偶老人的“续弦”，安度晚年。

林建德说：“法律就像灯塔，能为渔船照亮航程，指明方向，找到归宿。如果大家都尊法守法，社会就进步，大家都和谐。”林建德又说：“畏法度者最快活。我们家族有长寿的基因，我的爷爷和父亲都活到百岁，期颐之年，相信我也能活到百岁，要说我最大的心愿就是八个字：生命不息，普法不止。”

据当地司法部门统计，自 1987 年至今，林建德的普法行程已高达两万六千多公里，为老人们义务提供的法律咨询共 3000 多次，调解了家庭纠纷有 600 余起，其中有 100 多件是涉及台胞的，教授学生 2000 多名，成为学员们的“知心老大哥”、社区的“法律传播人”。

个人小档案

符光录

FU GUANGLU

符光录，1957 年出生，1990 年担任乡政府思想政治工作宣传队队长，编排了一些法律法规知识节目，参加了南阳市法制文艺大赛。1995 年被县司法局聘请为专职文艺普法宣传员。1999 年至 2009 年符光录当选为南阳市人大代表，2004 年当选南阳市政协委员。2002 年被吸收为中国曲艺家协会会员。2005 年中国曲协为其组织，在北京举办全国第一个基层曲艺工作者“普法曲艺节目个人演唱会”。2009 年经南阳市文广新局批准，出版了《符光录普法曲艺选集》，中国文联副主席刘兰芳、中国曲协主席姜昆为该书题写书名和题词。该书出版后，符光录向南阳各县文艺团队，全国部分省、市及当地学校、农村发放 4000 多本，价值 20 多万元，为推动国家的普法事业做出贡献。

符光录是河南省新野县一位农民，从小喜欢曲艺艺术，他放弃致富门路，不计报酬，深入农村宣传法律知识，20多年，他风餐露宿，在豫鄂两省农村巡回演出2700多场，观众达150多万人。

符光录是中国曲艺家协会会员，以前农闲之时，符光录大多唱几段戏，让乡亲们高兴高兴，后来，他看到有些青年人不务正业，赌博、盗窃、打架斗殴，有的村民为鸡毛蒜皮小事打得头破血流，他想用说唱形式让乡亲们多学点法律知识，后来新野县司法局聘他为法律宣传员，此后，他倾心普法宣传。

为了掌握法律知识，符光录认真学习法律知识和党的政策，把有关法律知识像唱词一样背得滚瓜烂熟，以农村生活中真人真事为素材，结合法律知识，融入生活气息，编排70多个法律文艺节目，巡回农村演出。围绕移风易俗破除迷信等内容，他编排了《技术彩礼》《瞎子算命》；配合计划生育工作，他编排了《超生者的悲剧》《多子泪》；在评选文明户王好户守法户活动中，他巡回演出了《挂牌记》《家华致富帮大家》，冬季农田小利建设，他创作了《工地上的婚礼》《志愿捐款8万修小闸》等，使群众在娱乐之中受到法律教育。

有一年，符光录乡下演出 ，一位老汉看罢老光棍的婚事后，跑到后台拉着符光录的手说：这出戏算是唱到俺心里啦。原来，这位老汉叫贾某贵，65岁，8年前老伴去世，如今，3个儿子都娶妻生子，他的生活却没人照料，想找个老伴，儿子儿媳都反对，他觉得节目中的张二顺跟自己一样，决心当生活中的张二顺。

儿子儿媳看完戏后更是羞得抬不起头，主动凑在一起商量父亲的婚事，不久，贾某贵当上了老新郎。

有一年夏天的一个晚上，符光录来到新甸铺镇南村说唱，村委主任说，真不巧，你跟大戏班碰台了，人家人多势众设备全，你这独杆弦子独角戏，恐怕没人看了，不如改天再来。符光录说：开场锣已经敲响，咋能刹台？再说群众看谁的还不一定呢。说完，符光录拿起话筒预告节目：乡亲们，我今天晚上演出的有三妯娌谁养爹，赵大娘改嫁，如果你想教育不孝子，劝告不规人，保护自身的合法权益，请来看戏学法吧。

见此，大戏班子也在喇叭里争夺观众：女士们，先生们，我们融歌舞戏剧为一体，今天为你表演《王二姐做梦》及歌舞节目，让你度过一个赏心悦目的夜晚。

听了两边的预告，群众一时不知看哪台戏好，这时，老戏迷邹大娘说，咱们别看那没意思的戏，学点法有好处，经她这一提醒，许多人来到符光录的演出现场。

村民们说，符光录来我们村演出后，村里有了好风气，谁要是对老人不好，走到人前矮三分，偷鸡摸狗的事也没有了，今年我们村还被县里评为治安模范村。

在演出中，符光录不受吃请，去哪里演出大多是一碗面条，有时就在幕后吃，有时晚饭啃口馍，喝点开水。为了不给村干部找麻烦，符光录自带行李，睡在村委会办公室地上或办公桌上，有时看到村民农活忙，就帮他们干活，乡亲们都把符光录当成自己人，有的还交上了朋友。有付出就有收获。1998 年，符光录被评为河南省十大杰出艺术表演家，两次当选市人大代表。2010 年 12 月，符光录当选“首届河南十大法治人物”。

谈到今后的道路，符光录说：不管条件多么艰苦，我要干下去，我的艺术生命在农村。

百花齐放才是春，符光录把编成的普法节目传授给南阳市十三县专业和民营团队，自己还成立了一个专业民营普法团队。

个人小档案

刘少华

LIU SHAOHUA

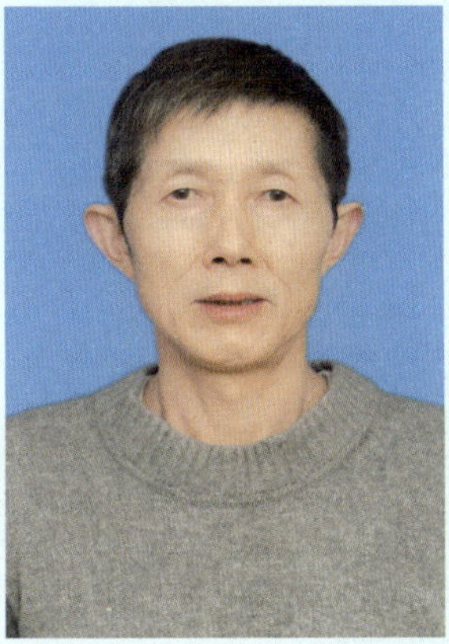

刘少华，1963 年 10 月出生，湖北省洪湖市人，大学学历，现任赤壁市司法局法制宣传股股长。

从业 30 多年，长期奋战在法治宣传教育领域，是省、地、市级普法依法治理工作的“领头羊”之一，在“一五”普法到“七五”普法依法治理工作实践中有很多创新的工作方法，积累了大量的普法工作经验和技巧，为机关、企业、学校、乡镇、村（社区）讲授法律知识课和政治理论课超过 1000 场次。先后荣获集体三等功，个人三等功，湖北省优秀法治宣讲员，湖北省优秀基层理论宣讲员，咸宁市、赤壁市的“十佳政法干警”和“十佳最美家庭”等荣誉。

事迹材料

刘少华，1983 年参加普法工作，经历了从 1986 年开始的“一五”普法到如今的“七五”普法，整整 30 余年，咸宁市仅此一人。

他，年年是先进个人，股室年年被评先进，每个五年普法期间，他所在的赤壁市普法工作位列全国、全省先进，各级赞誉有加。

他说：“我就是一名痴心的朝圣者，为达法治的圣地，我心永恒。”他是这样说的，更是这样做的。

他，就是湖北省咸宁市赤壁市司法局法宣股股长刘少华。

初心：源自 1983 年法治课的启蒙之旅

1984 年的桃花坪社区的法治讲课，犹如星星之火，点燃了刘少华心中的渴望。

“闻讯而来的居民挤满了小屋子，课间讲课不断被听课的居民打断，一口气从早上 8 点讲到了中午 12 点多，老百姓还在踊跃提问，热情不减。”忆起当时盛景，刘少华既喜且忧。

忧的是：桃花坪社区地处赤壁市蒲圻纺织总厂，退休的工人居多。当时，法治建设才刚开始起步，又处改革开放初期，从工作岗位上下来的工人各种矛盾聚焦，错综复杂的利益诉求亟待处理。

喜的是：百姓对法律有着迫切需求，这是普法的机遇！

通过他的引导和帮助，众多工人的法律难题迎刃而解。回想工人们热泪盈眶的情景，刘少华辗转难眠，如何可持续性地减少他们的损失？留住他们脸上的微笑？

刘少华感到前所未有的沉重和坚定：答案是开展普法，让乡亲们尊法、学法、守法、用法，不再做傻事。

至此，他成为普法之旅上的行者，并矢志不移。

匠心：踏着时代脉搏创新普法实效

刘少华主持编辑发行的《法治赤壁》季刊和《普法宣讲资料》双月刊，成为咸宁市法治文化精品，迎来好评如潮，全省地市州少见。

如何用更新更好更快的手段来推进普法宣传？刘少华学习编辑视频、音频、新媒体等，微信公众号信息推送、微博消息讨论、QQ 交流、普法电子书的推广等普法新路径也被他运用自如。尤其是 H5 格式动画微信消息的编辑推送，让法治信息引人入胜。

法治文化阵地建设更是全方位覆盖。在咸宁市率先建成县级最大的法治文化主题公园后，以“法律六进”为依托，各种类型的法治文化建设阵地如雨后春笋。

2016 年湖北省首届法治微电影大赛，刘少华策划制作的微电影《留守儿童》斩获全省三等奖。

在“七五”普法实施阶段伊始，他编写《民法总则》普法顺口溜被全省推广，成为“七五”普法的一抹亮色。

真心：让百姓在公平正义中感到满意

妻子说，一年 300 多天，他总是信心百倍，全身心扑在工作上。

同事说，他的办公室，每天都有慕名前来咨询法律知识的群众。他从无怠慢，使群众疑惑而来，满意而归，赞他是“刘律师”。

领导说，“加班多、材料多、动脑多，咨询多”，“个人休息少、身体考虑少、要求少、群众不满意少”，“四多四少”成为他的标签。

时间去哪儿了？刘少华的时间表，淹没在“把法律交给人民，让民众感受公平正义”的具体实践中。

黄盖湖镇的一位老人，儿子大学毕业后就业武汉。老人出几十万元作为首付，为儿子买了婚房。此后儿子与儿媳离婚，儿子净身出户，把房子给了媳妇。老人困惑不解，“我出的钱买的房子，怎么就成了别人的呢？”一审、二审官司都输了，到市里、省里、中央上访，搞了四五年，官司输了，上访也没结果。

刘少华耐心解释：房子是登记制，登记在谁名下，就由谁所有。出首付是赠与关系，是单方面法律行为。在刘少华耐心解释下，老人工作做通了，儿子专门从武汉赶来致谢。

一件一件小事的积累，让法治观念像阳光一样，照耀基层每一个角落，正能量正源源不断地在每个角落集聚和传递。

毛泽东说过：“做一件好事不难，难的是一辈子做好事。”

刘少华同志却说：“做好普法工作，是我的本职；愿意一辈子普法，是我真心热爱。这大概就是千千万万个普法人的真实想法吧。”

个人小档案

徐向辉

XU XIANGHUI

徐向辉，中共党员，2001 年 12 月 25 日至今任广东卓凡律师事务所创始合伙人、党支部书记，惠州市惠风法律公益服务社社长。

2017 年荣获“广东省优秀律师”；2017 年荣任第十一届广东省律师协会公益法律事务工作委员会副主任；2017 年 2 月 26 日被惠州市律协授予“律师行业贡献奖”；2016 年 7 月 15 日被省律协评为“村（社区）法律顾问”先进个人；2016 年 5 月被宣传部、司法部评为 2011—2015 年全国法治宣传教育先进个人；2014 年 12 月入围广东房地产与建筑工程法律事务专家库首批专家名单；2014 年被惠州市司法局评为“十佳法制副主任”；2012 年被司法部评为“律师行业创先争优活动党员律师标兵”；2011 年被广东省律师协会评为“全省律师行业维护社会和谐稳定优秀共产党员”；2011 年被惠州市司法局评为“优秀党务工作者”。

徐向辉与普法结缘，源于他17年前代理的一起刑事案件。某村的两叔伯兄弟因宅基地边界问题产生纠纷，大打出手，结果付出了哥哥身亡、弟弟坐牢的惨痛代价。他说“这个案件对我内心触动很大！如果把普法教育做在前头，村民们多些法律意识就会少发生极端事件，这样的悲剧或许能够避免。”从此，徐向辉身上强烈的使命感油然而生，他毅然投入基层普法，一干就是17年。

这些年来，从农村到学校，从企业到机关，从普法书籍到互联网普法平台，徐向辉坚守的普法之路从未停歇。用他的话来说，“公益普法是律师的社会责任，也是理应承担的义务”。

扎根基层，“法制副主任”成为村民与法律连接的纽带

2009年，在惠州市开始探索“法制副主任”制度时，徐向辉便成为担任村（居）“法制副主任”的第一批党员律师，进驻旭日村。从宣讲宪法和村民委员会组织法开始，徐向辉制作了一系列课件，并结合实际制定村规民约，为村委提供法律意见和法律服务，大力推进乡村治理法治化。

2015年，旭日村发生一起因旧房补偿款引发的纠纷，三兄弟因意见不合产生激烈冲突。徐向辉获悉后主动介入调处，1个月内下村8次，结合亲情伦理，反复与当事人释法说理，依法帮他们拟定分配方案，最终促成三兄弟握手言和。“普法效果不一定能立竿见影，但坚持下去就会水滴石穿。17年前的悲剧没有重演，我觉得一切付出都是值得的”徐向辉坦言。多年来，通过担任“村居法制副主任”，运用“讲法律，说道德”的方式，解决了多宗看似鸡毛蒜皮的小事，基层群众对规则

的遵守和对法治的信任在不断加强。今天的旭日村已成为和谐文明的“广东省最美古村落”。

如今，徐向辉服务的村居大小事务都能在规则和法治的轨道上运行。因工作表现突出，徐向辉获评惠州市首届十佳“法制副主任”。

从农村在学校，从企业到机关，普法之路从未停歇

在惠州许多中小学校，徐向辉被学生们亲切地称呼为“徐校长”。原来，他从 2012 年开始就参与惠城区 28 所、惠东县 100 多所中小学校“法治副校长”工作，积极推进“法治进校园”。徐向辉及其所带领的公共法律服务团队还创新普法内容和形式，建设了惠东掌上法治校园公共微信平台，编印了惠东法治校园普法手册，已在惠东中小学校当中广泛使用。他常年开展普法讲座的惠东县实验中学被评为“广东省法治校园示范点”。

在推进“法治进企业”“法治进机关”方面，徐向辉又变身为“徐老师”。他在担任 10 多个政府机关、60 多家企业的法律顾问期间，先后组织举办了 40 多场法治讲座；同时深度参与机关的法治宣传教育和法治文化建设，其服务的市国税局法治建设工作在“六五”普法验收中获高度赞扬，惠城区国税局获评“广东省法治税务建设示范基地”。

广东卓凡律师事务所从 2001 年至今共编印了 11 本普法书籍，出版 7 期普法期刊，累计免费派送超过 12 万册，并举办了超千场普法讲座。此外，由他组织印发的《惠民一家法律故事》普法书籍，还先后翻译为藏文、维吾尔文、蒙古文等在全国发行。

不断学习，不断创新，“70 后”的“徐律师”成了“90 后”的“普法创新者”

2015 年徐向辉律师发起成立全省第一个地级普法公益性组织“惠州市惠风法律公益服务社”，发动一批年轻又富有爱心、热心、激情

兼备的法律人和媒体人，开展公共性和公益性法律事务，整合力量和资源推进法治宣传教育工作的开展。

在互联网大潮中，徐向辉通过不懈努力和大胆实践成了一名“普法创新者”。2015 年以来，惠州市惠风法律公益服务社成功建设运营了“博罗掌上法治村居”等 5 个普法微信平台。2015 年年底，他筹资建设开通了信息化普法平台——“智慧普法”App。目前，已有 4 个公共法律服务项目入选“惠州市基层治理创新十大项目”和“惠州市基层治理十佳案例”。此外，在惠州市首届社会创新创业大赛中，该服务社的《普法乐园——青少年普法产品平台》在 200 多个参选项目中获第一名。

“七五”普法开展以来，徐向辉带领团队积极参与“惠州 e 普法”微信平台的研发，并亲自讲解、培训业务知识。该平台于 2017 年 6 月正式开通运行，实现了全市普法资源的统筹管理，成为落实“谁执法，谁普法”工作责任的新平台、新抓手。目前已有 7 个县（区）、57 家市直成员单位进驻平台，访问量达 50 余万人次，普法形式由“大水漫灌”转为“精准滴灌”。在 2017 年 7 月召开的全省法治宣传教育“创新创先”工作推进会上，“惠州 e 普法”平台还作为先进经验与其他各市分享交流。同时，该平台还荣获 2017 年度广东省电子政务优秀奖。

当问起徐向辉为何如此热衷于普法工作时，他是这么回答的：“以公益心做普法事，公益普法虽然带不来丰厚的经济利益，但所收获的快乐和愉悦是无价的！我将不忘初心，扎根基层，继续深入宣传宪法及中国特色社会主义法律体系，为建设法治惠州、法治中国砥砺前行！”

个人小档案

曾令洪

ZENG LINGHONG

曾令洪，中共党员，海南屯昌人，大专学历，1958年9月出生，1983年参加工作，1983年7月至1993年8月在海南省屯昌县西昌中学任教10年，1993年9月至今在海南省屯昌县司法局法宣股工作，任法宣股股长。从事法治宣传工作的25年里，勤勤恳恳、踏踏实实，荣获的奖项有：2000年荣获“海南省司法行政系统先进个人”；2001年荣获“1996—2000年全省法制宣传教育个人先进”；2003年、2007年、2012年均荣获“屯昌县司法行政系统先进个人”荣誉称号；2004年荣获“屯昌县社会治安综合治理工作先进工作者”荣誉称号，荣立个人三等功。

事迹材料

曾令洪同志1993年调入屯昌县司法局，一直担任屯昌县司法局法治宣传股股长职务。该同志对工作饱含热情，二十五年如一日，在平凡的工作岗位上，做着平凡的工作，恪尽职守、竭诚奉献、勇于探索、敢于创新，真正体现了一个共产党员党性强、作风正、工作出色的优点，在默默无闻中诠释了新时期共产党员平凡与伟大的内涵。多次被评为屯昌县社会治安综合治理先进个人、优秀公务员，“三五”普法的全省先进个人，“五五”普法“法律进乡村”的全省先进个人，被群众誉为“普法工作的带头人”。

放眼未来，抓好青少年普法工作

曾令洪同志在普法过程中，树立“法治从娃娃抓起”的观念，始终把青少年的法治教育放在头位。他常年带领法宣股的全体同志，深入全县14所中学、32所小学，结合实际案例对青少年开展法治教育。在他的带领下，全县学校以校园网络、宣传板、横幅、手抄报、校园广播、图片展、升旗仪式、模拟法庭、法律知识讲座及竞赛等多种途径和形式，形成了全方位法治宣传的教育格局，营造出了浓厚的法治宣传氛围，增强了普法学习的积极性和主动性。全县学校分别成立普法教育领导小组，组织学习了校园相关的法律法规。学校还组织师生走进社区，在积极带动社会普法宣传的同时，不断巩固师生的普法意识，增强普法教育的实效性。

勇于探索，开创革命老区普法教育新局面

曾令洪同志作为法治宣传股股长，清楚地认识到弘扬革命老区精

神与传播革命火种的重要性。屯昌县西昌乡南田居委会是全省著名的革命老区，南田起义的革命火种要代代相传。革命老区地处偏僻，人均水平低，区域性贫困特征明显，自然灾害频发，生存条件恶劣，基础设施脆弱，社会事业发展滞后，致使整个区域经济社会发展不快。这也增加了普法工作的难度。但是，曾令洪同志始终认为，越是偏远的地方我们就越不能忽视，普法工作应着眼全体人民群众。2004 年，南田村委会发生了 4 起土地纠纷案，为了及时化解矛盾纠纷，他头顶烈日 15 次走家串户进行法治宣传，让纠纷双方认识到矛盾激化的后果与危害。在他的努力下，平息了纠纷，避免了矛盾激化。事后，群众纷纷说曾股长不仅避免我们犯错，还让大家明白了依法办事的重要性。

他还将法治宣传与老区革命精神紧密联系一起，激发了当地人民的荣誉感。如今，南田革命老区基础设施建设和经济建设都取得新进展，成为当地的文明村。

敢于创新，开创少数民族地区普法教育新途径

曾令洪同志认识到，搞好民族团结，是一个共产党员的责任与义务。屯昌县枫木镇加总村是黎苗族聚居自然村，普法工作一直都是盲点。他带头深入该村，认真调查研究，有的放矢。

针对经济发展水平相对落后，法治宣传教育中所倡导的法治观念、法治内容等很难被黎苗族群众所接受的现实，曾令洪同志找准普法工作的突破口，将经济与法挂钩，生动的给村民上了一课，使他们认识到，只有懂法、依法，才能走上富裕的道路。

针对交通条件和信息化受制约的问题，曾令洪同志大量运用现代信息技术，创新普法工作。实施了农村现代远程教育“入户工程”，让家家户户都能接收到远程教育节目。

巩固成果，将普法工作扎根新农村建设

曾令洪同志认识到普法工作在当前新农村建设中的重要性。他常说，只有普法工作上去了，新农村建设的硕果才能代代相传。新兴镇坡陈村是我省著名的武术之乡，民风彪悍，同时又是全县闻名的“问题村”，吸毒人员多，法律意识淡薄。他多次以习武者的身份与当地群众打成一片，肯定村民热爱武术习武强身的热情，但不忘对群众施以习武树德、以武扬善的教育。并帮助村民成立“正义护村队”，阻绝吸毒等种种不正之风，使往日的“问题村”变成今日的“无毒村”“无案件村”“平安村”，为坡陈村新农村建设打下了坚实的基础。

曾令洪同志在普法岗位一干就是 25 年，他把自己的最美青春岁月奉献给党和人民，换来的是半头白发。他常说：“我与法宣工作为伍，今生无悔！”在他身上，我们看到了一名共产党员的豁达与乐观，看到了一名共产党员的伟大与平凡。

个人小档案

龙大轩

LONG DAXUAN

龙大轩，1965 年 3 月出生，重庆梁平人。现任西南政法大学教授、博士研究生导师，《西南政法大学学报》主编，中国法文化研究传播中心执行主任，央视社会与法频道《法律讲堂》主讲专家，国际儒学联合会第五届理事会理事。

长期从事法律文化研究与传播工作，引起强烈的社会反响，主讲的《中国法制史》入选重庆市高等学校市级精品视频公开课、第五批国家级精品视频公开课，先后获评重庆市首届十大法治人物、中央电视台社会与法频道普法宣传工作特殊贡献奖、重庆市高层次人才特殊支持计划第一批哲学社会科学领军人才、重庆市科协科学传播专家团队首席科学传播专家、重庆市教育系统法治宣传教育工作突出个人等。此外，获得国家级奖励 2 项，省部级奖励 14 项，校级奖励 8 项。

事迹材料

龙大轩同志及其所率领的西南政法大学法律史教学科研团队，在全国法学界名列前茅，于法学教育、法律文化传播等方面作出了突出贡献。

自 2011 年以来，该同志在央视社会与法频道（CCTV-12）《法律讲堂》录制播放《中华法文化》（第一季、第二季）、《中华法制寻踪》、《儒家法文化探秘》、《清官文化》、《孝道与法文化》、《汉武帝尊儒之迷》、《汉武帝用儒之道》、《李斯传奇》、《张良传奇》等法文化系列节目 100 余集。其中《中华法文化》专题，被作为 2014 年、2015 年、2016 年连续 3 年的春节特别节目、“两会”特别节目、国庆特别节目反复播出，社会反响强烈，受邀赴全国各地党政司法机关、企事业单位做现场演讲 200 余场次，充分发挥了理论研究服务社会的功能。

该同志以法律史团队为中心，联合校内外学术研究和法律实务的力量，于 2013 年与央视《法律讲堂》栏目组共建“中国法文化研究传播中心”，下设社会主义法治文化、传统法文化、中西法文化比较、刑事法文化、民事法文化、司法文化 6 个分团队，专门从事法治文化的研究与传播，目前共录播法文化节目 200 余集，占《法律讲堂》栏目开播以来总播出量的 1/3；赴各地举行法治演讲数百场，产生了良好的规模效应；并积极与各地党政机关展开合作，发挥智库作用，目前已在全国各地建立法文化示范基地、法治文化公园 10 余家。

龙大轩同志研究传播法文化的事迹，得到新华网等媒体的强烈关注。他充分发挥理论研究为社会服务的价值功能，2016 年，所率团队制定《文化自信型法学人才培养模式与平台建设》方案，将传承传播优秀传统法文化和社会主义法治文化融入法学人才培养全过程，为弘扬中华优秀传统法文化，探索一条使优秀传统法文化融合当代法学教育的全新道路贡献了绵薄之力。因法律文化传播贡献突出，2015 年被重庆市委宣传部、市普法办、市司法局、市网信办评为“首届重庆市十大法治人物”，且名列第一；2017 年被中央电视台社会与法频道授予“普法宣传工作特殊贡献奖”。

在教学方面，龙大轩同志准确把握全面推进依法治国的重大部署，自觉把传授法律知识与培育法治精神结合起来，追求与“四个自信”特别是“文化自信”的内在一致，坚持把立德树人作为教育教学中心环节。同时，不断更新教学内容，在教学课程中强化法治意识和文化自信，强调“探讨、实践、传播”，着力培养学生的法治文化观念、涵养和精神强化法治意识和文化自信，从优秀传统法文化中精选推出“孝道”“诚信”“仁爱”“廉洁”等极具传统文化精神和现实价值的命题，塑造学生的人文素养和道德情操。所讲授的《中国法制史》2013 年入选国家级第五批精品视频公开课，在爱课程、网易等网站向全社会公开，点击量高，获西南政法大学教学成果一等奖，被评为“首届西政名师”“重庆市名师”。

科研成绩斐然，入选重庆市首届哲学社会科学领军人才，被《法学杂志》（2017 年第 5 期）作为“法学人物”专题推出。出版专著 10 部，主持国家社科基金重点项目和后期项目各 1 项，发表论文 80 余篇，其中多篇为《新华文摘》《中国社会科学文摘》转载。近年来，陆续推出诠释中华优秀传统法律文化之精华的系列成果，通过研究“仁爱”“诚信”“孝道”“清官”“礼让”“廉耻”“侠义”“夫妻情义”等优秀传统法律文化观念与法律制度的关系，提炼其对当代法制建设的借鉴价值，尤其是在《法学研究》（2015 年第 3 期）上发表的《孝道：中国传统法律的核心价值》一文，被多个省、市、自治区作为高中语文的选读材料，影响广泛。2015 年被中国法学创新网列为高端论文高发作者。所率法律史团队，作为法学下属的二级学科，共有教师 18 人，科研成绩突出，在中国法学创新网评比中，2012 年至 2015 年发表高端论文数量在全国综合排名第 4，其中 2015 年排名第 2。

个人小档案

王国韬

WANG GUOTAO

王国韬，1969年出生，四川渠县人，大专学历，中共党员，现任渠县司法局静边司法所所长。

王国韬同志于1991年成为一名基层司法行政工作者，工作27年来，与癌症抗争14年，他始终坚定信仰、忠于职守、乐观向上、勤勉工作，用爱心播撒法治阳光，用爱心维护弱势群体的合法权益，为确保一方和谐稳定做出了积极贡献。先后获得“渠县第一届十大杰出青年”“达州市十大法治人物”“达州市五一劳动奖章”“四川省指导人民调解先进个人”等荣誉称号，2010年5月被司法部评选为“全国模范人民调解员”，2017年3月被省司法厅记个人二等功一次。

纠纷调解现场，他是折冲樽俎、口若悬河的“辩士”；普法宣传现场，他是循循善诱、娓娓道来的“名师”。27年来，他兢兢业业，忘我付出，以工作为“药”，向病魔挑战，患癌14年自强不息，谱写了一曲嘹亮奋进的人生赞歌……

他，就是渠县静边司法所所长王国韬。

倾情调解：为群众捧出一颗诚心

调解矛盾纠纷是基层司法所的主要日常工作。从事人民调解工作以来，他不怕苦、不怕难，为群众毫无保留地捧出一颗诚心。

2015年2月在化解静边供电所排障时杨兴良意外死亡纠纷时，连续2天2夜坚守在事发现场，用情感耐心劝导当事人，直到纠纷得到妥善解决。由于连续熬夜，加上癌症曾经对身体的摧残，他险些倒在工作岗位上，体力不支的他只好到医院住院治疗。

2016年5月12日下午，贫困村春光村村委的公室里，村民杨某旭情绪激动的斥责社长收回了他家的二轮土地承包经营权，并要求村委重新分配他家的包产地。2时30分，王国韬冒着烈日走村入户仔细调查杨某旭土地经营权纠纷的经过，询问涉及土地承包经营权的几任社长，3时10分在村委办公室现场调解。

当事人杨某旭在调解现场从情绪激动、斥责谩骂到神情淡然、心平气和，接受事件真相。村委也表示将依照相关法律、法规仔细核查杨某旭第二轮土地承包的情况。一场激化的矛盾终于被化解，帮贫困村解了忧。

1300多起矛盾纠纷，被他化解；50多场群体性械斗，被他劝阻；10多起自杀事件，被他制止……由于工作方法得当，业绩突出，2013年9月5日，“王国韬人民调解工作室”在静边镇挂牌成立。

排忧解难：为群众献出一颗爱心

“我从小在农村长大，深知基层群众生活的艰辛。只要他们找到我，我都会诚心实意为他们服务，想方设法为他们排忧解难。”王国韬不仅是这样说的，更是这样做的。

2014 年 6 月 15 日受援人寇某能，现年 78 岁，因儿子王某林于 2004 年 6 月 1 日被白兔乡白兔村 1 组的李某故意杀害，到静边法律援助工作站申请法律援助，他受理后多次到法院、检察院、公安局奔走，有力地维护了死者家人的合法权利。

2015 年 9 月的一天，静边镇龙山村年过八旬的村民张大爷因生活无着、居无定所，来到司法所寻求援助。原来，张大爷早年在静边镇一家酒厂工作，约定退休后由其二儿子接班，并负责他和老伴的起居生活。然而，二儿子接班后酒厂倒闭，仅靠其打工维持全家人的生活，赡养老人的能力有限，不愿意再接收两位老人。无奈之下，张大爷只好向王国韬求助。

经过他苦口婆心的教育，张大爷的儿子、儿媳认识到了自己所犯的错误，诚恳地向老人道了歉，并最终达成协议，承诺今后好好赡养老人，让他们幸福地安度晚年。

热心普法：把法治种子播种到人们的心田

“因民间纠纷引起的打架斗殴或者损毁他人财物等违反治安管理行为，情节较轻的，公安机关可以调解处理……”静边镇双鹅村办公室数十名村民，正听王国韬的法治宣讲。这一场，他讲解的是《治安管理处罚法》。为调动大家的兴趣，一开始，他以发生在邻乡的叔侄斗殴事件为引子，巧妙引出整堂讲座。生动的案例、深入浅出的分析，再加上活泼生动的语言，宣讲现场掌声阵阵。

“普法教育，需从娃娃抓起。”每年，王国韬都要到学校义务上法治课。为确保课堂质量，每次上课之前，他总会认真查阅资料，精心备课，有时一忙就忙到凌晨一两点。王国韬采用以案说法的形式，结合发生在身边的真实案例，向同学们系统讲解了《未成年人保护法》

《预防未成年人犯罪法》等法律法规，引导他们从小就养成良好的行为习惯，将法治意识融化在心里，铭刻在脑海中。静边镇两所学校连续 5 年实现“零犯罪率”。

据不完全统计，近年来，他办法治板报 86 期，开展法治宣传教育 110 场次，送法进院坝、进田间 120 余次，解答法律咨询 660 余人次，受教育群众达 10 万人次。

向病魔挑战：谱写人生奋进之歌

目光沉稳而坚定，语速徐缓而有力，浑身上下洋溢着火样的工作热情、好像有使不完的劲……这是很多人见到王国韬后的“第一印象”。可令大家没想到的是，14 年前，他曾是一个一度被判了“死刑”的人。

2004 年春节，身体一向硬朗的他突然感到极度疲惫，继而冒盗汗，在家接连输了几天的液后，依旧无法缓解病情。意识到病情的严重性后，家人急忙把他送到达州市中心医院进行检查。诊断结果出来了——淋巴癌！这一消息如晴天霹雳，他觉得人生走到了尽头。在最痛苦的时候，领导、同事专程前往看望他、慰问他，特别让他没想到的是， 曾经经他调解过矛盾纠纷的老乡也纷纷到他家里看望。悲伤之余，想到家人的期盼、领导同事的关怀、父老乡亲的鼓励，他重拾生活的勇气，坚定了活下去的信心。

虽然每一次化疗都生不如死，虽然每一次吃药都难以下咽，但凭着“只要精神不滑坡，死神也得躲着我！”这样的壮志豪情，他战胜了化疗期间的各种排斥反应，战胜了生不如死的巨大痛苦。出院后，他倍加珍惜生命的每一天，将生命争分夺秒的奉献给他所热爱的司法行政工作。

27 年来，他的足迹踏遍了静边镇的村村落落，老百姓见到他，都亲切地称他为“王法律”。正是因为他忘我地工作，无私地付出，得到了群众的称赞，也受到了各方的肯定。如今，他仍然坚持担任着 3 个贫困村的法律顾问，继续忙碌在司法行政工作的第一线，这就是王国韬，一名普通的基层司法所长，一位优秀的公务员。

个人小档案

李志凯

LI ZHIKAI

李志凯，1966 年 11 月出生，大专文化，中共党员，1999 年开始从事新闻工作，2002 年负责曲靖电视台的法治栏目，现为《法治曲靖》《法在身边》栏目编导、记者，10 多年来，他和栏目组共制作法治节目 2000 余期。

2002 年 10 月获曲靖市“对外宣传优秀作者”奖；2004 年至 2007 年《住山洞的老人》《一个难圆的大学梦》《背箩人生》《农家法制宣传中心户》《社会调查员》等作品获云南广播电视政府一等、二等、三等奖；2009 年《辣妹子》获全国“第三届农村小康电视节目工程”电视专题片优秀奖（二等奖）；2014 年《温暖的园艺缘》荣获全国第六届女性题材优秀作品二等奖；2006 年被评为云南省“四五”普法先进个人；2017 年被评为曲靖市“六五”普法先进个人。多次被曲靖市新闻出版广电局评为先进个人、文明职工。

观众的普法引路人

说起李志凯，在云南曲靖的政法系统，很多人都很熟悉他，那是因为他参与普法宣传已经有16个年头。作为一名记者，他用不一样的眼光审视案件，用不同的笔法描绘人们对法律的认知；作为一名制片人和编导，他坚持正确的舆论导向，把普法类电视栏目定位为重在“普”，根在“法”，淡于“奇”，贵在“引”；作为一名普法的参与者和实践者，他走乡串户，深入案件现场，深入调解现场，与当事人沟通相关法律问题。每一期节目，都是在一个个具体的故事当中去体现法治精神，让观众做法律的明白人。

不忘初心做普法宣传的践行者

2002年，曲靖市司法局与曲靖电视台联合创办了《法在身边》栏目，开创了曲靖法治节目的先河，李志凯担起了制片人、编导的角色，栏目精神为关注百姓生活，再现精彩案例，特邀嘉宾点评，体现法治精神。用以案释法的方式来运作。刚开始的时候，李志凯对法律并不那么熟悉，他便经常找政法系统的专业人员进行交流，请教相关法律法规知识，以及需要把握的尺度。

李志凯在实践中坚持以具体案例喻示法理，以真实的人物命运折射法律的本质，以现实的生活透视法律的内涵。以法律为准绳，用镜头记录百姓生活中的精彩瞬间，从法律和道德的双重视角来审视社会生活，审视情与理、情与法、是与非。同时给予道德层面的深刻剖析和评判，使之更耐人寻味，更发人深省，以便更好地弘扬法治，诠释法理，鞭挞丑恶，突出普法宣传所带来的社会效益。他和栏目组的成员遵守新闻工作者的职业道德，增强社会责任感，坚持“三贴近”原则，坚持正确的舆论导向，尽心尽力做普法宣传的践行者。节目开播后，很快就引起关注，收视率在曲靖电视台的所有栏目、节目一直领先。

为更好地掌握法律的基础知识，掌握案件的基本构成要件，突出法治节目的原则性、规范性、贴近性、教育性、可视性、大众性。李志凯不断加强法律法规的学习。因为在做电视法制节目时，记者和媒体所站的角度决定了报道的导向性和客观性。这就要求法治栏目的采编人员要懂法律，对法律知识要有一个全面的了解，避免对法律概念和法律常识的在认识和理解上产生错误。正因为李志凯勤于学习，做法治节目得心应手，他被誉为栏目组里的“法律专家”。

用行动诠释法理永远在路上

让老百姓看身边的法治故事，让身边的事身边的人警醒自己。李志凯在实际操作中，用法治理念和法治思维把握节目的节奏，从讲故事的叙事方式中，让情理在案件中呈现出来，并在矛盾纠葛中诠释法律的内涵，从而达到普法的目的。通过深入浅出讲“故事”的方式，让观众有“看法”，关注是非曲直，让观众有“法天天说”，以达到普及法律常识的目的。

曲靖法治类节目通过几次改版，从《法在身边》到《今日曲靖·说法》，再到现在的《法治曲靖》和《法在身边》，李志凯一直负责这个栏目。每周 1 期 15 分钟节目变成了现在每周 3 期共 45 分钟，栏目从开播到现在已经播出了 2000 多期节目，多个节目被中央电视台和云南省电视台采用。作品《温暖的园艺缘》荣获全国第六届女性题材优秀作品二等奖；《住山洞的老人》《一个难圆的大学梦》《背篓人生》等 10 余部作品获云南广播电视政府奖，《村民的代言人》《有事找老黄》获云南省政法综治好新闻一等、二等奖；《农家法制宣传中心户》《社会调查员》等作品获曲靖市社会治安综合治理好新闻一等奖。李志凯被评为 2001~2005 年云南省法制宣传教育先进个人，2011~2015 年曲靖法治宣传教育先进个人。

平凡岗位写春秋，不计名利争奉献。李志凯这位法治节目的电视人，为采访当事人，他翻山越岭，曾跌进深沟里；为了解案情，曾遭到别人的威胁。但他知道自己的职责，还一如既往地为普法“奔波”着，曲靖普法办的同志对他说“你真是我们普法办的编外专职普法员”。他说“普法永远在路上”。

公证员

个人小档案

王启发

WANG QIFA

王启发，中共党员，大学本科学历，1966 年 3 月出生，现任亳州市亳州公证处党支部书记、公证处副主任，中共亳州市第四次党代会代表。

2010 年、2012 年被亳州市文明委评为亳州市第二届、第三届道德模范；2011 年被省司法厅评为全省司法行政系统劳动模范；2016 年被评为亳州市优秀共产党员；2016 年当选安徽司法行政十大年度榜样人物；2017 年被评为亳州市首届优秀法治人物；2017 年当选 9 月“安徽好人”。

公证之中献爱心

王启发从事公证事业已有16年，在这16年的漫长岁月里，他办理了上万件公证，对困难群众给予了力所能及的帮助。2007年夏天，他在办理谯城区大杨镇胡桥村一起4名儿童溺水死亡的证据保全公证时，不但按程序及时给受害人何某等3人出具了公证书，并自掏腰包为每个受害人家庭垫上了公证费。他还免费为他们请了律师，到法院立案，并垫付车费帮助律师去调查取证。最后，在法官和律师的帮助下，经过二审，3个受害家庭都得到了相应的赔偿。

自那以后，王启发连续5年春节到3个受害人家庭慰问，给他们送去过年的礼品，鼓励他们好好生活。之后，受害人给王启发和公证处送去了表扬信和锦旗，至今他们还保持着联系。他帮扶的受害人之一何某的小女儿何某群，当年的一年级的小学生现已成为亳州一重点中学的初三学生，王启发不但经常给她送去生活费，还经常在周末把她接到自己家中，给她改善伙食。

他还办理了亳州市魏岗镇温老汉的收养公证。因温老汉身体残疾，王启发就和另一名公证人员来到申请人所在村庄取证、核实。回到公证处，按程序给温老汉出具了收养公证书，并给其全免了公证费。办好公证之后，王启发还积极主动到派出所，帮助老汉的养女温某鹏办理入户手续。那年温某鹏顺利地考上了亳州幼儿师范学校。

自温某鹏入学后，王启发每学期都会给她送去一定的生活费，并询问她的学习和生活情况，鼓励她好好学习，假期内还帮她寻找合适的工作。经过3年的勤奋学习，2015年温某鹏顺利毕业了，目前已成为一名幼师，家境也得到了改善。

生活之中乐助人

除了在“公证员”的岗位上奉献爱心，王启发还很热衷公益事业。10余年来，他已经帮扶了十几名贫困学生。2010年8月，王启发从报纸上看到蒙城县乐土镇的女大学生褚某因父亲病故家庭贫困上不起大学，驾车100多公里给褚某送去了1000元学费和物品，并联系了其他爱心人士，给褚某凑齐了第一学年的全部学费。之后，他学期都给褚某提供1000元学费。成绩非常优秀的褚某后来考上了安徽师范大学的研究生，2016年毕业后在合肥一家公司上班。发现褚某家中的房屋已经十分破旧，摇摇欲坠，王启发很是放心不下，为此专门向上级做了汇报，全局捐款10,000多元，王启发个人又捐助了5000元，同时联系了其他单位，为褚某家建起了一座新房子。

王某雨是亳州三中的贫困学生。她3岁时，母亲便离开了人世。父亲是一名泥瓦匠，施工时摔伤了腰，失去了工作能力。多年来，父女两人相依为命，仅靠每月政府发放的400多元钱的低保费维持着艰难的生活。

王启发从媒体上知道王某雨的情况后。便找到了王某雨，向其捐助了1500元，并决定每个月都给王某雨送来300元的生活费。看到王某雨的家不足12平方米且阴暗潮湿，王启发经多方努力，为王某雨家申请了一套廉租房，并自费1万多元对该房进行了必要的装修，并一直承担着王家的水电费支付。

“对于这种特别困难的家庭，成绩又特别优异的孩子，我一定要跟进帮扶不能落下。”王启发说：“帮扶一个孩子，就是帮扶一个家庭，我想我有责任尽自己最大努力扶持孩子完成学业。我不是大老板，让我给别人修一条路，建一所学校，我真的没有那个能力，我所做的都是一些小事。”据了解，从2013年开始，王启发每年都在亳州学院选择两名贫困学子，每人每年帮扶2000元，直到其大学毕业，并承诺一直做下去。

正如王启发自己所说，他做的都是微不足道的小事。他自认为的平常之举，却一次次涤荡着我们的心灵。因为，对于他来说，善良已经成为本能，无私已经成为惯性。

由于王启发多年的善举，2009 年被亳州市司法局评为全市司法行政系统先进个人，2010 年、2012 年被亳州市精神文明建设指导委员会评为亳州市第二届和第三届道德模范，2011 年被安徽省司法厅评为安徽省司法行政系统劳动模范，2013 年被亳州市司法局评为全市“法律援助 服务为民”活动先进个人，2016 年被亳州市委评为优秀共产党员并当选 2016 年安徽司法行政年度十大榜样人物，2017 年又被评为亳州市首届优秀法治人物和“安徽好人”。

个人小档案

汤庆发

TANG QINGFA

汤庆发，1972年9月出生，中共党员，二级公证员，1995年7月毕业于厦门大学法律系，法学本科学历，法律硕士学位。2000年7月至今在厦门市鹭江公证处工作，现任公证处党总支副书记、副主任。先后获“厦门市直机关优秀共产党员”“厦门市创建全国文明城市先进个人”“厦门市机关创先争优活动优秀党务工作者”“厦门市司法行政系统先进工作者”“厦门市劳动模范”“全国优秀公证员”等多项荣誉。

他是公证体制改革的践行者　埋头苦干、求真务实是他的工作脸谱

“我始终相信，路是走出来的，活是干出来的，没有一劳永逸的捷径。”20 世纪 90 年代末，当时 28 岁的汤庆发在苏国强等公证前辈的带领下走出了行政事业体制的公证处，共同创立了全国公证体制改革首批合作制试点单位——厦门市鹭江公证处，经过 17 年默默耕耘和不懈努力，公证从业队伍从最初的 3 人发展至目前的近 380 人，成为海峡西岸规模最大的公证机构。

“我们现在要做的就是踏实做事，练好本领，相信明天即将来临，届时希望我们都能抓住机会”“部级干部是稀缺资源，老站在那不作为也是腐败”。这是 2016 年年初汤庆发在宁德、福州等地与公证同人交流时的课堂语言。新时代的掌舵人不负众望，公证体制改革大幕重新开启，“这值得我们欢呼”，汤庆发兴奋地说，“只有更加努力工作，才无愧于这个时代”。

他是公证业务的创新者　敢破敢立、敢闯敢试是他的代名词

从首例房屋日照权被侵犯的证据保全公证，到全国首创公证机构对商品房预售资金监管，到厦门全市范围内首推强制执行公证业务，为银行等金融机构提供代办抵押登记、代为催收债务、代为向法院申请执行立案等更多增值服务……别人没有办过的新业务，他总说：“我来试试。”

他积极参与苏国强主任主导的国内首个公证行业“专有云”建设，在他们的努力下，网络办证系统、在线受理平台等一个又一个的公证产品进入互联网，进入寻常百姓家，公证行业从此插上了信息化的翅膀，“足不出户，公证到家”变为现实。

他发挥公证职能，为互联网时代的知识产权保护提供方法，参与

打造了国内首个“知识产权公证保护平台”，助推“中国知识产权公证服务平台”的上线，有效解决了网络时代知识产权侵权突发性、地域屏蔽、多点同时取证难等国际性难题。

他致力解决基层法院“案多人少”的迫切问题，探索公证在多元化纠纷解决机制中的积极作用，主导建立了“诉讼与公证协同创新中心”，全面承接调解、调查、送达、保全、执行等审判辅助业务，大大缓解了法院的案件压力，真正实现了“让法官专注审判，让司法提高效率”的目标，被福建省高院、省司法厅誉为“厦门模式”。

他是公证服务的领跑者　便民惠民、分忧解难是他的座右铭

“群众利益无小事，一枝一叶总关情。”汤庆发认为，公证事业应该回归服务的本质，做到便捷、利民，才能更贴近群众，真正服务群众。

他践行党“全心全意为人民服务”的宗旨，在鹭江公证处提出“每周七天对外接待，三百六十五天全年无休”等 10 项服务承诺，解决了当事人节假日办理公证的现实需求，提升了当事人对公证服务的体验感和满意度。

他始终坚持公证工作要立足于“给改革保驾，为经济护航，替政府分忧，帮百姓解难”，并负责办理了翔安隧道、集美大桥、杏林大桥等招投标现场监督公证，有力保障了厦门当地的经济建设。

他是公证理论的思考者　不懈探索、孜孜以求是他的精气神

“他会为了搞清楚一个法律专业问题而通宵达旦”，熟悉汤庆发学习工作风格的同事都这么说。

作为一个“学习型”的公证人，多年来，他结合公证实务，潜心研究公证理论课题，相继撰写并发表了《商品房预售资金监管试验报告》《论公证程序的价值》《论公证权的性质》《论公证权的监督制约》《公证审查程序的证据规则》《商事财产在继承公证实务中的认定》《公证机构“不以营利为目的”探析》等一系列理论文章，在业内颇具影响力。2015 年，他参编的《域外公证法汇编》正式出版，更是填补了行业相关研究的空白。

中国公证协会出版《业务咨询汇编(精选)》,汤庆发担任执行编辑。当时,他已经被查出肝纤维化,在治疗期间,他一边打点滴一边校稿,剧烈的疼痛也没能让他停止工作。他一手拿着稿件,一手拿着病历,奔波在各大医院之间。他白天接受治疗,晚上坚持校稿,凭着惊人的毅力、严谨的态度圆满完成了统稿工作。

他是社会公益的践行者　乐于奉献、不言回报是他的真善美

“予人玫瑰,手有余香,给予别人快乐,自己也是快乐的。”这是汤庆发经常向身边人传播的理念。

他将热心公益、投身公益作为自己义不容辞的责任,多次向受灾地区捐资捐物,仅在2008年汶川地震中,就向灾区捐款3000元,后又交纳了1000多元的特殊党费。

2016年,台风莫兰蒂横扫厦门,鹭岛受到重创,不少房屋、车辆、工地和厂房均严重受损。汤庆发积极响应市委市政府、市政法委、市司法局和厦门市鹭江公证处党总支的号召,主动参加厦门蓝天救援队志愿者清障活动并奔赴救灾第一线,彰显了党员的先锋模范作用。

他关注弱势群体,无偿为广大群众提供法律咨询,为下岗职工、外来务工人员、贫困群众、福利院老人开展法律援助,每年办理法律援助案件20多件,减免公证费数十万元。

每年重阳节期间,汤庆发组织和带领党员公证员为65周岁以上的老人免费办理遗嘱公证,这项活动已经坚持了9年不间断。

个人小档案

马丽达
MA LIDA

马丽达，1964 年 4 月出生，法律本科学历，一级公证员，自 2009 年任临沂市兰山公证处主任至今，兼任临沂市兰山区政协委员。

连续多年被评为省、市级优秀公证员；2010 年被评为“平安临沂建设先进个人”；2011 年被山东省司法厅授予“模范功臣”荣誉称号；2014 年被山东省司法厅评为“全省十佳公证员”；2015 年被山东省司法厅授予“全省司法行政系统 2015 年度人物”荣誉称号。先后被省司法厅荣记个人一等功 1 次、个人二等功 1 次、个人三等功 2 次。

临沂市兰山公证处，一个扎根在沂蒙革命老区的县级公证处，在各项“先天条件”不足的情况下，硬是走出了发展的新路子，主要业务指标均位居山东公证行业前列，2016 年，第七届“全国优秀公证处”名单揭晓，临沂市兰山公证处榜上有名，这一“国字号”荣誉是对兰山公证处公证工作的极大肯定，而这些骄人成绩的取得，作为该处的领头人——马丽达同志功不可没。

在革命老区，唱响山东金融公证特色品牌

地处革命老区，经济欠发达，业务量少，尤其是 1998 年改制之后，面对如何“吃饱饭”的首要问题，当时作为副主任的她，发扬了“吃苦耐劳、勇往直前”的沂蒙精神，不断奔波在各个金融机构之间。面对金融机构的“冷脸色”，她从不气馁；面对金融机构的“闭门羹”，她从不放弃。从在银行里帮忙开始，一点点的宣传，一次次的沟通，硬是用一股不服输的劲头，打开了一片小天地。终于，工行兰山支行开始接受合作，该银行与一公司签订了一份债务还款协议，并经公证处赋予了强制执行效力。后来，该企业背负巨大数额的借款，偿付困难，欲乘破产不规范与改制之际，钻法律空隙，将主体企业资产及资金有计划的转移，而将债务留给少数老弱的职员撑着，准备申请破产。银行得知后，要求出具执行证书。当时，正是马丽达同志，亲自到企业和主管部门及工商等部门深入调查，查证属实后，在最短的时间内依法出具了执行证书，并配合法院执行庭，采取了查封、扣押等措施，才将欠款全部收回，制止了企图破产的不规范行为。像这样的案例不胜枚举，正是每次风险来临时，公证常常冲在第一线，避免了金融机

构大量风险，才使金融机构改变看法，认可公证，逐渐地都加入公证的阵容中，为金融公证向广度和深度发展奠定了良好的基础。

马丽达同志自担任公证机构负责人以来，更是积极探索如何把金融公证做大做强，唱响金融公证品牌。经过不懈努力，建立了审查、催收、定期回访沟通机制，定期与金融单位和法院等部门进行业务交流回访制度，广泛征求金融机构对公证服务质量、服务态度和服务需求等方面的意见和建议，认真征求法院对公证程序、公证文书等方面的意见，得到了金融机构、法院部门的广泛认可。年办理金融公证业务近 7 万件，已占全处公证业务总量的 85% 以上，为全市和全省公证机构开展强制执行公证起到了引领示范作用。同时兰山公证处办公条件也得到很大改善，先后购买了 5000 余平方米办公场，在临沂市区范围内构筑了“一本部”“一大厅”“两中心”的服务格局。

在百姓心中，唱响“永远和老百姓同行”的兰山公证之歌

“临沂是革命老区，不仅仅要牢记使命和传统，有一颗责任心，

做到公证为民；更要传承发扬传统，有一颗爱心，做到公证惠民。”伴随着公证处公证事业的快速发展，作为“班长”的她坚持公证为民的原则，将为民惠民的脚步从公证服务大厅迈向学校、社区、乡村深处，由单一的法律援助，扩展为与贫困村结对帮扶，与社区、农村困难群众和孤寡老人结亲连心等公证便民惠民的具体行动。在结亲连心的西安庄村，有户这样的家庭，母亲患精神病，父亲身患疾病，不能干重活，家里的女儿更是被称为“小乞丐”，家庭困难情况超出了想象。马丽达同志看到该户的情况后，心疼地说，“真不知道还有这样的困难户，想想我们该是多幸福啊？我们能帮还是多帮帮吧”。于是，购买了基本的生活用品帮助改善家庭条件，逢年过节为困难群众送米面油，送钱。为孤寡老人献爱心，她说“好”；为流动留守儿童创建爱心家园，她捐钱出力说“值”；为贫困农村学生捐资助学，她说“应该”；为困难当事人减免公证费，她说“行”。一件件，一桩桩，几年来该处共计捐款捐物 70 余万元，办理各类法律援助事项 2000 余件，减免公证费 50 余万元，受援助群众达到万余人。

该同志以勇于开拓、乐于奉献品质，树立了新时期公证员的美好形象；用大爱无言，春风化雨的行动真正做到了润民心田，唱响了“为民服务是你的天职，预防纠纷是你的使命，永远与老百姓结伴同行”的荡气回肠的兰山公证之歌，传递着最美的情怀和力量。

个人小档案

蒋　丹

JIANG DAN

蒋丹，中共党员，法律硕士，重庆市江北公证处主任，二级公证员，重庆市公证协会三届、四届副会长。2004年被重庆市司法局评为“重庆市首届十佳公证员”，2009年被重庆市江北区人民政府评为“2008年度十大优秀专业技术人才”，2009年被中国公证协会评为“全国优秀公证员”，2011年被重庆市总工会评为“五一巾帼标兵”。兼任中国公证协会五届、六届任业务指导委员会委员，七届任赔偿基金工作委员会委员，2013年任重庆市仲裁委员会委员。

1994年，蒋丹同志调入江北公证处从事公证工作。此后20余年，蒋丹同志努力钻研，执着追求的公证人生，不断扩大自己的知识面，熟练掌握执业技能，培养了“耐心、细致、热情、高效”的工作作风。

创新服务技术，提“惠民服务理念”

蒋丹同志不仅是一名优秀的公证员，更是一名敢于创新的开拓者。面对当今网络化、信息化、数字化的新时代，蒋丹同志带领江北公证处进行深入的调研，选用了区块链技术作为提升公证服务能力的创新性技术，并结合互联网的覆盖面广、传输效率高、便捷等优势，和互联网技术单位共同开发基于区块链的知识产权保护公证服务平台，有效提升江北公证处公证服务的能力；结合广大群众所需，江北公证处尽力简化服务流程，做到真正惠民：开通了“绿色继承”办理模式，在保障程序安全的前提下，提供清晰、简便、易懂的操作模式和优化流程；建立了为80周岁以上老人免费办理遗嘱的长效机制；推行了小额遗产领取简易公证程序，在提高了办理此类公证效率的同时，老百姓得到了真正的实惠，极大地提升了人民群众的满意度。在夯实管理的基础上，蒋丹同志还提出了“增值服务”的观点，在保证当事人获得专业服务的同时，积极引导对当事人的主动服务意识和增值服务理念，要求公证员为当事人提供全过程跟踪服务，满足当事人的法律需求，适时提醒当事人控制风险，为当事人提供超乎期望的公证法律服务。

保障民生业务，创“江北公证奇迹”

“公证工作的根本价值在于围绕中心，服务大局，为社会各领域提供优质、高效的公证法律服务”，这句话因蒋丹同志常常话不离口，所以在公证处耳熟能详，深深印在公证人员的心里。蒋丹同志在日常工作中，特别注重开展重点建设工程项目招投标、金融、企业改制等公证业务，为经济社会发展、城乡统筹改革提供优质高效的公证法律服务。同时，十分注重在土地流转、旧城改造等保障民生方面的公证业务。在江北城整体拆迁安置工作中，蒋丹同志率公证队伍主动请缨，积极参与拆迁安置工作事宜，努力为地区经济建设中心工作服务。在办理居民选房的现场监督、拆迁过程中的证据保全，以及房屋继承、拆迁补偿协议等公证事项过程中，她亲力亲为，率先垂范，以大胆的开拓精神、良好的职业道德、精湛的业务水平、过硬的办证质量、热忱的服务态度，克服压力大、任务重、时间紧的种种难题，圆满完成了各项工作任务。如此庞大的工作量，却能做到公证法律服务无一差错，被江北区司法局誉为“江北公证奇迹”。

引领业务拓展，开“重庆先河佳绩”

蒋丹同志带领江北公证处屡创佳绩。围绕推进城镇化建设，江北公证处参与了重庆市江北区人民政府组织的关于农村土地流转中各项合同的商议、拟定、修改工作；在全市公证行业中率先与法院建立诉调对接机制，进一步树立公证的服务心态、理念和作风，发挥公证服务、沟通、证明、监督的职能作用，使多元化纠纷解决机制建设有了一个良好的开端；围绕金融市场规范发展，积极拓展强制执行类公证事项，与 10 余家金融机构及多家非金融机构建立了合作关系。江北公证处在这一系列的业务拓展中，通过与法院、金融机构及非金融机构的合作对接，开创了重庆公证业务的先河佳绩。

个人小档案

刘衍霞

LIU YANXIA

刘衍霞，1979 年 10 月出生，2003 年 8 月参加工作，2007 年 6 月加入中国共产党，现任银川市国立公证处业务部长。该同志于 2002 年毕业于西北政法大学，法学学士，于 2003 年进入银川市国立公证处，先后担任公证员助理、行政主管、公证员、业务部长。与此同时，该同志兼任中国法学会会员，宁夏回族自治区司法厅公证员协会业务指导委员会委员，银川市“七五”普法讲师团讲师。

2016 年 6 月 25 日被中共银川市司法局委员会评为全市司法行政系统“优秀共产党员”，2016 年 11 月底以十大法治人物之一参加银川市司法局和银川市新闻传媒集团协办的《法在我心中（2016 国家宪法日银川市法律服务工作巡礼）》。

刘衍霞同志是银川市国立公证处公证员，2003 年从事公证工作，从此她便爱上了这个职业，在平凡的岗位上展现着对事业的爱，对群众的情。她长期工作在银川市民大厅公证服务窗口，“推开一扇门、办成一揽子事”，“热情服务，守住底线”。她是这样说的，也是这样做的。

真情付出　收获赞誉

刘衍霞所在的公证窗口接待量大，来咨询办事的人多，情况复杂，工作要求高。但她始终把便民利民放在心中，总是将自己置于当事人的角度和处境上想问题、做事情，诚心诚意地为当事人办实事、解难题。

2016 年 11 月，陈先生是重庆来银打工人员，省吃俭用给女儿贷款买了辆车，但没想到女儿在生日当天被人杀害。这噩耗打垮了这位慈祥的父亲。车辆的贷款对于他一家人来说是沉重的负担，因此他得快速变卖车辆，但文化水平不高、在银川又举目无亲，所以向在公证服务窗口工作的刘衍霞求助。刘衍霞深深感受到这位父亲的悲痛，便立刻开辟公证绿色通道。她先后前往女儿打工的公司，曾就读的学校，走访老师们、辅导员及女儿的同事、朋友多达 13 人，做了 9 份核实记录，奔波于宁夏境内 4 个市县，车程达 13 小时。最终，仅用了一天就把继承权公证书递到了陈先生手中。陈先生甚是感激。事后陈先生拿着公证书到市民大厅车管所窗口顺利地办理了车辆过户和出售手续，回到了重庆老家。

这样的事例只是她日常工作中的一个缩影。她曾多次收到当事人送来的锦旗，“业务精湛、服务一流”“公证解忧、情暖八旬老人心，贴心服务、芳香大爱撒人间”等之词，感激之情无不溢于言表。

温馨待人　贴心做事

“要把来办事的人当作自己的家人，爷爷、奶奶、叔叔、舅舅、姑妈、大姨……我们的语气就亲切了，我们的想法就对了，我们的服务就贴心了。”刘衍霞的亲切、善良、可信、守承诺，只要是见过她的人、问过她事儿的人都会这么说。原本都是陌生人，却因公证而结缘，有的阿姨要给她介绍对象，有的阿姨想认她作干女儿，要么去大厅坐一坐，要么打电话聊一聊，总问问家里的事儿、亲戚的事儿、邻居的事儿，看看刘衍霞有什么好办法、好意见。“问了小刘，我这心啊就踏实了。”阿姨们常问刘衍霞：父亲去世、母亲健在，两人共有一套房产，是母亲继承好呢？还是子女们继承好呢？父母给儿子买的婚房，可婚后儿媳要加上自己的名字，这要怎么办？再婚夫妻要不要事先做个遗嘱把各自的房产留给各自的子女？刘衍霞也很喜欢和她们聊一聊……刘衍霞常说：“公证就是解决家长里短的那些事，方法选对了、事情解决好了，家庭就和睦了、彼此都心安了。”

潜心钻研　勇于担当

2010 年，直管公有住房承租人夫妻双方均已去世的，近亲属在使用权变更过程中常常引发大量的矛盾纠纷和社会问题。为避免矛盾纠纷，刘衍霞研究办理了 289 件承诺书公证。至今为止，银川市住房和城乡建设局再未发生一例投诉、起诉案件，使当事人能顺利地办理承租手续，以致有资格参加公有住房的房改，使大量的无房户有了自己的居所。此类公证在宁夏公证行业为首创，起到了率先示范作用。

近年来，陆续发生的预告登记买方去世的情况，给当事人办理相关事项带来了极大不便，房产、地税部门以及公证行业均从未遇到过这类问题。刘衍霞不怯懦、不推脱，勇于担当，她反复多次与市不动产交易中心、地税部门商讨和研究，最终达成一致意见，妥善解决了当事人的难题。这是宁夏第一例解决此类情况的处理方法，为宁夏公证行业提供了可借鉴的成功经验。

刘衍霞介入营业房买卖双方的商事谈判、合同起草的事务中，不再是房屋买卖双方洽谈好并已就合同商议妥当后寻公证员办理公证，而是创新思路，在他们最初有买卖意向时刘衍霞就以法律中间人的身份参与其中。经过 6 次反反复复地磋商、协调、修改、更正，最终买卖双方就营业房买卖合同达成一致并申请办理了公证。合同由刘衍霞亲自起草，达 16 页，10,000 余字。公证参与商事谈判为宁夏首例，充分地体现了公证居间、中立、润滑、预防的作用。既节省了成本又保障了双方权益，这是公证的独特魅力。

10 多年来，刘衍霞在岗位上兢兢业业、尽职尽责、不计名利、甘于奉献，就像她的为人一样，真诚、热情、善良、守信。

个人小档案

王 丽

WANG LI

王丽，1971 年 9 月出生，法律本科学历，1991 年 3 月加入中国共产党，现任辽宁省辽阳县司法局副局长兼公证处主任。1987 年 11 月入伍，在原沈阳军区后勤部第四分部服役，1992 年 3 月从部队复员。1992 年 4 月至 2004 年 6 月在辽阳县公证处工作，2002 年 7 月至 2003 年 7 月挂职县司法局副局长，2004 年 7 月至 2008 年 9 月任辽阳县妇女联合会副主席，由于工作需要经组织安排于 2008 年 10 月重返公证行业，任辽阳县司法局副局长兼公证处主任。

自参加工作以来勤勉敬业，先后多次被辽宁省司法厅评为省优秀公证员，被辽宁省委组织部评为 2014 年第四季度全省“服务群众好党员”，被辽宁省妇女联合会评为“优秀爱心妈妈”，被辽阳市政府评为实施妇女儿童发展规划先进个人；2006~2012 年获评辽阳市优秀共产党员、2017 年获市五一劳动奖章；被评为辽阳县委标兵共产党员、县优秀政协委员等。工作事迹被编辑到《辽宁省践行群众路线的好榜样，百部优秀党员教育电视片》中展播，并在“全国党员干部现代远程教育网”播放。

对于王丽来说，公证事业就像一个情结，从她下决心报考公证员的那天起，这个情结就牢牢地系在了她的青春岁月里。

勇挑重任，力挽狂澜

2008 年，辽阳县公证事业已经处于存亡之秋，工作环境恶劣，公证业务萎缩，单位人心不稳，面临着被市里整顿即将被取缔的尴尬局面，王丽受命于危难之间，在紧要关头担起重任。

上任伊始，王丽就本着“只要心中装着老百姓，把老百姓所要办的事当作自己的事来办，就一定能办好”的工作原则，带领公证处全体人员开始了艰难的整改过程。她们深入农村、深入工地，到一个个现场查实依据；强化服务、擦亮“窗口”，为老弱病残开辟绿色通道。王丽凭着扎实的法律功底和高超的执业技能为政府分忧，为百姓解难，从未出现一例假证、错证。在她的努力下，辽阳县公证事业逐渐回暖，在哈大高铁动迁、马伊屯及孔姓台新城建设动迁回迁等重大活动中，她带领大家克服时间紧、任务重、办证内容复杂等困难，利用休息时间加班加点到现场办理公证，硬是在近乎不可能完成的情况下，出色地完成了各项工作任务。

尊重事实，捍卫公正

在王丽苦心经营下，辽阳县公证处发生了巨大变化，由全市被整顿的公证处发展到如今连续 4 年被评为省级优秀公证处，公证业务由当初每年仅有数百件，发展到如今年办理公证数量 2500 余件。

在工作中，她对前来办理公证的当事人尽心服务，让公证真正在百姓心中体现出公正。河栏镇上麻屯村75岁老复员军人张某业，原是鞍山市电业局的一名工人，单位误以为他已经死亡，停发退休金15年。他多次到单位去找，到很多部门上访也无济于事。最后他找到了县公证处，王丽了解情况后，利用午休时间免费为其出具了“生存公证书”，并且为老人提供了午餐，老人激动得流下了眼泪，感动地说：“你真是党的好干部，我这下子可有救了，问题可以解决了”。

热诚付出，真情服务

2014年春节前，一位86岁高龄的老奶奶找到公证处，想把儿子留下的房产办理继承公证过户给孙子朱某鹏，但儿子儿媳离婚时房产未进行分割，因此办理该房屋继承权公证需要联系失散多年的儿媳李某签字。王丽几经辗转，两次驱车数百里，终于在营口熊岳市杨运镇杨运村找到了李某，为她们办理了房产继承公证，一份公证书让失散15年的母子终于重逢。

下达河乡东新堡村有名44岁的盲人叫石某双，父母双亡，无儿无女，现在他想继承父母遗留下来的房产，继承后将房产出售，所得款项用以眼睛手术的费用。王丽很同情他的遭遇，她主动联系辽阳县下达河司法所，求助帮助石某双到村里、乡民政、乡派出所开具相应的证明，并关注进展程度，在她的积极协调帮助下，石某双顺利办理了继承权公证。

热心公益，成绩斐然

敬业工作的同时，王丽还积极参与公益活动。几年来她多次带着慰问品到辽阳儿童福利院和敬老院去看望孤残儿童和孤寡老人，从物质上、精神上、资金上进行爱心帮扶。她为辽阳县八会镇宽厂村建文化广场捐赠10吨水泥，为柳壕镇青鱼湾村、黄套村文化室捐赠了大鼓、钹等文化用品，还连续4年资助辽阳县一高中贫困学生庞某鹏11,000

元，使其顺利读完高中升入大学。几年来多次深入到社区、村为居民、村民免费举办法律讲座，广泛宣传公证法律知识，耐心细致的解答群众咨询，为他们解决实际问题，使公证工作更加贴近社会公众的实际生活，收到了良好效果。

她以敢为人先、争创一流的气魄推动着公证事业的发展；她以严格执法，热情服务的行动展示着法律工作者的正义与柔情；她以与时俱进、不断开拓的勇气迎接着时代赋予的机遇与挑战；她更以公正诠释着公证，用一颗赤诚的心塑造着一名公证员的形象。

个人小档案

唐玉霞

TANG YUXIA

唐玉霞，1993 年毕业于华中师范大学。2001 年 10 月在东博公证处工作，于 2004 年通过国家司法考试，2005 年被任命为公证员，2006 年取得涉外公证员资格。工作期间，多次被评为优秀个人。在《广西政法报》发表过数篇文章。2012 年获全区公证卷宗评比二等奖，2016 年获全区公证知识竞赛三等奖，2017 年获全区公证卷宗案例评比三等奖。2017 年，遗嘱公证卷宗被选送到中国公证协会作为公证范例。从业 16 年，业务精通，经验丰富，为公证处培育了许多优秀公证员助理。数次为全区新任命公证员进行任职前培训，数次参与全区公证质量检查工作等活动。年办证量达 5000 多件，为当事人提供高了效率、高质量的法律服务；同时，在全区公证业务指导工作中有不凡表现。

在素有绿城之美称的广西壮族自治区首府南宁市：有一位朴实平淡但业务水平精湛的女公证员，她从2001年进入公证行业，2005年4月而任命为公证员。15年来，在重点工程项目招投标、重大活动现场监督和保全等具有社会影响力的公证事务中都能出色完成任务；她是位任劳任怨为广大人民群众提供公证服务的敬业公证员；她在平凡的公证岗位上创造出不平凡的业绩，用爱岗敬业无私奉献诠释着公证的价值，赢得了领导和同志们的好评。她就是南宁市东博公证处公证员唐玉霞。

与时俱进、积极探索，努力成为业务标兵。坚持理论学习与工作实践相结合，学习习近平总书记系列重要讲话精神，提升自身政治素质和履职能力。从事公证工作以来，她一直潜心学习各类法律法规，行业动向及政策，对法律了然于胸，遇到新问题做到心中有数；她还积极地关注和了解新兴行业、新型媒体等新生事物，如非金融机构小额贷款行业、“互联网+”、微博微信、大数据等。作为南宁市东博公证处办理国内、涉外、涉我国港澳台地区业务的综合型公证员，对待一些新颖、复杂或有重要社会影响力的公证，从复杂的、具有较大社会影响力的电子证据保全公证、大型上市公司的股东会议现场监督公证、大型活动现场保全公证、外国留学生毕业证学位证的大批量公证等，到关系老百姓日常生活的委托书公证、继承权公证、遗嘱公证等，她从不推诿，利用自身过硬专业的水平，为当事人提供热情的公证服务，受到了有关政府机构和人民群众的广泛赞许。

推己及人，时刻将群众的事放在心上。“要把群众所要办的事当作自己的事来办。”她是这样说的，也是这样做的。10多年来，无论是城镇社区还是农村，无论是居民住宅还是养老院、医院，无论是烈日炎炎还是狂风暴雨，都曾留下过她忙碌的身影。2016 年 11 月，她受理了一位 80 岁高龄老人遗嘱公证申请，这位老人因身患多种疾病，住院治疗，她第一时间前往病房内为老人办理公证。按照公证的程序，在公证过程中，除立遗嘱人、公证人员外，其他无关人员都不能在场，在询问公证程中，老人因身体不适反复出现咳嗽、口渴等情况，她毫不犹豫地承担起照顾老人的角色，扶起老人，轻拍老人的背部让老人把痰吐出后，再给老人喂水喝，待老人气色好转后，才继续办理，因老人身体羸弱，她费尽心思，用了老人最适合的沟通方式帮助老人完成了心中的愿望，老人及其亲属对她专业、耐心、细致的工作表示感动。事后她说，像残疾人、危重病人等这样的特殊群体比普通人更加需要人们的关注和照顾，而公证就是一座桥梁，它能让特殊群众更省心省力地到达目的地，作为一名公证员就要站在群众的利益面切实为群众的利益考虑问题，以自身的专业素养做出一份有温度的公证书。她想当事人之所想，急当事人之所急，工作中舍小家、顾大家，始终以公证事业为重。

坚守底线，决不能出具一份错误的公证书。她从事公证工作 15 年多来，凭着高度的责任感，丰富的工作经验，特殊的职业敏感，她对经手的公证材料总是进行综合分析，严格审查，一丝不苟。对任何有疑点的证据从不放过，对任何有问题的证据绝不采纳，对不符合法律规定的申请绝不受理。今年年初，一个当事人提出申办公司的股东会议现场监督公证，并暗示会有所感谢，她并未受干扰，按规定严格审查材料，果不其然，股东会的召集人、召开时间等存在不符合公司法及公司章程的规定，当事人对其原因也支支吾吾，不能合理证明，她立刻意识到当事人一定是刻意隐瞒了一些重大事项，当即果断决定拒绝受理。当事人为了以合法的手段达到违法的目的，试图腐蚀她。她就是这样，始终坚持执法为民、公平正义理念来对待公证工作中的人和事。由于注重调查制度，凡是经她办理的公证书，无一错误或失误之处。她一丝不苟地把关，依法律和公证程序办证，使公证真正做到了为经济建设保驾护航。

她以骄人的工作成绩连续多次被评为本单位“先进工作者”，更重要的是还得到了广大人民群众的赞誉。在成绩和荣誉面前，她总是说：“工作是大家干的，成绩应该属于大家，我所做的一切是一名公证员所应该做的”。她以敢为人先、争创一流的气魄推动着事业的快速发展；她以严格执法，热情服务的行动展示着法律工作者的正义与柔情；她以与时俱进、不断开拓的勇气迎接着时代赋予的机遇与挑战；她更以公正诠释着公证，用一颗赤诚的心塑造着一名公证员的形象。

个人小档案

陶　靖

TAO JING

陶靖，1964 年 6 月出生，中共党员，法学本科，高级公证员，1987 年 8 月至今在浙江省临安市公证处从事公证工作，现任浙江省临安市公证处主任。1993 年 7 月担任公证处主任，先后被评为省“十佳”优秀公证员、“人民满意法律工作者”、“文明公证员”及全国优秀公证员，荣记三等功 1 次，多次被临安市政府、市委评为先进工作者、优秀干警、优秀共产党员、劳模等。

50多岁的陶靖，面容比一般人憔悴一些。几年前的一场大病落下了根，气管插口的印记至今还在。但在工作上，陶靖半点都没有“病员”的意思。病愈后，他把临安公证事业推上了新的高度。他坚持服务大局，主动介入政府中心工作，让公证在重大项目、民生工程中发挥出独特作用；他勇于创新，积极运用新技术新方法攻难克坚，工作创举被全省推广；他不忘初心，真心实意把人民群众放在心上，身体力行一系列服务举措，打响了公证服务“三农”的品牌……

无人机低空飞旋，是公证处在保全证据

2017年年初，临安市启动新一轮旧城改造，“腾笼换鸟”。1月22日，拟拆迁地块的人发现有无人机盘旋，但很少人知道，无人机是公证处的，机上拍摄的图像正实时传输至公证网络保全数据平台，现场模样得以固定，以防止抢建抢种侵占国家征迁款的现象。

服务政府中心工作是陶靖一贯的坚持，重大项目中总有公证在发挥独特作用。2016年，该处办理服务“三改一拆”“五水共治”等中心工作的保全证据120余件。这类公证的工作量很大，每次陶靖都把困难当成“突破的契机”，开动脑筋创新方法。这次拟征迁9个区块1500亩地，由于无人机与网络保全数据平台助力，两天时间完成了传统方法需要半年的工作。

“花香引蜂来”。网络保全数据平台吸引了国土、城管等部门和法院的合作，现场执法、文书送达等工作交由公证保全证据。市场监管部门还出台《关于在市场监管工作引入公证机制的通知》，形成长效机制，目前已存储执法证据数千件，出证20件。

用好“联络员”，打造“半小时公证服务圈”

无人机与网络保全数据平台是一个缩影。认真研究公证工作规律，准确把脉社会的公证服务需求，这些年来陶靖的工作创举一个接着一个。

临安是典型的农业山区县市，群众多分布在偏远山区。陶靖推出“公证联络员”制度，把公证服务触角延伸到乡镇，形成“半小时公证服务圈”，这一做法成为公证公共法律服务体系建设的典型经验。

为了更好地满足农村群众的办证需求，陶靖把临安每个乡镇“分片”到公证人员名下，要求每人每周至少下乡一次；实行 24 小时预约服务，指派公证人员晚上或双休日、节假日办理；对老、弱、病、残农民实行上门服务、急事急办，每年减免费用的案件超过 200 件。

大雪封山，他给车轮装上防滑链上门办证

“农民特别需要公平公正的法律服务。现在农村因山林承包、遗嘱、房屋继承等引发的矛盾纠纷特别多，如果及时公证，就可避免纠纷。”陶靖说。

一年春节，大雪封山，有户村民希望年初八之前上门办理房屋继承公证。虽然很多路段积雪成冰，陶靖还是给车轮装上防滑链，整整开车 4 个小时，又雪地步行半小时，上山办理。“真是好人啊。”村民差点落泪。

“看见山里有的人穷，他还时常掏钱资助对方。”陶靖的同事说。

重病昏迷 20 多天，想退休却“满血”回归

多年劳累过度，陶靖的身体不堪重负。2011 年，他出血性重症胰腺炎复发，在医院昏迷 20 多天。醒来后，他在领导手心写下 6 个字：“出院后想退休。”

但出院后，他很快回到了岗位。“撇不下！”面对疑问，陶靖淡淡地笑了笑，“与其把生命浪费在病痛中，不如随心而为，每一天都活得充实、踏实”。

陶靖的心，一直都牵挂在公证工作上，随心而为，公证是他无悔的选择。“干公证30年了。以前每周至少到山区服务一次，几乎走遍全市上千个自然村，现在很遗憾没办法天天往大山里跑了，就多动动脑子。”

思考和研究，使陶靖的工作思路更为成熟，工作举措更为扎实，他的工作状态更胜从前。

个人小档案

陈 凯

CHEN KAI

陈凯，1976年9月出生，硕士研究生。任汉唐公证处副主任，中国公证协会青年公证人工作委员会委员，陕西省公证协会业务指导委员会副主任委员。

2007年获省直机关“巾帼建功”标兵称号，2010年《论公证制度与社会信用体系的关系》收录于《当代学术探索》一书，2013年《提存业务中的执业风险防范——以提存条件为分析路径》发表于《中国公证》，2015年获中国公证杂志优秀论文三等奖，2014年《提存业务中的执业风险防范——以提存的适用范围为分析路径》发表于《中国公证》，2015年《强制执行公证中抵押人不办理抵押登记的法律后果》发表于《中国公证》，2016年《关于人民法院办理执行异议和复议案件若干问题的规定第十条对公证强制执行制度的影响》发表于《中国公证》。

陈凯同志在其公证职业生涯中，数十年如一日，用辛勤与专注磨砺专业法律素养，以神圣的大爱情怀写下了一幕又一幕感人的事迹。陈凯的案头累积如山的案卷中，每卷里都有一个真实的故事。

数年前，陈凯在受理承办一份出售住房委托书时，得知妻子因故判刑入狱，丈夫不仅与她离婚还带走了年幼的孩子，绝望令其一度轻生。面对此情此景，陈凯数次前往服刑者的前夫家中，真诚耐心的沟通，终于母子相见，让年轻的母亲重燃生活的希望，大爱温暖了支离破碎的心。在其后的数年间，陈凯一直坚持定期去看望那个孩子，反馈给监狱中服刑的母亲孩子的近况，并帮助她定期汇款给孩子生活和学习所需。这位母亲虽不能亲自抚养孩子长大，却圆了她抚育孩子的心愿。孩子说："我有一个亲生妈妈，还有一个公证员妈妈！"

一直以来，陈凯在办理公证时都不仅是为当事人出具一纸公证书，她更注重为当事人解决实际困难。陈凯深入社区，为困难群众提供家庭公证人服务，针对特殊家庭一对一地调解，像家庭医生一样维护着家庭的和谐环境。

2008 年，一位 92 岁高龄的孤寡老人，仅靠退休金维持生计，老人想让无偿照顾她 20 多年的保洁员在其去世后领取她的丧葬费用于安排她的后事，但是苦于无处解决这个问题。陈凯在社区深入工作时偶然得知这个情况，不仅主动上门为老人办理了遗嘱公证，还发起单位同事爱心捐款。满足了老人的心愿后，陈凯还常去看望老人，直到老人去世，并与善良的保洁员大姐一直保持联系。

陈凯常说，公证工作平凡，却实实在在服务于民，承当家庭公证人能更多地发现不为人知的家庭琐细困难。她说："我们就像巡路工一样，查出隐患，修复维护，保障大家安全出行。公证员就是通过对家庭稳定的小预防起到对社会稳定的大维护。作为一名公证员，我感到幸运、欣慰和自足。"

陈凯所从事的公证工作，不仅能够预防家庭纠纷、减少民事诉讼，还能有力地保障经济领域的正常运转，维护金融秩序的稳定。她根据新的社会发展需求，建立了针对企业的“体检公证人”服务。旨在深入系统地梳理企业的法律脉络，找出法律漏洞，防患于未然，为经营活动提供健康、有力的法律保障。公证的事前介入，减少当事人的诉累，节约国家的法律救济资源，有效缓解了法院诉讼的压力。

2015 年，一起银行借款公证中，因借款人不按期还款，银行向公证处申请出具执行证书。陈凯向债务人核实情况时，对方不愿配合，点滴的交流中陈凯发现债务人具有还款能力，拒不还款另有隐情。寻找债务人的路曲折而艰难，那是距县城很远的一个矿区，汽车无法行进，只能步行。经历种种艰辛找到了债务人后，对方却以别人欠他的钱不还为由，不愿给银行还款。陈凯告诉他，如果被法院执行就进入了“老赖”黑名单，会给自己与家人造成种种不良后果，并且企业还有这么多职工，一旦被其他债权人纷纷执行，后果不堪设想，他才意识到问题的严重性。最终陈凯帮助他与欠他钱的第三人签订了还款协议，并办理了公证。他消除了后顾之忧，心甘情愿归还了所欠银行的款项。后来，陈凯成了这两个企业的公证体检医生。企业家说，幸亏遇到一位负责的好公证员，他们才没有在企业面临困境的时候走上绝路。

多年来，陈凯在为债权人出具执行证书前，通过种种方式调解，数次成功为债权人挽回了累计数亿元的经济损失。不通过法院执行，不浪费诉讼成本，还收回了贷款，公证员发挥了不可替代的作用。

在和平年代，公证员的工作没有惊天动地的英雄壮举，更没有引人注目的辉煌业绩。但是这个默默无闻的法律服务群体，为共和国的长治久安，发挥出无可估量的重要作用！公证是公共法律服务体系不可或缺的重要组成部分，作为新时代法律服务人，陈凯的动人事迹，凸显出当代公证员不懈奋进的缩影，闪烁出与时俱进的精神风貌！

个人小档案

刘　颖

LIU YING

刘颖，1970 年 5 月出生，农工党员，辽宁抚顺人，工学学士学位，法律本科，法律在职研究生学历，二级公证员，兼任中国公证协会理事、山西省公证协会副会长、运城市第四届人大常委会委员、农工党运城市总支副主委。1997 年取得公证员、律师资格，1999 年取得涉外公证员资格。

自担任公证处主任以来，圆满完成各项工作任务，取得较好成绩，公证处多次被省、市评为“先进单位”，个人也连续多年被省、市授予“先进个人”。2012 年被省司法厅评为“全省优秀公证员”，2013 年被市委、市政府授予“运城市劳动模范”称号，2014 年被省委、省政府授予“山西省劳动模范”称号，2015 年被中国公证协会评为“全国优秀公证员”，2018 年 1 月被司法部评选为“新时代最美公证员”。

在巍巍的中条山下，关公故里，山西运城，关公精神千古传颂。作为这片土地上的公证人，刘颖同志始终将关公诚信精神的精髓融入她所钟爱的公证事业中，受到社会各界的一致称赞。

爱岗敬业——刘颖同志的一贯秉持

从业 20 多年来，“五加二”“白加黑”是她工作的常态，长期超负荷的工作，导致她身体多处病痛，但她却从未因个人原因影响过工作。她以“理解同龄人、关心年轻人、提携实干人”的宽仁心态，努力营造温馨和谐的人文氛围。政治上，她抓班子带队伍，努力建设高素质的公证服务队伍；生活上，她知心知性，无微不至地关心同志们的生活。关注大家的身体健康，每年定期组织工作人员体检。关心大家的办公环境，积极改善办公条件，更换了单位的老旧线路和变压器。倾力解决全体人员的养老保险，解除同志们的后顾之忧；在围绕中心，服务发展工作中，积极服务开发区建设。在服务开发区企业的同时，积极为开发区的金融机构催收欠款提供公证送达法律服务，有效地帮助金融机构解决了欠款人拒签催收通知的难题，降低了金融信贷风险。目前，正积极与开发区管委会协调，为设立开发区便民公证工作站奔波忙碌……

创新服务——刘颖同志的一贯追求

公证工作中，她率先提出“严把公证质量五个关口”，将公证质量视为生命线；组织创立了运城河东公证处微信公众号，将“一次性告知”“一站式服务”真正落到了实处。积极创新宣传形式，组织拍摄公证普法短剧《双赢》，通过为银行和企业之间的贷款合同办理赋予强制执行公证的案例，宣传和彰显了公证在服务经济建设中的重要作用。近期，又积极与运城市盐湖区人民法院沟通协调，安排公证处的精兵强将入驻盐湖区人民法院诉调中心，联合组织开展公证服务法院多元化纠纷调解工作，目前已成功调解案件 200 余件，节约了司法资源、降低了治理成本。

心系群众——刘颖同志的一贯作风

作为民主人士、人大常委会委员，她积极履职，建言献策，参政议政，关注民生；作为公证人，她心系群众，积极服务，努力为群众提供优质高效的公证法律服务和公证法律援助。垣曲县有色金属公司宋某一家全部下岗待业，一家三代十几口人靠最低生活补助过日子，生活很清苦。在老人办理去日本探亲公证时，刘颖主任得知宋某的爱人、女儿具有烹调师资格，儿子拥有驾驶执照，便向他们介绍了有关劳务输出的有关事项，并先后免费为 3 人办理了赴日劳务输出所需的

涉外公证事项，使宋某一家人的生活得到很大改善。急群众所急，想群众所想，刘颖同志是这么说的，也是这么做的。某日上午11点左右，一位西安当事人打来电话，说要办理一项涉外公证业务，现正从西安赶往运城，下午5点钟赶回程飞机，问中午可否加个班。刘颖答复说“可以，我们等你”并通知相关人员在岗等待。12点30分、1点30分，当事人还没到，电话也打不通……工作人员议论纷纷，有的同志说“别等了，估计不来了”，但刘颖主任坚决地说：“既然答应了当事人，宁可我们白等，也绝不能耽误当事人办事。”直到下午两点多，当事人才驱车赶到。在刘颖主任的亲自组织下，公证人员以最快的速度为当事人办好有关公证事项。当事人激动万分，连声说“谢谢，谢谢！”

多年来，刘颖同志以她仁厚的人格魅力、果敢的开拓精神、炽烈的奉献情怀，感染着大家、激励着同仁、凝聚着人心，披荆斩棘，不断前行！

个人小档案

张宇红

ZHANG YUHONG

张宇红，1969 年 2 月出生，中共党员，法律硕士，一级公证员。

于 1992 年到哈尔滨市公证处工作，1993 年 10 月至 2009 年 6 月，先后在哈尔滨市司法局公证管理处、办公室工作，2009 年 6 月至今，再次回到哈尔滨公证处担任副主任、主任。现任黑龙江省哈尔滨市哈尔滨公证处主任、国际公证联盟总理事、中国公证协会常务理事、中国公证协会公证质量评估委员会主任委员、黑龙江省公证协会副会长。

因工作表现突出，多次获得哈尔滨市司法局记功奖励。2012 年 3 月被哈尔滨市妇女联合会授予“哈尔滨市三八红旗手”称号；2012 年 12 月被黑龙江省司法厅、黑龙江省老龄委等单位授予“全省老年维权先进个人”称号；2013 年 10 月被哈尔滨市法学会授予“第十届黑龙江优秀法律工作者”称号；2015 年 10 月被哈尔滨市委组织部授予“第九届哈尔滨市有突出贡献中青年专家”荣誉称号并享受市政府津贴；2016 年 2 月被中国公证协会授予“全国优秀公证员”称号；2018 年 1 月被司法部评选为“新时代最美法律服务人”。

张宇红同志有时会自嘲地说，“追求完美是一种病”，因为她自己就是这样一个凡事认真，追求完美的“病人”。她看起来平易谦和，说起话来柔声细语，但全处上下近百人没有一个不“怕”她的。

怕，是因为她要求严格、讲原则

张宇红同志对任何工作都是高标准，严要求。她到公证处工作 8 年，全处坚持了整整 8 年的每月学习培训、每季度质量检查、每年进行岗位练兵、每年一个课题以及上门服务、节假日值班等服务措施。业务标准、服务规范、日常管理等各项制度公开、透明，执行起来一丝不苟。久而久之，大家就形成了教会人士般自觉遵守“清规戒律”的习惯。她始终强调“知行合一”，带头做到有令必行，有禁必止。处里一名女同志未通过试用期考试被辞退，找到上级领导说情。但她坚持制度面前人人平等。时间长了，同志们都知道违反制度，不管是谁，都要按章办事。上级机关的领导和同事也渐渐理解，无论是处里招聘工作人员还是需要办理业务找到张主任时，都会附加一句“按照你们规矩来”。

正是在她“严要求，讲原则”的带动下，大家渐渐从严格管理的践行者成为受益者，不知不觉中，养成了严谨、有序、高效、扎实的做事习惯。2018 年 1 月，公证处邀请某军区部队首长授课，授课教师对我处人员出色的业务水平和严谨高效的工作作风给予了高度评价，“甚至比一些基层部队还要强”，称赞我们“是一支训练有素、来之能战、战之能胜的队伍”。

怕，是因为钦佩和尊敬

张宇红同志不仅是哈尔滨公证处的管理者，更是这个家庭的“大家长”。处内年轻同志较多，大部分是父母不在身边，独自在这座城市打拼的孩子，看到很多年轻人吃不上早饭，在工位上啃几口面包便开始工作，这位“大家长”便让食堂在午餐的基础上，又增加了营养早餐；看大家午休时趴在桌上午睡，装修家事法律服务中心时便留出了职工宿舍；发现年轻同志业务水平有所欠缺，便督促他们学习，时而还去他们的学习小组抽查一番……张宇红主任就是这样，把年轻的同志当作自己的孩子来管，虽然严厉，但处内年轻同志却在严厉之中感受到浓浓的爱意。同时，为了能让青年公证员快速成长，张宇红主任不遗余力地为青年公证员创造各种学习机会，开展课题制、公证讲堂、岗位练兵等，言传身教，为青年人搭建成长平台，促使处内年轻人从业务能力到综合素质，都得到了进步和提高。省公协举办 2017 年度公证员培训班，公证处输出的 6 名授课教师讲课效果突出，受到了省内同行的好评。相比于处内的发展和同志们的成长，更让张宇红主任关心的是每一位同志的情绪变化和内心感受，以及工作的是否快乐。她提倡的是“相亲相爱一家人”的文化，努力为每一位员工营造家的氛围，让每个人能快乐地工作，健康地成长；她与每一位受到绩效处罚的同志促膝长谈，让受处罚的同志放下心里包袱，调整好情绪，将处罚当作一种激励；她用心倾听每一位同志的倾诉，为每一位有思想波动的同志开导疏通直至茅塞顿开……特别是去年，看到上海、北京的同行因为工作失误被移送公安机关处理，有些公证员压力很大，同时也产生一定的抵触情绪。张主任立即召集相关的业务人员召开会议，她说：“压力大是因为目光不够远，只有严格整顿，在经历过大浪淘沙和去粗存精之后，行业才能更加理性、健康的发展。只要按照程序审慎尽职，认真对待每一个公证事项，即使出现意想不到的问题，相信也会得到执法机关、上级领导以及同志们的理解。”她的一番话，使大家在紧绷风险之弦的同时可以轻装上阵。

其实我们都知道，大家对她所谓的“怕”，更多的是被关爱后的感激、被帮助后的信任、被影响后的尊重。这是一种不因时空变化而变化的感情，更是一种深深地依赖。那些因为考入司法机关或者追随恋人到北上广发展而离职的同志，在遇到困难时还是习惯性地找张主任取经，觉得没有什么事能难倒她，再棘手的事儿，再难解的心结，一到张宇红同志那里准能理出个头绪。

怕，是因为爱和心疼

2017 年，是哈尔滨公证处进入业务转型期最关键的一年。成立家事服务中心、诉调业务尚未完全步入正轨、配合人大代表调研、机构改革人心不稳……面对困难，最需要的是带头人不乱、主心骨不倒，给大家依靠、信心和希望。然而，相隔仅仅一年，她先后经历了两次丧亲之痛，在她的父母病重期间，一边是工作，另一边是家庭，承受双重压力的她每天往返于医院和单位之间。我们能看到的只是，她依旧坚持手机遥控指挥开会、处理疑难投诉和业务难题，依旧妥善应对有关部门检查，接待同业交流谈笑自若，依旧尽心竭力完成中公协公证质量评估委员会主任委员的职责和工作任务，为行业发展建言献策……但我们却没有人看见她坐着都能睡着的疲惫，没有人看见她面对病魔时的无助，没有人看见她失去父母时内心承受了多少痛苦……就在这次接到赴京参加“新时代最美法律服务人”授牌仪式通知时，她父亲刚刚转出 ICU 病房，她本想请假，但父亲坚决要求她去：“一定要去，不要把这看成是个人荣誉，不要考虑个人荣辱。把你们选出来是要你们引领这个行业多为人民群众做好事,好好为人民服务……”没想到，从北京回来的第二天，她的父亲便不幸离世，这段话成了父亲对女儿职业生涯的最后嘱托，也是对她人生的一贯教诲。

安葬好父亲的第二天，张宇红同志便回到了工作岗位。面对这个满脸疲惫、憔悴的顶梁柱、当家人，我们全处每个人都心疼得喘不过气来，只能尽心做好自己的事不出错，不是怕批评，而是不忍心再让她操心。也正是因为大家对她这种特殊的情感，将所有人的力量更加紧密地凝聚到了一起。

在她担任公证处主任的 8 年时间里，哈尔滨公证处强化管理、提升质量、改善服务、扩大宣传，淬炼了一支业务精湛、团结向上、服务优良的队伍，实现了公证处各项工作的跨越式发展。在当地，老百姓遇到疑难、复杂的公证业务，需要上门、节假日办理公证，首先就会想到哈尔滨公证处。一位当事人多次在公证处办理公证，送来锦旗时说“我去过很多窗口单位，但在这里不一样，每个人的服务都细致入微，有很强的正能量。一个人的好是人好，大家都好是风气好、管理好、领导好”，老百姓的口碑对我们、对张宇红同志都是莫大的鼓励和鞭策。各级领导、行业同仁及相关部门曾先后到公证处视察、指导、交流工作，并对近年取得的成绩给予了充分肯定和认可。哈尔滨公证处在张宇红同志的带领下，以精深的职业素质、优秀的职业道德，全方位的优质服务，过硬的行业作风不断推进公证的公信力建设，为当地的经济、社会、文化、民生作出了应有贡献。

个人小档案

冯华宇

FENG HUAYU

冯华宇，1980 年 7 月出生，中共党员，本科文化，1999 年在湖南省司法学校学习，1999 年 12 月参加工作，现任湘潭县公证处主任。2015 年获得县司法局优秀共产党员称号，2016 年被湖南省文明委、湖南省志工委评为“雷锋式忠诚卫士”，2017 年被评为“湘潭县第二届道德模范”，2014 年至 2016 年连续获得公务员年度考核优秀等次，2016 年被县人民政府记三等功。2004 年他在单位的倡议下开始义务献血，至今已有 9 本献血证，并于 2011 年加入中华骨髓库，成为一名骨髓捐献志愿者。2015 年 11 月他捐献的造血干细胞成功挽救了一位白血病患者。他的志愿者活动得到了多次表彰：两次获得湖南省“义务献血奉献奖”，一次获得全国“义务献血奉献奖”；2015 年度获得“全国无偿捐献造血干细胞特别奖”；2016 年 3 月入选“中国好人榜”乐于助人候选人；2017 年被湖南省文明委评为“2016 年湖南省雷锋式忠诚卫士”。

事迹材料

冯华宇自参加工作以来，处处以共产党员的标准严格要求自己，发挥党员的先锋模范作用，立足本职工作，恪尽职守，努力学习，勤奋工作，以饱满的工作热情、踏实的工作作风、出色的工作业绩，赢得了广大干部群众的肯定。

树立党员形象，发挥党员先锋模范作用

党员形象，从一定意义上说，就是岗位形象。一名党员在本职岗位中发挥了先锋模范作用，就为群众树立了良好的榜样。作为一名共产党员，他深知自己一举一动都会直接或间接地影响到身边的同事和群众。所以，在日常生活和平时的工作中，他坚持不断地学习党的路线、方针和政策，坚持用党的理论知识指导自己的工作，树立正确的世界观、人生观和价值观，坚定共产主义信念。在平时的工作中，他时刻用党员的标准严格衡量、约束自己的言行，不断增强党的观念，加强党性修养，以新时期保持共产党员先进性的具体要求鞭策自己，不断提高综合素质和业务能力，积极完成组织安排的各项工作任务，把每一位老党员、优秀党员当作自己的榜样，树立良好的党员形象，无论是工作还是生活中都力求率先垂范，发挥着一名共产党员应有的先锋模范作用。

勤于学习，注重提高业务素质

对于每一名公证员来说，不断加强学习是提升综合素质，提高业务水平的前提条件。自走上公证工作岗位以来，他坚持学习，不断提升自己、充实自己，并虚心向同行请教和学习。作为一名公证人员，

他深知公证知识的多少、业务水平的高低直接关系到公证工作的能否公正、有效地进行。为了更好地胜任公证工作，他始终注重专业学习，学习《公证法》《公证程序规则》等相关法律法规，经常参加学术交流会，系统掌握各类公证知识，同时注意关注国内公证业务发展动态，对新业务进行深入系统的学习和掌握。通过不断的学习，他的综合素质和业务技能水平得到了迅速提升。同时，他深知要想服务好更多的群众、让公证服务工作更加深入广泛的开展，单靠个人的力量是不行的，必须调动全体公证人员的积极性，让人人争当“优质服务员”。因此，他经常组织公证处的同志们进行系统的专业知识学习，积极选送公证人员参加进修，并注意组织他们到其他的公证处调研、学习、培训，学习其他公证处的经验。

爱岗敬业，切实做好本职工作

他始终认为，作为一名公证员，能在本职工作岗位上坚持把平凡的事情做好就是不平凡。这需要时刻保持高度的责任感和勇于担当的精神。创先争优，就是要立足本职岗位，充分发挥革命工作螺丝钉的精神，争当优秀，争做楷模。在多年的工作中了，他精益求精，力争上游，认真履行“从我做起、向我看齐、对我监督”的“三我”承诺，扎扎实实地开展好各项工作。作为一名公证人员，他始终把服务群众摆在第一位，坚持原则，秉公办事，严于律己，清正廉洁。为了抓好窗口服务工作，他注重落实工作责任追究制，要求公证人员以诚待当事人，特别研究制定了针对孤寡老人、农民工、残疾人、贫困户等弱势群体的便民服务措施和优惠政策，最大限度地服务来办公证的群众。在公证处中，上下形成了讲文明、讲服务、讲纪律、讲团结、讲工作、讲贡献的良好氛围，为湘潭县的公证工作做出了突出贡献，在社会上产生了积极的影响，得到上级部门的好评，获得各项荣誉。公证服务窗口多次被湘潭县政务服务中心评为“党员示范岗”“红旗窗口”。

立足本职工作，履行志愿者义务

为了更好地开展本职工作、服务群众，冯华宇加入了“湘潭市莲城志愿者协会”，利用业余时间，参加志愿服务活动。在工作中，他注意为身体不便的当事人采取上门服务的方式，为当事人提供便利，被当事人称为“人民的贴心人”。2008 年，一位老年人带着一名父母双亡的小女孩来到公证处求助，想给小女孩办理户籍登记。他协调有关部门，帮助其办理相关证明材料，顺利地为她办理了户籍登记。随后几年，他不定期地到小女孩家中探望，送去生活用品。2004 年，他在单位和协会的倡议下开始义务献血，至今已有 7 本献血证，并于 2011 年加入中华骨髓库，成为一名骨髓捐献志愿者。2015 年 11 月，他捐献的造血干细胞成功挽救了一位白血病患者。

他知道作为一名新时期的公证员自己所做的这些努力，还远远不够。因此，在今后的学习、生活和工作中，他将进一步加强学习，严于律己，时刻牢记党的教导，继续加倍努力，不断提高自己的思想政治觉悟和业务技能水平，为成为一名优秀的公证员而不懈努力。

律师

个人小档案

王名海

WANG MINGHAI

王名海，1976 年 4 月出生，本科学历，中共党员。2004 年 9 月至 2005 年 6 月，江苏知缘律师事务所执业律师；2005 年 7 月至今，江苏引航律师事务所执业律师、党支部书记、合伙人。

执业期间，曾荣获淮安市优秀青年律师、淮安市优秀律师、淮安市司法行政系统创先争优先进个人、淮安市司法行政系统优秀共产党员、平安察隅杰出贡献者、淮安市优秀党员律师、全国优秀律师、淮安市十大法治人物、淮安市首届司法行政十大模范、江苏省十大法治人物、江苏省最美法治人物、淮安市基层党建工作贡献奖等荣誉称号。被嘉奖 1 次，荣立二等功 1 次、三等功 2 次。

2013 年 11 月，司法部、全国律协发出招募通知，从江苏、上海等 7 省市招募部分援藏律师赴西藏、青海无律师县开展为期 1 年的援藏法律服务活动，王名海踊跃报名，被选派至西藏察隅县开展援藏法律服务。

援藏期间，王名海充分发挥律师的专业优势，创新思维和创新服务，将宣传法治文化、培育法治氛围放在首要位置，为当地的法治建设提供专业服务。在工作中，王名海始终坚持为当地党委政府服务的原则，主动与当地党委政府联系，积极为党委政府排忧解难。

王名海在工作中做到积极关注困难群体权益，积极为人民群众提供法律援助服务。对于上门咨询的群众，做到热情接待、耐心解答，对于困难群体，他放宽援助条件，积极为他们提供无偿法律援助，做到应援尽援、能援就援。

为提高当地群众的法律知识，增强群众法律意识，王名海利用“3 · 28 百万农奴解放纪念日”、3 月综治宣传月、“12 · 4 宪法日”等重要节日，积极为群众开展法制宣传活动。援藏期间，他共计举办法治宣传活动 64 场次。

乡镇干部和村干部的工作直接面对群众，他们的工作起到承上启下的桥梁和纽带作用。为了提高乡镇干部的依法行政能力和村干部的法律意识，王名海先后走进全县的 6 个乡镇，为 6 个乡镇的乡干部举办了依法行政方面的法治讲座，为全县的 300 多名村干部分别举办了法治讲座，向他们讲解了与群众生活息息相关的法律知识以及矛盾纠纷的排查和处理方法。针对部分乡镇森林资源较多的情况，为部分乡镇的全体护林员举办了森林资源保护和森林防火方面的法治讲座。

他在全县范围内开展了“志愿律师送法进乡村巡回讲座”普法活

动。察隅县地广人稀，人口只有2.8万人，散居在四面八方的6个乡镇、96个行政村，山高路险，部分乡村小汽车根本进不去，靠腿跑又不现实。王名海购买了一辆摩托车，准备了一个大包，装上自己制作的普法宣传单，“一人一车一包”每天走村入户开展“送法进乡村”活动。活动历时3个多月，行程近万里，内容包括举办法治讲座、为学生上法治课，发放宣传资料、接受群众法律咨询、矛盾纠纷排查和调解等，活动得到了乡村干部以及村民的热烈欢迎，取得了非常好的社会效果，王名海的普法足迹到达了察隅县的全部乡镇和60个行政村。活动的成功开展，受到了察隅县委、县政府的大力肯定。2015年3月，察隅县委、县政府联合授予王名海“平安察隅法律服务杰出贡献者”荣誉称号。

在工作过程中，王名海始终关注社会公益活动，关注困难群体的利益。2014年7月，他在下乡过程中了解到当地部分贫困儿童存在缺衣少食现象，便组织了一次“爱心衣物捐赠”活动，很短的时间内便募集到将近300件儿童衣物，发放给古拉乡的贫困儿童。2015年1月，为了让贫困儿童有棉衣御冬，他又发起了第二场“爱心衣物捐赠”活动，此次募集，范围更广，力度更大，共计募集到1300余件冬衣，由察隅县司法局及民政局接收，发放至贫困儿童手中。

为帮助当地部分贫困儿童顺利完成学业，王名海还发起了一场“爱心结对助学”活动，由江苏省淮安市愿意奉献爱心的律师和司法行政机关工作人员结对帮扶一名或者多名察隅县贫困儿童，每年给予不低于500元的助学金，帮助贫困儿童顺利完成学业。活动共计募集到助学款10.85万元，由察隅县教育局负责发放。

王名海在援藏期间面临当地地理环境复杂、道路艰险、生活条件艰苦以及母亲生病等各种困难，将全部时间和精力投入工作之中。他用自己的实际行动，创新了律师援藏工作方式、丰富了律师援藏内涵，为律师法治援藏积累了许多宝贵的经验。充分展示了中国律师崇高的职业理想和为社会公共利益服务的公益心，深刻诠释了中国律师维护社会公平正义的职业操守和无私无畏甘于奉献的高尚情怀。

个人小档案

扶　婷

FU TING

扶婷，湖南明逸律师事务所律师、合伙人、党支部书记。她从独臂女孩到世界冠军，从需要维权的“弱者”到维护公平正义的“使者”。人在“律途”的扶婷，用坚实的脚步完成了人生道路的多次转变。

扶婷从 8 岁开始参加市残疾人运动会，之后成为国家级游泳运动员，曾多次代表国家、湖南省、湘潭市参加国内外大赛，在游泳这个项目上共获金牌 18 枚，银牌 5 枚，铜牌 4 枚。

2004 年雅典残奥会后，扶婷退役并以优异的成绩考上湘潭大学法学院。大学 4 年，她以全年级第一的成绩被保送攻读研究生，并通过国家司法考试，获得律师执业资格证。2011 年她成为湖南明逸律师事务所执业律师。执业过程中，扶婷还担任了湘潭市残联兼职理事、雨湖区劳动仲裁调解员、湘潭市肢残协会委员、先锋乡中心村的义务法制辅导员等多种职务。

2017 年 8 月热心公益的扶婷成立了“扶婷公益法律服务和调解工作室”，用“公益”“法律”“爱心”这三驾马车，为残疾人和弱势群体维护合法权益而开路、护航。

扶婷，湖南明逸律师事务所律师、合伙人、党支部书记。她从独臂女孩到世界冠军，从需要维权的“弱者”，到维护公平正义的“使者”。人在“律途”的扶婷，用坚实的脚步诠释了人生的“最美”。

独臂女孩到世界冠军，最美是“为国争光”

扶婷出生在雨湖鹤岭镇一个普通农民家庭，1989年一场意外车祸，让3岁的她永远失去了自己的右臂。有人说上帝关上一扇门，必然为你打开一扇窗。遭遇不幸的扶婷并没有因此放弃自己的人生，天生乐观积极的她克服一切困难开始学习游泳，8岁开始参加市残疾人运动会，经过刻苦训练，通过层层选拔，终于成为国家级游泳运动员。在扶婷长达10年的运动员生涯，她曾多次代表国家、湖南省、湘潭市参加国内外大赛，在游泳这个项目上共获金牌18枚、银牌5枚、铜牌4枚。每当她站在领奖台上，听着激昂的国歌，看着美丽的国旗冉冉升起，那一刻，她想到最美的事情是“为国争光”。

从“弱者”到“使者”，最美是“公平正义”

2004年雅典残奥会后，扶婷退役并以优异的成绩考上湘潭大学法学院。通过大学4年的刻苦学习，她以全年级第一的成绩被保送本校继续攻读硕士研究生，并在学校学习期间顺利通过国家司法考试，获得律师执业资格证。2011年，她成为湖南明逸律师事务所执业律师。从折翼的“弱者”到拥有律师执业资格的法律“使者”，扶婷用独臂撑起一片法治的蓝天。

无论案件大小难易，扶婷都认真负责的为当事人提供细致周到的服务，所办案件均受到当事人的普遍好评，执业 7 年，从未有当事人投诉。由于自身的特殊经历，她对残疾人群体有着比普通人更加深厚的同情心。所以每当遇到需要寻求法律帮助的残疾人，她都是尽心尽力，运用自身所学的专业知识和多年的执业经验维护他们的合法权益。

几年前，残疾人老胡发生车祸，遭受严重脑部损伤，构成四级伤残，经医院专业诊断需要终身治疗和护理。扶婷在多次找侵权人协商未果的情况下，拿起法律的武器为老胡据理力争。通过庭前认真仔细的准备，庭上入情入理的发言，庭后全面深刻的总结，终于，赢得了法院的公正判决。当老胡拿到判决书的那一刻，扶婷的心里有说不出的畅快。

在执业过程中，扶婷还积极参与社会活动，担任了湘潭市残疾人联合会兼职理事、雨湖区劳动仲裁调解员、湘潭市肢残协会委员、先锋乡中心村的义务法制辅导员，为有需要的当事人提供咨询，为各方调处矛盾，解决纠纷……只要力所能及，她都倾力而为。以突出的专业能力、自身才华以及社会影响，全心全意处理各项法律事务。因为，在她心里维护“公平正义”是最美。

从“职业”到“事业”，最美是“公益永恒”

在扶婷看来，当律师有两重境界。一种是在法庭上口若悬河、挥斥方遒；另一种是在公益法律上潜移默化，润物无声。2017 年 8 月，扶婷成立了“扶婷公益法律服务和调解工作室”，用“公益”“法律”“爱心”这三驾马车，为残疾人和弱势群体维护合法权益开路、护航。工作室自成立以来，承办残疾人公益法律案件 5 件，为残疾人群体和残疾人组织开展讲座 7 次，解答法律咨询若干。

作为一名专业律师，扶婷践行宗旨，服务大众，得到了当事人的广泛认可和支持，多次被集体授予“优秀律师”“优秀党员”等荣誉称号。作为律师事务所党支部书记、合伙人，她积极探索律所发展有效途径，参加律所的制度革新，确定规模化、专业化、特色化的发展方向。以身作则，率先实行，结合市场实际需要和时代发展方向，不断拓展新的业务领域。作为社会的一分子，扶婷用自己的拼搏和努力，在多种社会角色中完美转换，用自己的青春和热血为社会做出贡献。扶婷虽无完整的身躯，却有着高尚的人格和奉献的灵魂。她心底流淌的爱，滋润着每一个被关爱的人的心田，这爱是社会文明与道德的根基，也是“伟人故里，大美湘潭”和谐与文明的强音。

个人小档案

孙　蓉

SUN RONG

孙蓉，2003 年正式成为执业律师，2007 年 5 月到陕西律师农民工维权工作总站，成为一名专职公益律师。5 年来，共接待来电来访 2000 余人次，办结各类法律援助案件 300 余件，为受援人实际挽回各项损失 126 万余元。

2010 年获得陕西省律师协颁发的“公益贡献奖”荣誉证书；所承办的祁某工伤赔偿案入选“2005—2010 年度全省优秀法律援助典型案例”。

孙蓉律师于2001年毕业于西北政法大学，2002年顺利通过了首届全国统一司法考试，从事律师工作至今已10余年。2007年4月，孙蓉律师参与陕西律师农民工维权工作总站的建站，成了一名农民工专职公益律师。自参加工作以来，孙蓉一直关注弱势群体的维权工作，把全部心血投入到给弱势群体维权的事业中，无论工作岗位如何变化，她始终忠诚践行着一名律师的庄严承诺，把满腔热血和无限真诚倾注在自己心爱的弱势群体维权事业上，爱岗敬业，热心公益，乐于奉献，恪尽职守，勤于钻研。由于她成绩突出，在工作期间获得许多荣誉，2012年12月被共青团陕西省委评选为“陕西省青年志愿者优秀个人奖”、2013年1月被司法部评选为“全国法律援助优秀服务标兵”、2013年3月被全国总工会、司法部、全国律协评选为“第四届全国维护职工权益杰出律师”、2014年12月被最高人民检察院正义网评为“年度正义人物”、2015年2月被中共陕西省委宣传部评选为“陕西省岗位学雷锋标兵”等。

作为一名专职公益律师，为农民工等弱势群体“讨说法”10年多来，孙蓉律师对农民工法律援助领域有了更加深入的了解，承办的案件多为维护农民工及其他弱势群体的劳动权益案，大量的农民工和残疾人、老年人、未成年人、妇女等弱势群体从孙蓉律师的免费法律帮助中直接受益。十年来，孙蓉律师共接待来电、来访和网络咨询3000余件，涉及金额6000余万元。为农民工及其他弱势群体提供免费的法律咨询，提供准确的法律意见，引导农民工依法保护自己的合法权利，为其提供明确的司法救济途径。为农民工提供免费的法律咨询是孙蓉律师的一项重要工作。作为一个每天和农民工打交道的律师，接触的农民工很多都衣衫褴褛、头发凌乱，有的甚至是几个月都没有洗澡，但孙蓉律师仍然很热情的接待他们，不能让他们在这里再受到冷落或歧视，让他们切实感受到有律师是在真诚地帮助他们。有一名农民工朋友在接受过孙蓉的咨询服务后，在意见征询表上写下了“农民工工作站办在我们心里”。能够得到农民工朋友这样的评价，孙蓉律师认为自己所做的一切努力都是值得的。多年来，孙蓉律师共受理援助案件近千件，涉及金额5000余万元；办结案件600余件，涉及金额1500余万元，为受援人实际追回拖欠的劳动报酬、工伤赔偿及人身损害赔偿等900余万元。孙蓉律师在接待咨询及办理案件过程中，热情友善的对待当事人，认真办理所受理的援助案件，曾到廊坊市、延安市、华阴市、安康市等地区办理援助案件，不辞辛苦进行调查取证，利用各种合法渠道向相关部门反映案情，力求快速有效的解决纠纷，这种一丝不苟、勤恳敬业的精神受到受援人的好评，陕西省华阴市李哲在援助律师多次耐心的调解最终拿到赔偿款后送来了“为民维权 伸张正义”的锦旗；华阴市孟塬镇杨文艺及亲人在律师多次开庭积极调解最终拿到被拖欠的人身损害赔偿后送来了“心系农民工 法律保护神”的锦旗……多年来，孙蓉律师共收到锦旗及感谢信百余面。在办理案件过程中能坚持公平和正义，绝不挑词架讼，努力做到依法办案，绝不利用非法手段干扰法院的审判工作。

“心理疏导+法律援助+物质帮扶”是工作站创新的服务模式。孙蓉说，对困难群众来说，一顿热乎乎的饭菜，一张返乡的车票，与法律援助同样重要。

工作站的墙壁上，层层叠叠的挂满了当事人送来的锦旗：“心系农民工法佑老百姓”“公益律师是农民工合法权益的守护天使”……“这些锦旗，不仅是对我们最大的鼓励，更是我们坚持梦想的原动力。”孙蓉说，每一个案件中律师锲而不舍的援助，给予受援人的不仅是法律上的指导和物质上的帮助，更主要的是给他们一种信心和力量，使他们感受到有所依托，从而淡化了他们的委屈和不满，使他们得以在一种理性的状态中坚持，最终使案件依法得到解决。自参加工作以来，该同志从未受到过任何举报或处理，保持了公益律师的良好形象。

个人小档案

马福祥

MA FUXIANG

马福祥，青海省律师协会会长。

主要获得荣誉有：全国优秀律师，全国优秀仲裁员。

主要社会兼职有：全国律协常务理事，青海省人大常委会立法咨询专家，青海省法官检察官遴选及惩戒委员会委员，青海省高级人民法院审判智库专家，青海大学硕士研究生导师。

有这样一位少数民族律师，他偏居高原，却傲视前方，不但贴身实践，也游走高端。虽身处略显荒凉落后的世界屋脊青海省，却以精深的职业作为和社会责任担当为法治环境的建设献策献力、添砖加瓦，先后获得“全国优秀律师”“合同优秀仲裁员”荣誉称号，并被《中国律师》杂志以封面人物及专题方式多次宣传报道。他，就是全国律协常务理事、青海省律师协会会长、青海同一律师事务所的主任马福祥律师。

法律在心，做法治实践中的排头兵

2010年6月，青海省某企业因大股东抽资等原因陷入经营困境，债权银行成立维权组织，聘请马福祥为首席维权律师。面对20多亿元的贷款风险，马律师和其他维权律师及时出具了债权风险化解方案，并积极配合政府部门启动了一系列保障经营、维护稳定的化解措施，既促进企业正常运转，稳定了社会秩序，也强化了债权保护，获得了良好的社会效益。

2013年5月，一起关于人防工程平时使用权的民事诉讼在最高人民法院进入二审，上诉人代理律师马福祥在阐释法理、梳理政府实务的同时，积极配合法官帮助当事人达成了诉讼和解。与此同时，马福祥撰写并发表了《物权法视野下的人防工程平时使用权》，向青海省人防办公室提交了关于加强和完善人防工程平时使用权管理的律师建议，由此促成了青海省第一份人防工程平时使用权证的颁发。

2016年10月，原告、被告公司因履行《房地产合作开发协议》引发诉讼。马福祥作为原告一方的代理人参加诉讼。马律师经过细致的审查，认为虽然案件事实清楚、法律关系明晰，但因承担房地产开发责任的被告一方资金链断裂，项目处于停滞状态，加之原告申请人民法院对在建工程采取了诉讼保全措施，如果就案论案，因原告、被告及众多的购房者均是受损者，社会稳定及政府形象也将面临风险。为此，马律师建议法院及双方当事人“毕其功于一役”，通过大调解，“一揽子”解决双方及可能的纷争，消弭潜在的风险。省高级人民法院非常重视并积极支持马律师的建议，通过法官及马福祥律师大量细致耐心的工作，双方当事人终于握手言和，原告再予注资，项目顺利开发，售房款清偿原告债务。一场剑拔弩张的诉讼对立烟消云散，三个效果的维护又有了经典样板。

作为公司及合同法务的专家，马福祥律师在执业过程中放眼社会，胸怀大局，突破法律技术的工具属性，契合法治实践的价值要求，积极追求法律运行的社会效果和政治效果，堪为中国特色社会主义法治实践的排头兵。

“三位一体”的角色扮演　社会责任的鼎力担当

也许是丰富的教师经历给马福祥注入了太多的责任意识，选择律师实际上是选择了三位一体的发展路径——律师、教师、学者的角色扮演，造就了一个极具社会责任感的社会型律师。丰富的实务沉淀及不懈的理论追求，为马福祥的业务高度及责任实践提供了极大的空间。

自 2010 年以来，马福祥律师发表业务文章数十篇，在“法学本土化”“实证的法治”等问题上有着独到的见解；其论文《公司章程的自治维度与实证评价》获西部律师论坛优秀奖，《公司的社会责任：从理论到实践》获得优秀硕士论文奖，彰显了一个学者型律师的理论品位。

律师不应该只是巧舌如簧、运笔如刀的讼师，他还应该是法治实践的参与者和法治思想的布道者。马福祥律师应邀为中共青海省委政法委员会领导干部作了《法律思维与法治实践》的专题演讲，由此推助青海省政法委在全国率先成立执法督查法律顾问团；为青海省高级人民法院作了《合同审判实务中的几个重要问题》的学术报告，增进了法官与律师的学术及实务交流；为青海省人民检察院作了《刑事辩护的现状与愿景》的专题报告，强化了控辩良性互动的认识基础；应青海省工商联邀请，带领律师团队先后 7 次深入民营企业，提供法律体检及培训，帮助民营企业培养法律理念，完善管理制度，防范法律风险，协调争议纠纷……这样的场景太多了，在校园、在企业、在政府机关，2010 年以来，马律师应邀进行法治讲座 30 余场；作为青海省人大法制委员会委员、青海省人民政府法律顾问，马福祥律师参与近三十部地方立法的起草或论证，并以人大代表身份建议西宁市人大、市政府组建了法律顾问团；以律师身份参与人大、政府信访接待 40 余次，帮助化解群体性事件近 20 件；他被青海民族大学聘为硕士生导师，被中国政法大学名律师讲坛聘为主讲；负责编辑相关法治期刊 20 多期（次），每年义务接待法律咨询近千人次。

让马福祥感到最为自豪的当属其代理的一起长达 12 年的行政赔偿申诉法律援助案件。申诉人是一位农民，其一辆东风货车被某县国税局工作人员查扣并作价变卖。申诉人不服，遂踏上了长达 10 余年的上访、起诉、申诉之路。经过了一审、二审和再审程序，法院均驳回了申诉人的诉求。再审判决送达后，该申诉人的情绪非常激动。马福祥作为代理律师一方面积极安抚申诉人的情绪，明确表态一定对该案负责到底，要求其保证不能有过激行为；另一

方面为其代书了申诉材料，帮助其继续进行申诉。同时，马福祥律师专门致函最高人民法院行政审判庭领导，指出了再审判决中存在的问题，请求对案件予以关注。其后，青海省高级人民法院对该案再次立案再审。马福祥律师在坚持本案没有超过法定起诉期限、申诉人具有原告的主体资格、某县国税局应当承担赔偿责任代理意见的同时提出："本案事实非常清楚，法律关系也非常明确。相关行政机关和审判机关以各种理由拒绝返还申诉人的车辆，致使某县国税局的违法行为在长达十余年的时间里一直不能得到纠正。这不但使申诉人的合法权益得不到保障，也有损党和政府的形象，有损法治的尊严。"青海省高级人民法院在查明事实、分清责任的基础上，主持了多次调解，最终促使双方当事人达成了调解协议。一起长达 12 年的行政赔偿纠纷案件终获圆满解决。

"一个人的价值，体现在他为社会的奉献。做一个对社会有用的人，才会享受到别人尊重的目光。"这是一名律师社会责任感的体现。心中有法，担当责任，马福祥律师用他的智慧与努力，诠释着一名律师、一名法律人的价值追求，参与并见证着中国法治的铿锵脚步。

个人小档案

王玉堂

WANG YUTANG

王玉堂，1972 年 10 月出生，中共党员，从事法律工作 23 年，从事律师职业 18 年，现任新疆阿克苏地区律师协会副会长、新疆律师协会政府法律顾问委员会委员、新疆龟兹律师事务所党支部书记、主任，库车县政协委员。

王玉堂律师坚持正确政治方向，执业活动中与新疆工作总目标保持高度一致，政治站位准确。

王玉堂律师廉洁自律业务精湛，他始终践行着社会主义法律工作者的工作职责，以一个共产党员的身份履行着社会责任，坚持用自己的专业特长在新疆基层发光发热，围绕中心服务大局，为新疆特殊环境下的法律事业做出了特殊奉献。多年来，他在律师事业中取得重大成就，曾被授予“优秀律师”“优秀法律服务工作者”“全国‘六五’普法中期先进个人”等荣誉，为新疆法律人作出表率，更是新疆法律人的正面积极代表，“奋进 · 担当 · 奉献”是他法律事业的座右铭。

王玉堂律师坚守法律人的政治站位，当好社会主义的建设者和捍卫者。坚持正确政治方向，牢树“四个意识”，坚定“四个自信”，立场坚定、头脑清醒，执业活动中与上级组织保持高度一致，倾心服务新疆工作总目标。突出以党建为核心、民族团结为纽带推动所务工作提素质上水平，着力打造民族团结、党建品牌律所，他所在的新疆龟兹律师事务所政府法律顾问团队有民、汉律师20余人，成为当地法治政府建设的重要力量。他被库车县人民政府聘任为总法律顾问，推选为县政协委员，为重大决策、依法行政提供法律意见，得到当地党委、政府和社会各界的认可好评。2011年以来，成功办理民商案件300余件、刑事案件40余起，担任了30多家公司法律顾问，高效优质的法律服务，使他在法律界和社会上赢得了良好的声誉。

王玉堂律师满腔热忱参加社会公益事业，助力南疆改革发展稳定

从“三五”普法至“七五”普法，20多年来，他深入党校、夜校、街道社区为党员干部和基层群众开展法律宣讲240余场次、12万余人次，增强了各族群众的法律意识，促进了法治库车、平安库车建设。他积极参政议政，反映社情民意，《规范劳动争议仲裁工作》《合理设定库车县城市道路行驶速度》等一批优秀提案被政府采纳，解决了各族群众就业难、出行难等问题，提高了律师社会影响力。他为老弱病残、困难群众提供及时有效的法律援助，维护了弱势群体的合法权益，彰显了社会的公平正义，展现了律师特殊价值。他深入库车国电、中国石化塔河炼化有限责任公司、库车县企业负责人法治培训班开展职务犯罪、职工维权、安全生产等专题讲座，对规范企业合法经营、

推进高质量发展起到积极作用。他深入库车监狱、沙雅监狱为服刑人员宣讲《刑法》《劳动法》等，解疑释惑、心理疏导、倾力帮教，对监狱改造犯人发挥了积极作用，为阿克苏地区乃至南疆的社会和谐、长治久安做出了贡献，被库车县评为“维护稳定之星”。

王玉堂律师在系列群体性突发事件前勇于担当，树立了法律服务工作者的良好职业形象。2014 年年底，库车县东盛名吃城建筑工地民工手持“还我血汗钱”横幅，群体上访阻断天山东路事件；2015 年春节前，库车县新华公寓建筑工地不能按期交房，业主聚集上访事件；2016 年年初，库车县地下街物业纠纷，业主聚集群体上访事件；2017 年春，库车县友好商场售后返租纠纷，业主串联、聚集、堵塞政府办公楼上访事件等，危急关头，作为政府法律顾问，他第一时间赶到现场，第一时间面对面协商，第一时间协助政府处理善后，从律师的专业角度，提出合理化意见和建议，防患于未然，化解消融社会矛盾，避免重大损失和恶性事件的发生。

王玉堂律师关注弱势群体，奉献了法律人的一腔爱心

常来王玉堂律师办公室的有不少“老熟人”，游大姐就是其中一位，游大姐的儿子 2007 年 10 月在搭乘出租车上班途中遭遇交通事故死亡，由于肇事方不予赔偿，游大姐找到了王玉堂律师，在此后长达 8 年的时间里，他积极开展法律援助，历经民事、工伤赔偿行政案件等法律程序，始终给游大姐以鼓励和信心，终于使事情得到了妥善处理，争取了 10 余万赔偿款。这样的事例不胜枚举，一面面锦旗，一个个免费咨询的记录，一张张“老熟人”的笑脸都印记着这一切。

王玉堂律师始终践行社会主义法律工作者的神圣职责，以一个共产党员的身份带头履行社会责任，引领阿克苏地区各族律师全力服务群众，获得边疆群众赞誉和社会一致好评。多年来，他带领龟兹所律师团队作了大量服务社会公益事务，积极参加“一村（社区）一法律顾问活动”“去极端化法律大宣讲活动”，受益群众达 20 余万人（次），

办理法律援助案件300余件，开展军人军属法律援助服务工作130余人（次），捐资扶困助学20万余元，为特困户抗震安居捐款8万余元。2000年来，他所在的新疆龟兹律师事务所多次被县、地区授予“先进集体”“优秀律师事务所”“优秀基层党组织”等荣誉称号，被新疆维吾尔自治区总工会、自治区律协命名为“职工维权岗”，2016年2月被自治区司法厅通令嘉奖，2016年5月被自治区司法厅、自治区律师协会评为自治区优秀律师事务所。

2017年8月，中华全国律协业务部主任朱英、《中国律师》副社长兼总编陈秋兰、新疆律协会长金山一行专程赴新疆龟兹律师事务所调研，有感于律师在特殊环境下的奉献担当，陈秋兰副社长执笔写下《奋进·担当·奉献——新疆龟兹律师事务所巡礼》，展现了南疆律师的默默奉献和赤忱情怀。王玉堂律师坚持用自己的专业特长在南疆基层发光发热，围绕中心服务大局，为新疆社会稳定和长治久安做出了贡献，先后被授予县级“优秀律师”、地区级“优秀法律服务工作者”、全国“六五”普法中期先进个人等荣誉称号，是阿克苏律师的优秀代表，为新疆法律人作出了表率，传递了法治正能量，展示了当代民族边疆地区优秀法律人的风采。

个人小档案

杨　威

YANG WEI

杨威，1975 年 4 月出生，1997 年 6 月加入中国共产党，1998 年 6 月毕业于南开大学法学系国际经济法专业，法学学士学位，二级律师职称，任天津允公律师事务所党支部书记。现任中华全国律师协会理事、青工委副主任，天津市律师协会副会长、党工委委员，天津市人民政府法律顾问等职务。当选为全国妇女代表大会代表，天津市第十次、第十一次党代会代表，天津市第十七届人民代表大会代表，天津市河西区第十七届人民代表大会代表。荣获“全国司法行政系统劳动模范”“全国律师行业创先争优活动先进个人”，天津允公律师事务所曾获“全国优秀律师事务所”“全国三八红旗集体”。

自 1999 年从事律师工作以来，杨威律师在社会各领域工作过程中均取得了突出的成绩，在行业内起到表率作用。

干事创业成绩斐然　职业之美

“高瞻远瞩、唯其允公”，允公是一条路。天津允公律师事务所在杨威律师的带领下，与一群有着共同职业梦想的法律人砥砺前行，携手共进，历经 10 余年的奋斗，以“公司化”为主导的律所模式，以保障与激励结合的运营机制，以“追求极致”的服务理念，打造出“适度规模追求精品”的律所品牌，为天津的各级政府、事业单位和国有企业提供全方位、高品质的专业法律服务，在上述客户群体中占据了较大的市场份额。2017 年，在天津国有企业混合所有制改革中，作为天津市国资委的法律顾问，杨威律师组织精兵强将，组建了“国企混改法律服务工作组”，参与谋划全市混改方案的制定与实施，破解改革难题，推进改革进程，为市政府重点工作，保驾护航、推波助澜。天津已经成了全国混合所有制改革先行区、示范区。

公益担当情系行业　大爱之美

成立于 2008 年 6 月的天津青年律师法律服务团，现有成员 300 余名，下设 18 支小分队，杨威律师始终担任团长，她带领青年律师，从外来务工子弟学校的“阳关课堂”，到市妇联妇女维权讲堂，从防范和打击非法集资到国际禁毒日宣传，杨威和她的团员们总是穿梭在法治宣传的公益舞台。服务团组织开展法律咨询活动 648 次、法律讲堂 110 余场、参与全市性的普法宣传活动 25 次，受益对象达数十万余人。2014 年她带领河西服务团积极探索，与基层派出所建立了“调解站”，短短 3 年调解纠纷近 200 件。将“法治帮扶”精准落地，从静海工伤断臂女工索赔案、到中旺村困难村的送法进村解难题，她和服务团的律师带给困难群体的是法治温暖、法治阳光。服务团已经成为天津法治公益的“招牌菜”。服务团的董洋律师这样说：“一个志愿者就是一颗沙土，虽然渺小，但服务团将无数沙土聚集在一起，聚成一座山峰，一条山脉，改变风的方向，改变水的流速，这风就是社会风气，这水就是文明进程。”

引领青年　不忘初心　情怀之美

“允公允能、日新月异”，校训也是所训，诠释了杨威律师坚守的律师情怀。杨威律师带领青年律师与南开大学设立的青年创业实践基地和孵化基地——“玑瑛青年创新公社”结成对子。通过举办“律师工作坊”等多种形式的活动，解决大学生在实践和创业过程中遇到的法律问题，也积极指导法学学生投身律师行业，创业创新。南开大学授予允公所为该校的“人才培养实践基地”，为社会培养和输送了优秀的法律人才。

2013 年开始杨威律师在南开大学法学院开设的民商诉讼代理实务，为教好这门法学教育的创新实践课，她设计了一系列独特的教学方式，带领同学们走出“象牙塔”，走进法院穿上法袍、拿起法槌、感受裁判权的神圣；走进检察院，与优秀的青年检察官面对面，感受检察文化的威仪。她让同学们在学以致用中感受了法的适用，见到了德业兼修的范例。同学们说：“杨老师是他们的女神老师，她的课特火。”2017 年是她作为外聘教师的第四年了，杨威律师当时正在进行相关教材编写工作，力求让这种教学方式可复制，在高校的法学教学变革献计出力。

目前，天津市共有律师事务所 600 余家，注册律师 6000 多名，其中，40 岁以下的青年律师 3600 多名，占全市律师总数的 60% 以上。杨威律师作为分管青年律师工作的副会长，十分重视青年律师的工作，通过策划组织“律政先锋”青年律师职业风采大赛，以大赛为契机，不断创新活动形式和内容、凝聚广大青年律师，与青年律师面对面、心贴心，提升行业的归属感，不断发现人才，努力培育青年律师融入行业发展的主流，成为行业的中坚力量。

与党同心　与美同行　信仰之美

律师、律所、律师行业专业发展是律师事业的“有形大厦”，律师、律所、律师行业党建工作是律师事业的“无形大厦”。加强青年党建、牢固树立“四个意识”，是律师事业的基石。杨威律师作为一名党员律师，以“党建促所建、以所建促发展”，通过《允公红色日记》，记录了支部党建生活的点滴，把有形的理论、制度，在无形的点滴间雾化为对党的忠诚、对法律的信仰的心魂篆刻。党员律师从最初的寥寥数人，到现在50%的党员比例，党建和所建，就像咖啡与伴侣，在融合中绽放“美味”。她引领广大青年法律人与党同心、与美同行，以其自身的信仰之美，成为青年律师的“旗帜”，让高尚的情操占领青年律师的思想高地。她说，青年律师有今日之美，律师事业才有未来之美。

“不以善小而不为”，杨威律师希望通过不懈的努力，为“律师”二字赢得更多尊重。先“有为”，方“有位”，才“有美”。律师梦连接着法治梦，法治梦连接着中国梦。

个人小档案

张枝梅

ZHANG ZHIMEI

张枝梅，1954 年 3 月出生，大学学历，中共党员、高级律师。现任山西衡霄律师事务所党支部书记、主任。

1996 年以来山西省司法厅曾连续 3 次给她荣记二等功，1997 年她被司法部评为全国优秀律师，2000 年被山西省司法厅、省律协评为“山西省十佳律师”，2002 年被运城市委、市政府评为“运城市百名杰出人物”。1999 年当选中华全国律协理事、山西省律协副会长，2003 年当选省律协常务理事、运城市律协副会长，现任山西省、运城市两级律协名誉会长。

狠抓党建引领律所发展

张枝梅是山西衡霄律师事务所主任，高级律师，自2002年衡霄所成立党支部以来，她一直担任党支部书记。作为一把手，她严以律己，率先垂范，带领支部一班人坚守创建全国“一流”律所的定位，把反腐倡廉、创先争优、群众路线、诚信执业等教育实践活动与律所党建、律所发展、律师服务、品牌效应紧密结合起来，始终坚持“以党建促所建、党旗引领律所发展”的理念，使该所队伍不断壮大，业绩不断攀升，各项工作名列前茅，被誉为运城市的“龙头所”。2011年、2015年、2016年该所党支部先后被评为全省律师行业“创先争优五好党支部”“2014年度先进党支部”“全省律师行业模范党支部”。该所多名党员律师被评为“优秀共产党员”，多名律师被评为省、市先进律师。全所律师呈现出人心思进、奋发向上的良好局面。

敢于担当承担社会责任

一是积极投入“一村（社区）一法律顾问”工作，主动请缨，自垫费用，带领全所律师担任偏远山区垣曲县12个乡镇152个村（社区）法律顾问。二是为政府排忧解难。自垫诉讼费、鉴定费等费用33.5万余元。三是给汶川灾区及患病律师捐款1万余元。四是扶贫助困爱心捐助，给贫困生捐赠学费3万元。五是出资10万元，在家乡设立“德孝基金”，资助孤寡特困老人，弘扬“德孝”美德。

竭忠尽智服务社会

办理了数千件案件，担任了数百家政府和企事业单位的法律顾问，为政府重点工程提供专项法律服务，为政府和社会资本合作（PPP）项目提供咨询服务，为当事人挽回了数百亿元的损失。业绩突出，声誉良好。

勇于奉献开办全省一流律所

2000 年国办律师事务所改制，张枝梅律师顶着重重压力创办的山西衡霄律师事务所，由最初的 3 人发展到现在的 60 余人，办公面积由原来的 200 余平方米扩大到现在的 1000 余平方米。该所始终坚持正确的政治方向，强化过硬的执业技能、创新律师管理机制，拓宽法律服务领域，业绩不断刷新，殊荣接踵而至：连续 12 年被山西省司法厅、山西省律协评为“全省优秀律师事务所”，成为运城市目前规模最大、综合实力很强的律师事务所，为运城的法制建设做出了重大贡献。

律情难了培养儿女律师

张枝梅律师执业 32 年，现虽然年逾花甲，但其律师情结难了。她现在仍然坚守在其挚爱的律师工作岗位上！不仅如此，她还把她的女儿、儿子也都先后培养成了律师。使她未了的律师情结，在其儿女身上传承、延续，弘扬光大。

张枝梅律师老骥伏枥，志在千里，如今仍然保持着一名老党员、老律师的热忱与激情，矢志不渝地坚守在律师工作岗位上，为党的律师事业发挥余热，争创辉煌！

个人小档案

陈 贤

CHEN XIAN

陈贤，1972 年 8 月出生，安徽省定远县人，毕业于南京大学，2009 年通过国家司法考试，2011 年在安徽天定律师事务所执业。2014 年 7 月至 2015 年 6 月被中国法律援助基金会派往西藏昌都市卡若区做法援志愿律师；2015 年 7 月至 2016 年 6 月被派往内蒙古巴彦淖尔市乌拉特中旗做法援志愿律师；2016 年 7 月至今，被派往新疆乌鲁木齐市头屯河区做法援志愿律师。截至目前，在服务地已办结 361 个案件。进机关、进学校、进工地、进乡村普法进行普法宣传几十余次，接受法律咨询几千余人次。

2015 年被西藏司法厅评为“西藏法律援助人民群众满意律师”；2015 年至 2017 年连续 3 年被司法部律师公证工作指导司、司法部法律援助工作司、司法部法律援助中心、中华全国律师协会、中国法律援助基金会评为“2014 年度优秀法律援助律师”；2016 年被最高人民检察院主办的正义网评为“中国十大正义人物”；2016 年被安徽省司法厅评为“2015 安徽司法行政年度榜样人物”；2016 年被中央电视台评为“CCTV 2016 年度法治人物”；2016 年被评为“心动安徽最美人物”；2017 年被评为安徽省道德模范，新疆司法厅荣记三等功，获中国法律援助基金会成立二十周年突出贡献奖、“中国好人”、全国司法行政系统劳动模范、“助人为乐类全国道德模范”等荣誉称号。

2014年7月，在“1+1”行动优秀志愿律师郭二玲身残志坚、大爱无私事迹的感召下，在爱人的支持下，我报名参加了“1+1”行动，如愿以偿地到了离家五千里之遥的西藏，成为安徽省首位援藏女律师，西藏昌都县第四任“1+1”行动志愿律师。昌都县平均海拔3500米，11万多的人口中有98%是藏族。藏区的天很蓝，风景优美，但生活条件却异常清苦。我的住处没有暖气，没安装热水器，即使是夏天，用的自来水也是冰冷彻骨。

虽然我选择了西藏，在出发前也做了充分的心理准备，可雪域高原还是给了我一个十足的“下马威”。先是鼻子出血，接着是奇痒难忍的皮肤过敏，到了10月，又患了一个多月的感冒。高寒、缺氧、孤独，困扰着我。但每当家人打来关心的电话，我总是说，我在这挺好的，不要担心。

我常对自己说，路是自己选的，无论多难，都要坚定地走下去。在昌都一年，我办结了58个法律援助案件。在昌都的一年服务期临近尾声时，我有些舍不得离开了。我舍不了那一片纯净的白云蓝天，留念那一张张淳朴的笑脸和那一双双饱含信任和期盼的眼神。我提出了继续志愿服务一年的申请。

2015年春天，我爱人曹旭律师和我商量，说他也想成为“1+1”法律援助志愿者，我欣然同意。我们停止了手头的客户业务和顾问单位，毅然决然地共同加入了神圣而光荣的“1+1”中国法律援助志愿者的队列，服从安排到内蒙古服务。这一年，我们夫妻同行法律援助志愿服务的路上，是全国第一对共同参加“1+1”行动的夫妻律师志愿者。

2015年度，我在内蒙古办结了85个案件，秉承志愿者奉献精神的原则，我俩没有收受援人的一分钱，没有喝受援人的一口水。因为我们是“1+1”中国法律援助志愿者行动的志愿者，要塑造并维护“1+1”项目的品牌形象。

2016年，我们夫妇又递交了继续参加“1+1”行动的申请，同时被分配到了新疆。迄今为止，我已办结了52个法律援助案件，爱人曹旭也办结了30多个案子。

回想2014年7月我义无反顾地踏上人生新征程的豪迈，成为一名光荣的法律援助志愿者律师，几年来，我深入到祖国的西南西北边疆多民族地区，把法律送到最需要服务的人群身边，身体力行为经济贫困人群依法维权，真正做到了让每一位受援人在案件中体会到法律的公平和正义，践行中国律师助力实现法治中国梦的责任和担当。三年来，我和多数“1+1”律师志愿者一样，我们所经历的苦累和艰辛，如何用语言也不能描述清楚。我忘不了在零下近20度的极寒天气里，在乡下开展露天法治宣传的日子，在街上一站就是几个小时，手脚都冻麻木了；忘不了顶着刺骨的寒风，我骑着自行车赶去法院开庭；忘不了在沙尘暴的天气里去搜集证据材料，我的嘴里满是灰沙；忘不了

走乡串村送法入户，一讲就是一天，连水也顾不上喝；忘不了被判缓刑重回校园的孩子妈妈眼噙泪花献给我的洁白哈达、和那双紧紧握着、久久不愿松开的手；忘不了被继子赶出家门在冰天雪地里流浪的刘大爷，重新回家时像孩子般开心的笑脸；忘不了饱受家暴绝望的张大姐，重新焕发生命光彩的幸福颜容；更忘不了几十位讨薪农民工，拿得了上百万元的血汗钱……是我们志愿律师的辛苦付出，让边疆的父老乡亲看到了法治的力量，得到了法治的实惠，树立了法治的信心，每当想起这些，自己受多少委屈、受多少苦都值得了。

作为律师，我们对法律充满信仰和敬畏，对法治充满希望和期待，参加法律援助是当代中国律师义不容辞的职业使命与责任担当。3 年志愿法援，我开阔了视野，得到了成长，自觉树立了政治意识，大局意识，并把这种意识融入每一个具体案件中，在维护当事人合法权益的同时，兼顾社会的和谐与稳定。

法律援助志愿者之路，锻炼了自我，丰富了人生，收获了感动，收获了快乐。我们自豪，我们骄傲，我们工作的意义是传播法治精神，助推边疆精准扶贫，为服务地的法治建设贡献了一已之力。在此，我呼吁更多的律师加入“1+1”中国法律援助志愿者行动中来，为祖国的法治建设，为边疆的老百姓奉献自己的力量，实现一名律师的社会价值。

个人小档案

袁 天

YUAN TIAN

袁天，中共党员，2002 年 10 月开始律师执业，山东全正律师事务所专职律师。中华全国律师协会第九届全国律师代表大会代表。

执业多年来，积累了丰富的执业经验。在执业过程中严守律师职业道德和执业纪律。积极承担律师的社会责任，参与法律援助活动。

2011 年 7 月至 2017 年 7 月，连续 6 年参加“1+1”中国法律援助律师志愿者行动，先后在贵州省册亨县、新疆维吾尔自治区疏勒县、青海省同仁县、青海省黄南州兼顾同仁县、青海省门源县服务。服务期间先后办理各类法律援助案件近 200 起，解答法律咨询近 6000 人次，代写法律文书 100 余份，参与当地组织的法律宣传活动 60 余场次，有效维护了受援人的合法权益，赢得了受援地干部群众的充分肯定和高度评价。

2012 年 7 月、2013 年 7 月、2015 年 7 月、2016 年 7 月和 2017 年 7 月，连续 5 次被授予“中国法律援助志愿行动优秀律师”；2014 年 7 月被授予“守卫边疆促进民族团结的模范志愿律师”；2015 年 2 月荣获 2014“感动淄博”年度人物，2015 年 4 月被淄博市总工会授予“振兴淄博劳动奖章”；2016 年 1 月被山东省司法厅授予个人二等功；2016 年 2 月被淄博市政府授予“淄博和谐使者”称号；2016 年 9 月被司法部评选为“全国法律援助先进个人”。

袁天，自2011年起连续6年参加司法部、团中央、中国法律援助基金会发起的“1+1”法律援助行动。6年来，他分别在贵州省册亨县，新疆维吾尔自治区疏勒县，青海省黄南州、同仁县、海北州门源县从事法律援助志愿工作，受援地都是经济欠发达，交通不便，自然环境恶劣，语言不通。但他始终恪尽律师操守，信守社会价值，情系困难群众，以高度的责任感和使命感为援助对象排忧解难。

坚守社会公平与正义，信守职业价值，积极投身法律援助，为欠发达地区弱势群体撑起一片蓝天

面对服务地群众法律意识淡薄、法律知识匮乏，法律援助工作缺失的状况，他确定了法律援助、普法先行的工作思路。以提高受助群体法律意识和能力为主旨，加大法律援助宣传力度，到街头做免费咨询、发放普法手册，并通过有奖问答和请过路学生讲读等形式，吸引路人参加，大大提升了宣传效果。2014年7月，为同仁县中小学编著一套通俗易懂、图文并茂地汉藏两文普法图书。2015年6月被聘为同仁县一完小、三完小法制副校长，每学期为同学们上法治课。2015年7月20日受同仁县司法局委托，为同仁县外出农民工起草“同仁县外出务工人员普法宣传”资料，将资料发放到农民工手中，提高了农民工的法律常识和合法维权意识。普法宣传有效提升了当地群众的法治意识，增强了法律援助影响力，以前人们遇到不公平的事，首先可能会想到上访，现在更多人会先进行法律咨询，请求法律援助。

运用法律知识，做好弱势群体法律援助与扶危解困，赢得了受援地干部群众的充分肯定和高度评价

在开展法律援助服务工作中，他积极创新思路，运用法律知识，把做好法律援助和扶危解困相结合。他深知，法律援助就是为了帮助弱势群体，提高弱势群体的自我发展，因此在法律援助中，他坚持把学法、守法、懂法的素质培养放在首位，通过给受助对象普及法律知识学习、法律意识培养、自身依法维权能力的提升来帮助受援对象解决法律问题、法律纠纷、维护合法权益。

2016 年 9 月 12 日，张梅就机动车交通事故责任赔偿问题向青海省门源县法律援助中心申请法律援助，一家五口乘坐公交车发生交通事故，但肇事者、公交公司及公交车承包人都不愿承担巨额的赔偿责任，致使当事人生活陷入极度困境，双方矛盾尖锐激化。袁天律师主动提供法律援助，使当事人得到 20 余万元赔偿，其合法权益得到有效的维护，案件妥善处理。

2015 年 12 月 13 日，因包工头杨某“跑路”，被公安机关捉获，以涉嫌拒不支付劳动报酬罪提起公诉，40 多名农民工上访，索要 2012 年至 2014 年在同仁县卫生局周转房工程的工资，政府有关部门指派袁天牵头提供法律援助，在从事服务过程中，经调查杨某个人无工程资质，属于违规挂靠行为，袁天提出通过诉讼索要工资，应将有资质的承包公司青海广驰建设有限公司列为被告一并起诉，经诉讼有效地保障了农民工工资的支付。

袁天还担任过青海省同仁县水土保持工作站法律顾问，为“三江源”水土保持工作提供法律服务。

在受援地，群访案、信访积案、“难题”案都少不了袁天律师忙碌的身影，他有求必应，无论严寒酷暑，出现场、走家串户，用心化解矛盾。“有困难，找袁天”几乎成了当地百姓的口头禅。多年来他恪尽律师操守，情系困难群众，为援助对象排忧解难。竭力弱势群体的合法权益，用法律为弱势群体在欠发达地区撑起一片蓝天。

热心奉献法律援助，力所能及为困难群众排忧解难

袁天对受援地的每一片热土充满着无限深切的爱恋。2015 年 9 月至 2016 年 2 月袁天通过朋友、网络为同仁县困难群众募集过冬衣服、毛毯等 14 包。2016 年 1 月，联系山东老兵公益组织开展以“山东老兵公益走进青海同仁助学捐赠”活动，为同仁县铁吾完小学捐赠价值 14,000 元的笔记本、笔、红领巾、衣服等学习生活用品。

袁天说，有机会到西部，为最需要法律帮助的人们做一些自己力所能及的事情，对他来说是很幸运的事。每当通过自己的工作和努力，帮助解决法律难题，看到群众舒展的眉头和开心的笑脸，也是他感到最高兴的时候。

个人小档案

毕亚林

BI YALIN

毕亚林，1971 年 8 月出生，博士，无党派人士。现任广州市新的社会阶层人士联谊会副会长兼律师行业分会会长、广东省律师协会宣传委主任、广州市律师协会副会长、广州市政协委员、广东天一星际律师事务所主任。

1994 年毕业于中国政法大学；2011 年毕业于华南农业大学，获管理学博士学位。1997 年前，就职于香港吴少鹏律师事务所；2005 年至今，担任广东天一星际律师事务所主任。

2011 年被广东省律协评为“全省优秀律师”，2016 年获中华全国律协评为“全国优秀律师”。曾获全省律师行业公益法律服务杰出贡献奖，广州市律师行业亚运工作先进个人，广州市律协行业服务突出贡献奖、维护社会稳定奖、理论成果奖。连续 3 年获省律协工作委员会优秀主任，连续 2 年获市律协工作委员会优秀主任。

坚毅品质

“你为什么要攀登珠峰？”“因为山在那里！”博士在律师这个精英群体里并不少见，但作为一名博士律师开创了在1年的时间跨度里完成了勇闯“世界三极”，便足以成为一段传奇的经历。

2011年7月毕亚林刚刚从珠峰大本营归来，便将目光瞄准了南极和北极。2012年1月，历时1个月、行程4.6万公里、跨越五大洲，他如愿登陆南极。2012年6月，从俄罗斯摩尔曼斯克军港出发，搭乘胜利号核动力破冰船，历尽艰辛，抵达北极点。“克服珠峰缺氧、南极雪地露营、北极点冰泳，这样做究竟为什么？我想，是为了历练自己作为一个律师、一名法律人的坚毅品质。”毕亚林这样总结自己的“三极”之旅。

行业情怀

“个人的成就不是真正的荣耀，律师是依法治国中不可或缺的一支重要力量，只有整个律师行业得到发展才能促进国家法治事业的建设。”这是毕亚林在省、市律师协会工作不断投入和奉献的根本动力。

在他担任广东省律协宣传委主任期间，充分借助各级媒体力量，为广东律师参与基层治理、依法行政、服务市场做了大量的宣传工作。仅就《法治日报》一家中央级媒体，几年间，对广东律师在“法援1+1”、全省律师进村居、参与“一带一路”建设的报道就有120多篇，20余万字，头版头条6个。推动协会和广东电视台创办“律师说”栏目，2年间，过百名律师亮相荧屏，累计播出110多期，吸引粉丝关注过百万。开办广东法治宣传人才高级研修班，2年间培养130名律媒跨界人才，向中央电视台、广东电视台、广州电视台三大电视台输送人才，被聘为出镜律师或主讲人，为普及法律知识，弘扬法治精神，彰显行业形象，建设法治国家做了多方努力。

律师是一个需要薪火相传的专业群体。毕亚林担任广州市律协青工委主任期间，为全市青年律师量身定做了一系列惠及面广、特色鲜明、效果显著的活动：建立了广州市律协的品牌项目“青年律师大讲堂”，提升了全市5000多名青年律师执业技能和综合素质；毕亚林担任广州市律协副会长期间，站在更高的角度思考律师业的发展，创办了广州专业化大律师系列评选，通过专业化评选来引领专业化分工。在首发知识产权大律师评选暨知识产权与世界财富论坛的活动中，就有55万人在线收看了直播。活动也得到了市委政法委的认可，市委常委、政法委书记出席活动并为知识产权大律师颁奖。

法治信仰

“作为一名律师，相信法律、信仰法律是基本要求。律师，有足够的使命感，才会对法律产生信仰；有足够的责任感，才可能做出令人满意的服务，才会无愧于人民。”毕亚林对自己的事业这样定位，“我的目标不是个人能够有什么成就，而是我的社会贡献力到底有多大，怎样做才能让更多的人信仰法律”。也是基于这样的定位，使他在10多年前就开始聚焦产业布局、投融资等法律服务领域，为优化营商环境、助力“一带一路”企业走出去未雨绸缪。

毕亚林在执业过程中牢记“扶危济困”的使命，先后多次远赴西藏、四川甘孜、汶川等贫困地区捐资助学、开展普法讲座。2009年，在汶川地震一周年之际，毕亚林在交流中了解到汶川灾区的孩子们在震后生活、学习还存在比较大的困难，立即着手组织召开了一场筹款拍卖会，春节刚过亲自携带善款和采购的学习用品，远赴汶川映秀镇慰问灾区的孩子们。当得知西藏的一名初中生上学遇到困难的消息后，毕亚林毫不犹豫伸出援助之手，每年寄去生活费，并会一直支持他到学业完成。勿以善小而不为，这是他的人生哲学。

个人小档案

罗金云

LUO JINYUN

罗金云，蒙古族，1981 年出生，四川金川人，中共党员。现任四川矩衡律师事务所主任，在读博士，执业 10 年，担任成都市第十三次党代会代表、成都市第十六届人大代表、成都市律师协会副会长、成都市金牛区第七次党代会代表、成都市金牛区政协常委、四川省法学会法治文化研究会副会长、成都市祥瑞少数民族法律援助服务中心主任、阿坝州人大常委会立法咨询专家、成都仲裁委员会仲裁员、西南大学等高校兼职教授、中共四川矩衡律师事务所支部委员会书记等职务。2014 年至 2018 年先后荣获“全国优秀律师”“四川省优秀律师”“成都市优秀律师”“成都市优秀党务工作者”“成都市民族团结进步模范个人”“成都市法律援助爱心大使”等荣誉称号。

“治国使众莫如法，禁淫止暴莫如刑。威不两措，政不二门，以法治国”，这虽然是几百年前管子的一番言论，放在今天读来却也铿锵有力。如今，一名年轻律师也默默用自己坚毅的信念与稳健的步伐，秉持民族大义，做维护社会稳定的“调节器”和“减压阀”，他就是四川矩衡律师事务所主任罗金云。

罗律师从业以来不断严格要求自己，进行自我提升。他参与处理多起疑难复杂的民商事法律案件，并受成都市法律援助中心指派成功为四川省首起涉嫌组织领导参加恐怖组织罪案件的第一被告担任辩护人。此案涉及人数众多、社会危害性巨大，罗律师以其坚定的政治立场和扎实的法学功底，依法精准辩护，推进法治社会建设的进程。

2011 年 7 月，罗律师创建成都市祥瑞少数民族法律援助服务中心（以下简称援助中心），受到《中国民族报》《四川法制报》等媒体的报道。他曾免费受理法律援助案件 60 余起，免费为少数民族咨询法律问题 300 余件，并带领矩衡律师们给少数民族同胞等展开法律援助服务共 30 余次，组织 15 次大型法律知识讲座，受援人员达 5000 余人，为大众提供了优质精细的法律服务，有力维护了社会的稳定与和谐，促进公共法律服务体建设，得到了中央电视台、《法治日报》、《中国民族报》、成都电视台等国家、省、市、区四级媒体的关注与报道。

罗律师和援助中心的工作得到少数民族同胞的充分肯定以及社会各界的广泛好评，因此援助中心被成都市委宣传部、市委统战部、市民宗局评为“成都市民族团结进步创建活动示范单位”，罗律师也荣获成都市人民政府授予的“成都市民族团结进步模范个人”荣誉。

作为成都市人大代表，罗律师认为“不仅要做当事人合法权益的维护者，还要做社会公平正义的保障者和经济社会发展的服务者”，秉持着这一理念，他多次参与人大调研工作，深入各级政府及部门走访，监督其依法行政；积极参与“清真食品管理办法”等地方法规的立法、审议及草案修改工作，努力提高国家立法工作的科学化与民主化水平。

作为“80后”的成都市律师协会副会长，罗律师关注青年律师的培养工作，多次提出对青年骨干律师培育与发展的意见与建议，并倡议设立青年律师培育发展基金，对其发展做出全方位的保障。罗律师还多次组织领导开展律所管理与发展论坛，以身作则抓好律所规范化管理和律师队伍管理教育工作，为党委政府处置突发案件提供法律支撑，促进中西部地区律师行业发展进程。

罗律师认为，律师自身的快速发展离不开共产党的正确领导。作为中共四川矩衡律师事务所支部委员会书记，在“以党建带所建”精神指引下，罗律师组织开展了近40余次党建活动，还带领矩衡律所党员们务实高效的参与“法律七进”活动20余次，开展“以爱之名”系列公益活动之走进阿坝州、攀枝花市米易县、革命老区巴中市通江县等高寒边远地区，为当地学校提供法律爱心援助。在中国共产党建党95周年之时，成都市律师协会委员会庆祝建党95周年表彰会暨“两学一做”主题党日活动启动仪式在矩衡律所圆满举行，矩衡党支部作为“先进基层党组织”受到了四川省律师协会委员会与成都市律师协会委员会的表彰。罗律师也被成都市委授予“成都市优秀党务工作者”“成都市优秀共产党员”称号，并作为代表向全市党员律师发出“做合格共产党员、当公益服务先锋”倡议书。

除此，罗律师曾作为四川省青年律师代表受邀参加全国律协举办的“在全面依法治国进程中青年律师的使命与担当”座谈会；作为全国优秀律师代表参加第九次全国律代会并受到中央政法委孟建柱书记接见；《法治日报》曾多次对罗律师进行专访，且刊登其“扛起法律人的社会正能量”专栏等。

律师之路任重而道远，罗律师以实际行动诠释着法律工作者的使命与担当，践行一名优秀法律人的应有之义。

个人小档案

胡良刚

HU LIANGGANG

胡良刚，1968 年 3 月出生，中共党员，国家二级心理咨询师，担任贵州子尹律师事务所党支部书记、主任律师，遵义市人大及政府立法咨询专家、法律顾问，贵州省律协劳专委常务副主任，遵义市律协党总支副书记，西南政法大学贵州校友会副会长兼遵义分会会长等职务。

1990 年 7 月毕业于西南政法大学。自 1990 年至 2001 年先后在原遵义市劳动局、原遵义市委办及研究室、红花岗区体改局及信访办等 5 个部门担任科员、副局长等职务，从事劳动仲裁、政策研究、体制改革等工作，1995 年至 2000 年担任兼职律师。自 2002 年 1 月起，担任心海律师事务所遵义分所、贵州子尹律师事务所律师。

担任主任期间取得优秀业绩，“子尹所”于 2013 年被省司法厅、省律协评为“全省优秀律师事务所”（个人获评全省优秀律师），2016 年 3 月中华全国律师协会授予“全国优秀律师事务所”称号，2011 年被司法部评选为“创先争优标兵”、2011 年 6 月被省司法厅评选为“省级优秀共产党员”，因带领团队办结 2 个破产清算案件（全国民办学校破产第一案“遵义中山中学破产清算案”及全国体量非常大的个人独资企业“遵义双龙水泥厂破产清算案”）获得最高人民法院的两个司法解释，2016 年荣立个人三等功 1 次。

在遵义律师界，有这样一个律师，因带领团队办理破产清算案业绩突出，荣立个人三等功1次，创遵义市“律师界第一人”。他，就是胡良刚律师。

胡良刚律师，1995年从事兼职律师工作、辞去公职后于2002年从事专职律师工作。他担任子尹所主任期间，充分发挥了党员的先锋模范带头作用，带领团队先行先试，成效显著，办结的两起破产案件（全国第一家民办学校遵义中山中学及全国体量很大的个人独资企业遵义双龙水泥厂破产清算），获得了最高人民法院的两个司法解释；子尹所因此成为贵州省高级人民法院授予的一级破产管理人资质。2012年8月30日《贵州日报》以《与时俱进开新路——贵州子尹律师事务所非诉业务发展纪实》进行报道，肯定了子尹所在非诉业务发展中的做法，也肯定了胡良刚个人及其团队在破产清算业务领域起了引领作用。

他一直担任子尹所支部书记，以党建促所建、以党务强业务、党风带行风，让子尹所步入了快速健康发展时期。《贵州日报》2012年8月曾登载了《律营处处党旗红——贵州子尹律师事务所以党建促所建的纪实》进行报道，子尹所党建工作因此于2010年9月得到司法部创先争优检查组的肯定、同时胡良刚个人也被司法部评选为“创先争优标兵”；子尹所2011年6月被评为省司法厅评选为五个“全省律师行业先进党支部”之一，同时胡良刚个人也被省司法厅评选为“全省律师行业优秀党员”。他担任律协党总支副书记期间，积极完善了党总支部的工作目标、工作职责、规章等制度，对于助推律协党建工作起了一定的作用。

他担任主任期间，提出所训“指引、诚信、专业、公正”，强调律师必须同时提升政治及业务素质。《遵义律师》上登载胡良刚提出的《律师必须讲政治》一文，律师只有讲政治了，才有把握大局。提升业务素质是办案质量的保证。子尹所律师积极参加各种学术研讨活动，公开出版发行多篇论文及著作。通过定期“子尹论坛”，不断增强了律师的法律功底、更新陈旧知识、提升政治法律素养。由于不断强化政治业务学习，规范管理，良好的专业分工与协作精神，成为子尹所引以为傲的团队文化，也成为子尹所迅速发展的原因。“子尹者，指引也；子尹者，知音也”，全所律师维护了当事人合法权益、维护法律正确实施、维护社会公平和正义，因此没有社会的投诉。子尹所2013年7月获得国家总局颁发的国家45类商标，创设的“子尹之歌”，均彰显了子尹律师形象，“子尹也成为品牌”。2014年9月他代表贵州省律师协会参加了西部律师论坛，以子尹所为视角就西部律师事务所的管理作了30分钟的发言，获得与会者认同。

他作为贵州省律协劳动专委会常务副主任，创新工作思路，与遵义市中级人民法院、市政府法制办、遵义市人力资源和社会保障局出台的《遵义市工伤认定及工伤赔偿法律适用的会议纪要》，对于处理工伤事宜，起到了积极的作用。

为了推动普法宣传，胡良刚多次在遵义市住建局、市国土资源局、市人力资源社保局等单位宣讲相关政策法规、举办法律知识讲座。他长期担任遵义电大的客座教授，为社会培养了一大批法律人才。他担任遵义市政府法律顾问，遵义市委咨询专家、遵义市人大及政府立法咨询专家等期间，充分发挥自身的法律优势，认真履行法律顾问及咨询专家职责，从专业的法律角度，为人大提供立法建议，配合政府处理法律事务，助推了政府依法行政工作。

2016年，他积极参与化解涉法涉诉信访积案1件，2017年3月被遵义市政法委表彰为先进个人。子尹所全体律师积极投身法律援助工作，关注公益事业，为弱势群体维权提供了大量法律援助；为汶川、玉树地震捐款、捐物、献血；为失学儿童捐资助学；为新农村建设捐款20多万元；为遵义市见义勇为基金会捐款5000元；为精准扶贫项目捐款 16,500 元……子尹所律师以奉献精神和实际行动，向社会展示了律师风采；胡良刚在前述活动主动捐款捐物，被中组部、省市律师协会评为先进个人。

由于胡良刚以身作则，与合伙人及全体律师“团结拼搏，共创辉煌”的发展理念，子尹所 2013 年被省司法厅、省律协评为“全省优秀律师事务所”（胡良刚个人被评为全省优秀律师），2016 年被中华全国律师协会评为“2011—2014 年度全国优秀律师事务所”，这是遵义市首家也是唯一一家获此殊荣的律所，社会各界再次对子尹所的专业素养和规范的职业道德给予了高度肯定。

个人小档案

张　慧

ZHANG HUI

张慧，毕业于中国政法大学国际经济法专业，后留学美国，取得美国芝加哥 IIT 肯特法学院国际法与比较法硕士学位。1998 年开始执业，至今已执业 19 年。现任全国律师协会理事，全国女律师分会副会长，云南省律师协会党委副书记、副会长，云南省律师协会第一届女律师分会会长，云南建广律师事务所主任。业务领域为金融、建筑房地产、公司、涉外法律事务及政府法律顾问服务等。

曾获“全国优秀律师”“全国律师行业创先争优活动先进个人”“全国维护妇女儿童权益先进个人”“优秀党务工作者”“党员先锋岗”“法制政府 · 十佳律师”“优秀共产党员”等称号。

担任云南省委、省政府，中国信达资产管理股份有限公司云南省分公司，中国华融资产管理公司云南省分公司，云南建投集团，云投集团，能投集团，国家开发银行云南省分行，中国银行股份有限云南省分行，汇丰银行昆明分行等数十家单位的法律顾问，非诉和涉诉处理法律事务的标达数百亿元。所承办的重大案件曾在中央电视台的“今日说法”及“新闻 30 分”中作过专题报道。

2005 年云南建广律师事务所就已成立党支部，张慧同志作为党支部书记，积极发挥党员的先锋模范作用，2017 年该所获得司法部“党建示范点”称号。

提起张慧律师，熟悉她的朋友都会竖起大拇指称赞：这是一位把律师当作事业来做的律政佳人。1997 年她以优异的成绩毕业于中国政法大学国际经济法系，并在大学期间积极加入中国共产党。2008 年留学美国，取得国际法和比较法硕士学位。出于对律师事业的热爱，2000 年创办云南建广律师事务所并担任主任至今。2011 年她被评为“全国优秀律师”，2017 年她被全国妇联授予“全国维护妇女儿童团权益先进个人荣誉称号”。现担任全国律师协会理事，中华全国女律师协会副会长，全国律师协会第九届女律师分会副会长，云南省律师协会党委副书记、副会长。

问渠哪得清如许　为有源头活水来

作为一名女律师，通过近 20 年坚持不懈的努力，张慧以不断进取的专业精神，使律所在金融、建筑房地产、政府法律顾问、南亚东南亚涉外法律服务等多个专业领域取得了良好的业绩。

作为昆明市政府的法律顾问，她全程参与了昆明新机场高速公路 BOT 项目的法律服务。2005 年至 2011 年，她经常挑灯夜战，与投资人开展上百轮艰苦卓绝的法律谈判，为昆明长水国际机场的顺利通航做出了重要贡献。

在世界 500 强某法国公司云南富民县的落地项目中，面对征地拆迁补偿款纠纷。积极为当地党委政府出谋划策，既为外商投资企业争取了良好的投资环境，又维护了当地上百名村民的合法权益，避免了可能由此产生的社会事件。

作为省委、省政府的法律顾问，以睿智的头脑和丰富的执业经验，积极参与政府多个立法及重大招商引资项目，自觉维护国家利益、法律尊严和当事人合法权益，真正做到让法律服务于民、服务于国家。

党建引领方向，担当创造不凡

在建广律师事务所，一直保持着这样一项骄人的纪录：自律所成立以来，没有发生过任何违法、违纪和被投诉案件。谈起此事，同时担任支部书记和律所主任的她颇有心得。

作为一名党员律师，一直坚持用正确的政治方向引领律所的健康发展。始终把党的旗帜高举在前，抓班子、建制度、聚队伍。自2005年律所成立党支部以来就实行支部书记与事务所主任“一肩挑”，支委班子成员双向进入、交叉任职。多年来，一直坚持以“党建促所建，以所建带业务”为指导，律所重大决策、重大疑难案件均需经过党支部会议、合伙人会议共同讨论，为律师业务把好政治关。针对律师办案忙、出差多、流动强、集中难等特点，她创新党组织的工作方式，通过事务所会议、工作碰头会、微信群等形式，及时传达上级精神、工作要求，组织党员交流学习，持之以恒开展“三会一课”。多年来，在重大案件辩护、重要法律服务项目中，都是党员律师冲在前、干在先。2008年，律所被评为“全国优秀律师事务所”。2015年，律所党支部被评为全省律师行业“先进党支部”。2017年，律所被确定为云南省律师行业党建工作“省级示范点”。

2015年，在具有国际影响的155名中国籍伐木工人缅甸事件，作为云南省法律服务团团长，带领骨干律师驻扎腾冲，积极为当地党委政府提供及时、周到、权威的法律服务，得到了高度评价。这个事件的妥善处理，也为成立南亚东南亚法律服务业务研究委员会奠定了一定的基础。

用心点燃希望，用爱传播真情

“我们要做传播社会正能量的排头兵，竭尽全力为维护贫困残疾人提供法律服务。”这是建广律师事务所的庄严承诺。

2014 年，张慧律师主动申请挂牌“云南省贫困残疾人公益法律服务中心”，与省内 16 个州市事务所合作，长期免费为残疾人提供法律咨询，免费代理数百起贫困残疾人诉讼案件，依法维护了贫困人群的合法权益。

在其职业生涯中，这样的事还有很多。2013 年成立的云南十大律师法律服务团，作为妇女律师法律服务团团长的她多次组织妇女儿童普法活动及免费咨询服务。2016 年，积极参加精准扶贫法律服务团、涉法涉诉信访法律服务团等活动，通过进社区、进乡镇进行普法宣传，开展结对帮扶、送法下乡等活动，树立了律师行业良好的社会担当形象，得到了社会各界的一致好评。

“路漫漫其修远兮，吾将上下而求索。”张慧律师在忙碌的工作中获得快乐，在不断地奉献中点燃激情，唯一不变的是对法律的那份坚守！

个人小档案

罗桑群培

LUO SANGQUNPEI

罗桑群培，藏族，1968 年 7 月出生，中共党员，1992 年 7 月毕业于中国青年政治学院，2005 年从美国美利坚大学法学院毕业并取得法学硕士学位，2007 年毕业于中国政法大学法学院并取得法学博士学位。

现任北京市大成（拉萨）律师事务所（原西藏恒丰律师事务所）副主任、西藏央金法律援助中心主任、西藏央金法律援助基金会秘书长、西藏青年科学技术创新协会秘书长、中央统战部中尼经济文化友好协会副会长、西藏青联常委、西藏青年企业家协会副主席、西藏政协委员并担任政协法律委员会委员、西藏自治区人民政府法律顾问、西藏自治区人大法学专家、中国法学会生态法学会理事。

所在律所先后被司法部评选为“全国法律服务窗口”“全国法律援助先进集体”“全国法律服务创造和谐社会先进集体”，以及被司法厅先后多次评为全区优秀律师事务所、先进集体。

罗桑群培律师执业以来，带领本所律师团队先后为200多家企、事业单位及政府担任常年法律顾问，为顾问单位及当事人挽回经济损失20多亿元。罗桑群培带领的律所先后荣获司法部“全国法律服务窗口”“全国法律援助先进集体”“全国法律服务创造和谐社会先进集体”以及被司法厅先后多次评为全区优秀律师事务所、先进集体。罗桑群培律师也于2010年被评为“全国律师风云人物”、2017年被中华全国总工会、司法部、全国律师协会评为“全国维护职工权益杰出律师”，2017年被司法部、新华网评为“全国最美律师”。

罗桑群培律师带领本所团队于2008年负责提交、完成第一次被列入国家科学基金项目“西藏农村法律科研项目”。2010年负责与司法部、全国律师协会、联合国合作在西藏开展农牧民工法律援助项目。2012年负责与民政部、国务院扶贫办、世界银行合作在西藏开展农牧民工法律援助项目。

罗桑群培律师热心公益事业，于2005年成立西藏第一个由律师和律师事务所发起的西藏央金法律援助中心，担任副主任并从事法律援助工作，帮助农牧民工解决在务工过程中遇到的困难和难题，维护农民工的合法权益。于2006年成立西藏第一个农牧民工法律援助工作站。同时为了帮助弱势群体及就读于法律专业的贫困学生罗桑群培联合其他律师于2007年发起创办西藏第一个法律援助基金会，并担任基金会秘书长，同时开设了西藏第一个法律图书馆。

作为西藏自治区政府的法律顾问，罗桑群培律师积极参与政府相关法律法规及规章制度的建立工作，及时处理较大的潜在社会矛盾，并向自治区政府有关部门提供法律意见，同时向政府部门的工作人员开展法律讲座，讲解政府部门工作人员要用法律思想和法治思维解决面临的问题。

作为西藏青联常委，罗桑群培律师在上级部门的支持下创立了西藏青年科学技术创新协会，并担任协会秘书长，通过发挥自己从事的专业特长，就针对青年企业在创业初期遇到的法律问题，提供多次免费的法律帮助。

作为政协委员，罗桑群培律师积极做好政协委员的参政议政职责，共向自治区政协提交10多项有关法律制定和法制建设的提案，并参与全区多项法治调研、分析、研讨工作，较好地尽到一名政协委员的职责，受到政协和统战部的表彰。

作为涉外法律人才，罗桑群培律师担任国家统战部下属的中尼友好协会副会长，积极推动中尼两国的民间交往，同时为响应中央一带一路发展西藏经济政策，积极推动中尼两国的民间法律、投资、文化交流，多次参与中尼贸易等国际商事谈判。在中尼贸易等国际商事谈判中代表西藏自治区政府为30多亿元的项目提供坚实的法律保障。

经过多年的法律实践活动，罗桑群培深切地感觉到西藏本地法律人才的紧缺，因此主动联系、联合西藏大学、西藏民族大学等高校，通过接收实习生、进课堂讲课、开展法律专题讲座等多种形式积极为西藏培养法律人才。

法律援助工作者

个人小档案

孙 莉

SUN LI

孙莉，1973 年出生，1990 年 11 月加入中国共产党，1996 年开始从事专职律师工作，现任白山市法律援助中心党支部书记、主任，并担任白山市政府法律顾问，吉林省法学会律师法学研究会理事，市法学会常务理事，市律师协会理事；同时，被聘为白山市人大常委会立法咨询员，市委政法委涉法涉诉信访法律监督服务中心专家组成员，市人民检察院专家咨询委员会委员。

先后被评为白山市“优秀妇女儿童维权卫士”“拥军优属先进个人”“信访工作先进个人”；吉林省“优秀消费维权志愿者”“法律援助工作先进个人”“夕阳幸福工程法律援助在行动先进个人”；第五届全国法律援助工作先进个人。2016 年当选白山市第七次党代会党代表，2017 年当选吉林省第十一次党代会党代表。

作为一名党员律师，孙莉同志始终以社会责任为己任，把人民群众利益置于个人利益之上，忠诚履行一名法律援助人的神圣职责和使命，让党委政府放心，让人民群众满意。在从事法律服务和法律援助工作的22年时间里，孙莉能够认真履职、依法办事、无私奉献，尽最大努力维护当事人的合法权益，执业至今，办理各类案件900余件，并保持了零投诉率。5年以来，孙莉带领全市法律援助人员大力做好落实政府民生实事，积极开展惠民便民服务，所承办的法律援助案件数量每年均在递增，让更多的社会弱势群体享受到了高效优质，方便快捷的法律援助服务，得到社会各界和人民群众的高度认可和好评。2017年孙莉又光荣的当选为吉林省第十一次党代会的党代表，更加感受到法律援助承载的重大社会意义与法律援助人肩负的重大社会责任。

从执业那天起，孙莉就在心里默默定下一个原则，那就是规范遵守律师职业道德和执业纪律，以维护法律的正确实施为目的，认认真真做好每一件业务，最大限度地维护当事人的合法权益，让每一名当事人时刻感受到法律的公平、正义。2009年初春，一名衣着单薄、身托病体、面容憔悴的年轻妇女来到市法援中心。经了解，该女叫丁某艳，身患严重的肾病，月收入仅有700元，2008年秋天时被丈夫何某打出家门，至今无家可归，无钱就医，更不让看望孩子，现何某已提起离婚诉讼，要求丁某艳净身出户。走投无路之下，丁某艳来寻求法律援助。孙莉接手此案后，第一时间与何某取得了联系，提出女方身体状况欠佳急需照顾和治疗并准备与其调解的想法。可协商工作进展得并不顺利，甚至遭到何某的辱骂与威胁，但孙莉并没有惧怕和气馁，经过与何某数次耐心细致的沟通与交流，并为其讲解相关法律知识后，最终让何某放下不满情绪，与丁某艳协议离婚，孩子由何某抚养，无需丁某艳承担抚养费且保证其对孩子的探视权，何某还同意每月支付给丁某艳 200 元的生活费。当丁某艳拿到调解书时，原本绝望的眼中流下了感动的泪水，并对孙莉说：“真心谢谢您，让我走出了噩梦一样的婚姻生活”。

对于有特殊困难的人，孙莉除为其提供法律帮助之外，还慷慨解囊资助。2010 年，孙莉接待了一名叫甄某的老人，其丈夫于 20 年前出车祸致残并完全丧失自理能力，而肇事方支付的赔偿金极少，当时家中还有一名 30 余岁的智障儿子，家庭生活极为艰难，为此，老人开始常年上访。起初，老人情绪非常激动，孙莉便一次次地耐心劝说与安抚，同时引导其依法进行诉讼，并答应为其提供法律援助。因老人居住地偏远，孙莉便亲自接送或为其提供车费，并组织中心全体党员律师为其捐款捐物、送米送面、清扫宅院。同时多次联系民政、信访等部门，为其解决部分生产生活用品和 5 万元的信访扶困资金，及时解决了老人一家的燃眉之急，老人非常满意，同意息访息诉。至今，孙莉仍以个人名义在帮助着老人的生活，每次见面时，老人都会亲切地叫一声“孩儿啊”。

2015 年春，有一名满头白发，步履蹒跚、年逾耄耋的妇女来到法援中心，因其听力极差，语言表达不清，工作人员无法知晓老人的意图。孙莉与其用语言加手势交流近3小时后，才知老人不想在敬老院生活，但又不知其子女的联系方式，就连住在哪家敬老院也记不清了。通过耐心细致的询问，才大致知晓敬老院位于几十公里外的一个小镇，但还不知是哪家，此时已是中午。孙莉安置老人上车，为老人买了午餐和水果，驾车一路打听，才将老人送回敬老院，并与其儿子取得了联系，做了妥善安置。返程时已是下午2点多，虽然错过了午餐，但是看到老人安心的笑容，我也是甘之如饴。

多年来，孙莉同志无论是在为农民工追讨工资、为老年人提供法律帮助、为伤残职工依法维权，还是保障妇女儿童合法权益等方面都是以优质、高效、及时、精准的法律服务履职尽责，以“不忘初心，牢记使命”的责任感，努力实践着“为贫困弱势群体撑起一片蓝天”的誓言，用自己的努力，维护了公平和正义，塑造了法律援助人良好的诚信形象，为构建和谐社会做出了应有的贡献。

个人小档案

王文胜

WANG WENSHENG

王文胜，1969 年 11 月出生，本科学历，中共党员，曾在乡镇中学任教 14 年，2007 年通过国家统一司法考试；先后在岳西县温泉镇司法所、五河镇司法所、响肠镇司法所担任司法助理员；2011 年任岳西县法律援助中心主任，法援律师。曾获“岳西县服务发展先进个人”“岳西县维护社会稳定及信访工作先进个人”“岳西县先进工作者”“岳西县践行群众路线先进典型”“安徽司法行政年度榜样人物”等荣誉称号；其办理的法援案件获评“中央专项彩票公益金法律援助项目典型案例”，分别收录于《法援法治》和《法律援助案例研究》等书；其所在单位获评“安徽省维护妇女、儿童合法权益先进集体”“安徽省法律援助示范窗口”“安徽省农民工维权先进单位”“全省司法行政系统先进集体”。

他创新“四说”工作法，建立援助接力机制，推行“1+1援助”和“一站式服务”，一切都为了受援人的利益；他秉持“维权就是维稳”工作理念，牵头成功办理20多起较有影响的重大群体信访案件，充分发挥法援社会稳定“减压器”作用；他对经手的每一个法援案件做到“尽心”和“贴心”，以“双心”搭建连心桥，为受援人托起法援的“冬日暖阳”。他叫王文胜，安徽省岳西县法律援助中心主任，法援律师。

自2011年被组织安排到县法律援助中心工作以来，王文胜不忘初心，对困难群众的法律需求感同身受，始终带着一颗感恩的心努力工作，为受援人撑起了一片天空。

一切为了受援人利益

法援工作的对象，多是社会弱势群体。要用法援的阳光，去温暖广大受援人的身心。王文胜秉承“一切为了受援人的利益”理念，不断探索、创新工作机制，努力提升法援工作的服务品质。他将管理与办案有机结合，总结出说法、说理、说情、说话的“四说”工作法，每次接待群众都是“一张笑脸、一声问候、一把椅子、一杯热茶”，用心用情为他们服务。60多岁的王某是精神分裂症患者，也是老上访户，她与柳某交通事故责任纠纷一案，因诉求过高，县内5家律师事务所的律师都不愿意为其代理。王文胜婉谢各种善意提醒，亲自为其提供法律援助。近半年时间里，王文胜耐心接待其50多次，每次少则几小时，多则大半天……最终，王文胜灵活运用“四说”方法，让这起棘手的交通事故案件得以和解，王某得到了合理赔偿。

王文胜结合实际，创新建立援助接力机制，推行“1+1援助”模式，推行当事人选择律师的“点援制”、案件集体讨论的“专家会诊制”，以调为主的“援调对接”等工作机制，务实便民，赢得了省、市主管部门的充分肯定和社会各界的一致好评。

当好社会稳定“减压器”

王文胜秉持“维权就是维稳”的理念，主动发挥法援社会稳定“减压器”作用。在依法维护受援人合法权益同时，正确处理维权和维稳的关系，确保社会大局稳定。

2017 年 3 月，县内 89 位村民为追讨工资，准备集体上访。王文胜获悉后，主动联系村民代表帮助依法维权。因多数上访村民均年过六旬，文化程度较低，沟通十分困难，加上问题久拖不决，他们对法律援助也不是很信任。为避免发生意外，王文胜带队及时赶到村民做工的种植示范园开展工作。通过一整天沟通协调，大家终于理解了法援工作者的一片苦心，同意通过诉讼追讨工资。1 个月后，在王文胜的艰辛努力下，89 位村民终于在案件开庭前拿到了血汗钱。为表达谢意，村民们自发给县法援中心送来了“执法为民、情系工友”的锦旗。

5 年来，王文胜牵头成功办理了 20 多起较有影响的重大群体性信访案件，及时消除了不稳定因素，有效维护了一方平安。

“双心”托起法援暖阳

法援工作是一座“连心桥”，一头连着困难群众，另一头连着党委政府。只有心系群众，执法为民，才能最大限度彰显法治的公平正义。王文胜牢记入职誓言，坚持在每一个法援案件中都做到“尽心”和“贴心”，以“双心”搭建与当事人之间的“连心桥”。

受援人王某，13 岁时母亲去世，初中时因为盗窃被劝退，2013 年又因盗窃被判有期徒刑 8 个月，出狱后不到半年再次入户盗窃十几起……但王文胜并未因他的“劣迹斑斑”而把辩护走过场。通过会见，王文胜洞察到了他心中对亲情的渴望，可其父亲却明确表示，凡是王某的事一概不理。王文胜经过不懈努力，在第二次会见受援人时带去了其父对王某的“问候和希望”，王某当场流下了感动的泪水。王某获刑后，王文胜的法援工作并未停止。他专门请摄影师拍下王某家乡的雪景及亲人的照片，寄到其服刑的监狱，以慰藉他的思乡之情。抽出时间给王某写信，鼓励他振作起来、好好改造。王文胜的努力，也让王某父亲倍受感动，重新接纳了儿子，并主动到监狱探望。因表现突出，2018 年 1 月，王某被裁定减刑 5 个月，提前获释。

5 年来，王文胜共办理法律援助案件 380 件，服务受援人 700 多名，为他们争取赔偿或挽回损失超过 1500 万元。为了受援人的利益，他经常放弃休息，放弃陪伴妻儿的时间，无怨无悔奔走在大山深处。2015 年，《法治日报》以《调解降低当事人耗不起担忧》为题，对王文胜倾心维护困难群体合法权益的事迹进行了介绍。

“我生在农村、长在农村、长期工作在农村，对困难群众的法律需求感同身受，我愿意带着一颗感恩的心去为他们工作。”王文胜用自己的行动，实现了他的诺言。

个人小档案

孙荷莲

SUN HELIAN

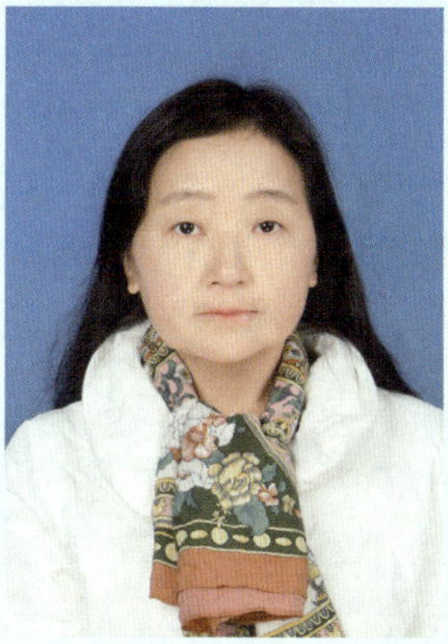

孙荷莲，苗族，中共党员，本科学历，现任湖南省泸溪县法律援助中心主任。1986 年 7 月毕业于湖南省司法学校，分配到泸溪县司法局工作至今，1991 年获律师资格证书，并一直担任党政有关部门的法律顾问。

从进入县司法局工作以来，她一心扑在法律工作上，尽职尽责，用心付出，努力发挥着自己的法律优势，服务经济社会发展。特别是担任县法律援助中心主任以来，法援中心形成了一套符合山区少数民族特点的法律援助服务方式，赢得了社会各界的广泛赞誉。个人曾先后荣获全州县先进个人、县政府嘉奖、“巾帼建功”先进个人及“岗位明星”等多项荣誉，多次被选为泸溪县政法机关党代表、泸溪县妇女联合会代表。所在单位先后荣获全国司法所建设先进单位、全国法治县（市）创建先进单位、湖南省文明标兵单位、湖南省司法行政系统先进集体等众多荣誉。

孙荷莲从1986年7月参加工作以来，就一直在泸溪县司法局工作，1991年6月获得律师资格证书，务实、专业、敬业是她的工作写照，20多年来，她始终初心不改，一心扑在法律援助工作上，管理全县法律援助案件，精心指导做好法律援助工作，用她的真心付出，诠释着法律公平正义的理念。

“人民对美好生活的向往，就是我们的奋斗目标”，作为一名老党员，她时刻把习近平总书记的话记在心间、落实到行动上，群众对法律的需求，就是她工作的目标。泸溪县是一个苗族、土家族等少数民族县，居住较分散，山区群众交通不便，为了让群众享受到法律援助，在县、乡、村三级全覆盖建立公共法律服务站点，利用互联网在如法网上全面开展法律援助业务，形成O2O办案方式，专门配备精通少数民族语言的工作人员值班接待办事群众，最大限度地方便群众，同时扩大受援人范围，把精准扶贫建档立卡户和受害者及低收入群体全部纳入受援群体，只要群众来申请法律援助，凡是符合法援条件的都要做到当天受理、当天指派，提供“一站式”服务。为了深入掌握了解群众对法律援助的工作需求，她从掌握了解基本情况入手，山区交通不便，她就步行，走村串户，一家一家地了解情况，一户一户地收集信息，脚磨破了，她强忍着疼痛，一刻也不愿意停歇，马不停蹄地做好摸底调查工作，农村有它特有的工作特点，乡亲们忙农活起得早，为了不“扑空”，她起得比乡亲们还早，白天找不到人，就晚上登门，有的农户去一次没人，就去两次、三次、四次，在孙荷莲的不懈努力下，全县法律援助工作取得了优异成绩，近年来，她个人先后接待法律咨询10,000余人次，办理案件800余件，为群众挽回经济损失1000多万元，并一直免费担任县人民政府的法律顾问，为政府部门的息访息诉工作发挥了积极作用。

撇家舍业，工作为先，孙荷莲有着惊人的毅力和奉献精神。和许多女士一样，孙荷莲也是上有老下有小，丈夫忙于工作，孩子也需要人照顾，但是，孙荷莲坚持做到舍小家顾大家，以常人难以克服的毅力，千方百计地做好法律援助工作，有时连饭都顾不上吃，孩子病了也顾不上照顾，用真心和付出化解群众一个又一个难题。武溪镇红土溪村岩场农民工王某某发生工亡事故，认定不了工亡，受害人家属情绪相当激动，但又势单力薄、求助无门，孙荷莲了解情况后，第一时间指派法律援助律师，最终达成了协议，事情得到妥善解决。群众李燕与丈夫黄跃明同乘摩托车，意外被路旁断落枯树压倒的电杆砸中，黄跃明因砸中头部伤情严重，经抢救挽回生命后，司法鉴定为一级伤残，接到李燕的法律援助申请后，孙荷莲亲自上阵，查资料、找证据，最终住院100多万元医疗费、153万元的残疾赔偿金等经济损失都全部得到了赔偿……就这样，一个又一个法律援助案件，在法律援助中心的无私帮助下，得到了尽如人意的解决。

“做法援工作是个良心活，要讲法律讲公平不论亲疏。”孙荷莲深有感慨地说。尽管当事人是她的亲戚、同学、朋友，她都依法辩曲直，仗义论是非。正因如此，在当地受援群众中流传一句话：“有困难，找荷莲。”这个巾帼强人，用坚强毅力工作着，用似水柔情奉献着，时刻书写着基层法援人的美丽华章。

个人小档案

张　明

ZHANG MING

张明，苗族，中共党员，在职法律专业本科学历。1977 年 7 月上山下乡到农村插队落户，从此参加工作。曾在贵州省黔东南州从江县（国家级贫困县）、丹寨县（国家级贫困县）、凯里市任中学教师 15 年；在凯里市人民检察院任检察官 15 年。2006 年调凯里市司法局工作，自 2008 年至 2018 年 1 月，任凯里市司法局法律援助管理科科长、凯里市法律援助中心主任。从 2007 年起至今，他先后 6 次被凯里市司法局评为“先进工作者”，4 次评为“优秀共产党员”，6 次评为“优秀公务员”；2011 年被贵州省黔东南州妇联授予“全州妇女儿童维权先进工作者”；2016 年 9 月被司法部评选为“全国第五届法律援助工作先进个人”。从事法律援助工作 12 年，他接待、解答和提供法律咨询达 6610 人次，亲自办理和与他人共同办理法律援助案 690 余件，为残疾人、未成年人、老年人和农民工（含女农民工）等受援助人取得或挽回经济利益共计人民币 3.63 亿元。

为老百姓搭建法律援助的桥梁

2008 年，组织上安排张明担任凯里市法律援助中心主任，从此与法律援助工作结缘。上任之初，凯里市法律援助中心面临着重重困难，法律援助经费严重不足。面对这样的工作局面，张明没有等待，他决心把这副担子扛起来，为弱势群体撑起一片蓝天，让残疾人、未成年人、妇女、老年人和农民工等弱势群体享受法律援助的阳光。

为切实维护社会弱势群体的合法权益，充分发挥市法律援助中心职能作用，张明不断拓展全市法律援助工作新领域。他组织律师、法律服务工作者和公证员积极开展了对残疾人、妇女、儿童、老年人及军人的特色法律援助，把法律援助延伸到学校、到军营、到社区、到企业、到乡村。通过各种形式的法律援助宣传，不断提高全市广大公民的维权意识，使法律援助工作在全市形成了良好的氛围。通过法律援助工作，把党和政府的温暖及时送到困难群众中去。

为了更好、更快地为困难群众提供法律援助，从 2012 年开始，张明同志以市法律援助中心牵头，专门组织凯里城区 13 家律师事务所主任、法律服务所主任、部分村委负责人召开法律援助工作座谈会，讨论开展创新法律援助工作方法，取得大家的共识。决定由在凯里城区执业的 13 家律师事务所和法律服务所分别与凯里市 20 个乡、镇和街道所辖的村（居）民委员会、社区签订了《法律援助帮扶协议书》。通过结成法律援助帮扶对子的办法，各律师事务所、法律服务所在市法律援助中心的协调下，按照协议约定，定期或者不定期到各村寨开展法律知识讲座、法制宣传、提供法律咨询、调解矛盾纠纷，办理法律援助案件，开展法律帮扶工作。现在，全市 192 个村（居）民委员会、社区全部分别与各律师事务所、法律服务所签订了《法律援助帮扶协议书》，使凯里市法律援助申请人能就近、方便、快捷地申请法律援助。形成了凯里市“一小时法律援助服务圈”，提高法律援助工作效率，使残疾人、未成年人、老年人、贫困户、妇女等弱势群体通过法律援助，依法维护自己的合法权益。

为老百姓铺就排忧之路

张明同志长期耕耘在司法战线上，在工作中任劳任怨，把老百姓装在心里，时刻记挂着群众、心系群众。他常常告诫自己：“只有心里放着百姓，百姓才会信任支持我们。”为此，他积极开辟维权“绿色通道”，对残疾人、妇女、儿童、农民工、孤寡老人案件优先接待，优先指派，优先办理。从事法律援助工作 12 年来，张明每年平均加班 40 天以上，每年公休假不足 5 天，每年病、事假不足 10 天，每年办理法律援助案 50 件以上。

从 2012 年至 2018 年，连续 7 年春节前，张明同志受局领导指派，参加凯里市清理拖欠农民工工资工作。他是凯里市参加清理拖欠农民工工资工作时间最长、次数最多的人。在清理农民工工资工作中，他顾

不上家有 85 岁因公一级伤残需要护理的母亲，也顾不上身患癌症重病卧床的父亲，常常是从早上到晚上 10 点钟，连续做劳资纠纷双方的思想工作。向他们宣传国家法律和政策，分析双方的劳动关系和法律关系，督促欠薪方筹资及时支付农民工工资。引导农民工依法理性索薪，多次有效地化解因欠薪引发的重大激烈矛盾纠纷。他和同志们互相配合，7 年来共为 33,600 名农民工（含女农民工）追回 3.61 亿元工资，保障农民工在春节前领到工资回家过春节。

“一切为了老百姓，为了老百姓的一切，为了一切老百姓”是张明同志一直以来的宗旨。在法律援助道路上，他负重砥砺前行，随时准备着，为老百姓奉献自己的全部力量。

个人小档案

李善鹏

LI SHANPENG

李善鹏，1986年10月出生，湖北十堰人，中共党员，硕士研究生，宁夏第九届律师代表大会法律援助律师代表，现任宁夏北民太德律师事务所合伙人律师、党支部书记，兼任宁夏回族自治区“12348”法律咨询专线值班律师、银川市司法局法律援助中心刑事法律援助律师专家库业务专家、银川市电视台律师维权栏目律师、银川市律师协会法律援助专业委员会委员。

2011年毕业于宁夏银川市北方民族大学法学院，法学本科专业，在校期间获得两次国家励志奖学金、一次校一等奖学金、三次国家助学金、一次大学生勤奋刻苦奖，2010年11月通过国家司法考试。2013年至2016年在宁夏银川市司法局从事法律援助律师工作。期间，于2013年9月至2016年6月在宁夏大学攻读全日制民商法学硕士研究生，在校期间以优异的成绩获得研究生学业奖学金和研究生国家奖学金，毕业时获得校级优秀毕业生。

2011 年 7 月大学毕业后，扎根民族地区，献身西部法治建设，并致力于从事法律援助公益事业。被银川市律师协会法律援助与未成年人保护工作委员会选聘为委员和北京大学等高校命名为联合培养高层次综合法律人才公益法律服务项目实践指导教师。因法律援助业务和公益法律服务表现突出，多次受到宁夏电视台直播 60 分、银川交通音乐台、《宁夏法治报》、《宁夏新消息报》、《银川晚报》采访或报道，获得当事人赠送的锦旗多达数十面，多次获得中国法学会法律诊所教育委员会颁发的奖杯和致谢函。2015 年被推选为法律援助律师代表参加宁夏第九届律师代表大会。

不忘初心，扎根西部，积极投身民族地区法律服务事业

2007 年考入北方民族大学。在校期间，刻苦学习法律知识，还积极参加社会实践活动，在实践中深深感受到西部民族地区法治建设任重道远，亟须法律人才投身其中。于是，2011 年 7 月大学毕业后，没有回到条件优越的家乡，而是毅然投身于少数民族地区法律援助事业，并一直坚持从事公益法律援助律师工作。在日常工作中，通过与弱势群体的接触，更加增强了对弱者的同情和对法律的尊崇。刻苦钻研法律业务，积极为弱势群体提供免费法律咨询，引导弱势群体依法诉求、依法维权，努力化解矛盾纠纷，为民族地区的社会稳定和长治久安做出了积极贡献。

满腔热情，身体力行，积极宣传法律援助事业，努力提升民族地区法律援助的知晓率和普及率

为了能让更多的弱势群体了解法律援助事业并获得法律援助，深入建筑工地、深入社区和在繁华街道、广场开展免费法律咨询，散发宣传材料数万份；积极配合各级机关组织的法律宣传活动一百余场次，包括参加“3 · 15 消费者权益保护日、12 · 4 法制（宪法）宣传日”、送法进军营、进社区等各项法律宣传活动；深入党校、司法机关、街道办事处以及企业等单位讲授法律援助知识。使越来越多的弱势群体知道了法律援助，运用法律援助逐渐成为困难群体维护合法权益的重要手段。

恪尽职守，精益求精，认真办理各类法律援助案件

从事法律援助工作以来，办理了大量的法律援助案件。6 年来免费提供法律咨询 3000 余人次，免费代书 800 余份，无偿办理各类刑事、民事法律援助案件 1100 余件，涉及人数近 2000 余人次，其中涉及的典型和具有广泛社会影响的案例多达 100 余件，为受援人挽回经济损失 2000 余万元。同时，积极配合党政机关、公检法等相关部门办理各类疑难复杂案件，妥善化解矛盾纠纷。譬如，配合银川市政法委办理见义勇为烈士史某亲属合法权益受侵害案件，获得良好的社会效果和法律效果，也成为当年政法委的亮点工作之一；通过为吉某某等 20 人涉黑案件中第五被告人于某某刑事辩护，使于某某的罪名由 8 个减少到 4 个，量刑由无期徒刑减少到有期徒刑 11 年；通过为见义勇为受伤军人张某提供法律援助，使其伤残等级由原来的八级提升至三级，从而依法保护了军人的合法权益，也成为宁夏开展军地法援合作共建首件具有重大影响的经典案例；通过为工亡职工汤某某遗属提供法律援助，将历时 3 年多时间、经历 10 个程序的法律援助案件办结，最终为其获得 73 万余元的赔偿款，获得广泛的媒体报道和极高的社会评价，

极大弘扬了法律援助的社会效应和正能量。

注重传承，言传身教，为培养高层次公益法律人才提供实践指导

在公益法律服务方面，积极投身为期两年的律师志愿公益法律服务，其后作为指导老师与中国法学教育研究会诊所法律教育专业委员会、银川市司法局法律援助中心共同培养和指导北京大学、中国人民大学、中国政法大学等 5 名在读研究生从事公益法律服务志愿者法律服务实践，在具体实务中亲力亲为，言传身教，为志愿者传道授业解惑，积极传播公益法律服务的正能量。通过为 5 名志愿服务项目志愿者提供实践指导，既促使 5 名志愿者获得了快速地成长，培养了志愿者的公益心、社会责任感和实践能力，也为高层次的公益法律服务人才的培养贡献了自己的一份力量，意义重大而深远。

加强学习，认真钻研，努力提升法律服务综合能力和法律服务理论水平

“工欲善其事，必先利其器”，在法律援助工作之余，认真钻研业务，结合自己的法律实务，先后在期刊杂志上发表多篇实务论文和案例，其中一篇案例被司法部法律援助杂志采用，论文《试论我国侦查人员出庭作证》《试论我国民商法制度的完善及其发展策略》《律师、律师费对当事人诉讼意愿的影响》《浅论我国外派劳务合同法律性质的界定》受到业界好评；纪实文章《年近古稀打工养家，维权之路法援铺平》受到主管部门的表扬。因业务能力突出，理论研究深入独到，在民族地区贡献突出，获得北方民族大学优秀校友称号，并被北方民族大学法学院聘为法律实践指导老师。

再接再厉，砥砺前行，继续当好贫弱者的拐杖

“再小的权益，对贫弱者来说都是天大的事，而我们律师就是为了维护当事人合法权益而生的！”坚信，法律援助是中国法律服务领域的“希望工程”，是弱势群体获得公平与正义的坚强依托。在今后的工作中，将义无反顾地走法律援助之路，甘作民族地区弱势群体的“拐杖”，真心为这项惠及社会、惠及普通大众的事业再多尽一份心，多出一份力，为创造和谐社会再多做一点贡献。

个人小档案

郝建宁

HAO JIANNING

郝建宁，1969 年 11 月出生，中共党员，大学本科学历，法学学士。1988 年 10 月在唐山市司法局参加工作，曾从事办公室、计财装备处、律师工作管理处、法律援助中心等工作岗位。2000 年开始从事法律援助工作，2005 年 12 月任唐山市法律援助中心主任。在其从事法律援助工作的 17 年期间，攻坚克难，锐意进取，先后参与完成了市、县两级法律援助中心的组织建设，同时不断加强法律援助队伍的日常管理和业务培训，所在单位唐山市法律援助中心先后被司法部评选为“法律援助工作联系点”“优秀便民服务窗口”“第五届全国法律援助先进集体”“十二五期间公益金项目实施示范单位”。其个人积极战斗在法律援助的第一线，因业绩突出，服务热情，先后荣获“第四届全国法律援助工作先进个人”、全国妇联“依法维权先进个人”等荣誉称号，并记功 1 次，荣立三等功 2 次。

郝建宁同志自从事法律援助工作以来，就将自己定位为一名困难群体合法权益的维护者，她急群众所急，想群众所想，坚持以真诚、耐心、热情的工作态度为困难群体提供法律援助服务。郝建宁同志走在困难群体维权工作前列，工作中尤其重视为妇女、儿童、农民工、老年人等特殊群体合法权益的维护。自任中心主任以来，她多次组织法律援助队伍到各镇街村社、园区工厂、建筑工地等开展为妇女、儿童、农民工维权专题宣传活动，提升弱势群体合法维权意识。十几年来，该同志政治立场坚定，业务能力纯熟，带队办理了吴某某故意杀人无罪辩护案；河北省承德市原市委书记郑某某受贿、巨额财产来源不明案等一大批法律援助案件。

立足本职，不断创新

郝建宁同志自到法律援助中心工作以来，面对中心既要承担管理责任又要履行服务职能，工作任务非常繁重；同时中心还存在办公环境差、人员少等诸多困难，但她没有畏难情绪，全身心地投入到工作中，确定了抓管理，夯实机构基础建设的工作思路。全市 15 家法律援助机构，全部整合为以法律援助工作为主体的公共法律服务中心，全市的 238 个乡镇（街道）全部依托司法所建立了法律援助工作站，统一挂牌，开展法律援助工作，形成了比较完备的市、县、乡三位一体的法律援助网络体系。在开拓业务上，本着“应援尽援、尽援优援、优援速援”的工作原则，为了便民、利民、惠民，在原有“12348”咨询热线的基础上，充分利用了“互联网 + 法律援助”的理念，改造升级了“12348”智能语音平台，同时创办了唐山法律援助微信公众号和官方网站，业务也由过去的法律咨询和法律援助两项职能，增加到律师、公证、司法考试、司法鉴定、社区矫正等多项业务。提高了中心的管理能力和服务效能，此举得到省厅领导的充分肯定，并在全省进行推广学习。

兢兢业业，无私奉献

作为一名法律援助律师，在繁忙的管理工作之余，她还积极承办各类法律援助案件。从2005年执业至今，她共承办各类案件300余件，她以自己所学的专业知识，无私地为贫困群体提供优质高效的法律服务。办理了王某某故意杀人案，吴某某故意杀人无罪辩护案，承德原市委书记郑某某受贿、巨额财产来源不明案及为八旬老人办理房产纠纷案等多起典型法律援助案件。其中王某某故意杀人案，整个庭审过程中央电视台12频道进行了全程播放。在承办承德原市委书记郑某某受贿、巨额财产来源不明案期间，她多次往返看守所会见郑某某，稳定其情绪，并针对该案卷宗（50本）多、证据多等情况，为保证庭审的顺利进行，说服郑某某配合市中院在开庭前召开了庭前会议，为庭审的顺利进行打下了良好的基础。开庭当天，省、市纪委的领导及市直机关近200人进行了旁听，庭审中郑某某认罪态度好，真诚认罪、悔罪，并当庭宣读了悔过书，她也依据事实和法律发表了合理的辩护意见，这次庭审不仅使旁听群众受到了教育，省、市纪委领导也非常满意，她提出的多项辩护意见被法庭采纳，郑某某对律师的工作当庭也给予了肯定，该案收到了良好的社会效果和法律效果。

不忘宗旨，忘我工作

作为一名共产党员，郝建宁同志严格要求自己，牢记全心全意为人民服务宗旨，不计个人得失，全身心地投入到忘我的工作中。她工作繁忙，既要办案还要负责日常的管理工作，加班加点成了家常便饭，积劳成疾，使她患上了严重的冠状动脉性心脏病，并于2016年7月做了冠状动脉植入手术，手术后她不顾医生告知的必须休息静养半年的医嘱，她带病带领中心全体同志完成了“12348”语音智能平台的升级改造工作，并顺利完成了法律援助中心整体搬迁和公共法律服务中心的整合工作。

个人小档案

王兆清

WANG ZHAOQING

王兆清，1961 年出生，中共党员，1981 年毕业于辽宁省本溪市师范学校。任教 4 年后，王兆清调入辽宁省本溪满族自治县司法局，次年考入辽宁省政法干部管理学院脱产学习。1988 年王兆清在该校法律专科毕业；同年，在全国律师资格考试中，王兆清以 389 分（全市第一名）的总成绩取得律师资格。1992 年王兆清开始从事律师工作。1993 年王兆清取得中国政法大学法学专业（函授）本科毕业证。1999 年 9 月王兆清由社会律师转为法律援助专职律师。工作至今，王兆清多次被评为县司法行政系统先进个人，两次被评为县维护社会稳定先进个人。

王兆清，中共党员，1988年在全国律师资格考试中，以389分（全市第一名）的总成绩取得《律师资格》，1999年9月，王兆清由社会律师转为法律援助专职律师。工作至今，该同志始终牢记共产党员全心全意为人民服务的宗旨，奋战在法律援助工作的第一线，默默无闻的践行着让弱势群体在每一起案件中感受到党和政府对他们的关怀，感受到法律的公平和正义的理念，用聚沙成塔的诠释着最美法律援助人的侠骨柔情。王兆清多次被评为县司法行政机关和维护社会稳定先进个人。

2001年，北方曲轴1200多名职工养老金集访事件，在王兆清的努力下，收集近百页的证据，利用半年的仲裁和执行，为上访职工赢得了400余万元的养老保险金，一场该县经济体制改革以来最大的社会矛盾被成功化解。2008年，原中国人民解放军九八三二工厂102名职工，集体阻止拆迁，要求拆迁款优先解决职工的工资和养老保险，并与新接管企业人员互殴，王兆清在工厂的动迁款可能被接受企业提取或被其他法院查封的情况下，创新工作思路，经法院采取财产保全措施，查封了上述拆迁款，经过仲裁和一审、二审程序，历时2年多，职工终于领到10年的工资和养老保险。2015年，百名村民代表全村900多名18岁以上村民集访，要求某公司退回无偿占有本村4000亩天然林，王兆清提出了先民事确权，再行政裁决的办案思路，经过长达一年的诉讼，王兆清的代理意见得到了一审法院的支持。

王兆清始终坚信法律是公正的，尽最大可能为弱势群体维权一直是王兆清承办法律援助案件以来不懈的追求，即使遇到再多的困难，他也不会放弃。

因维权意识不强，在履行承包合同纠纷案件中遭遇过两次不利判决的马某，曾几近崩溃。受理该案后，王兆清经过分析案情、查找证据疑点，为其代写了3000余字的申诉书，在经中级人民法院再审，仍维持二审判决，马某快要放弃的情况下，王兆清却坚定地提出，必须坚持向省高院申请再审。按当时的条件，法律援助没有办案补贴，王兆清自掏腰包，多次到距离100公里外的省高级人民法院利用两天时间和其他当事人排队申请再审。最终，省高级人民法院直接改判，依法维护了马某的合法权益。当王兆清将判决书交到马某手中时，马某泣不成声地对王兆清说："谢谢，太谢谢了，是你给我找到了活路"。

像这样，在王兆清的坚持下为受援人依法维权的案子还有很多。

有3名刚拿到大学录取通知书的少女，在乘坐魏某酒后驾驶的挂有假军牌照的轿车回家途中遭遇车祸，不幸身亡。经交通事故责任认定：驾驶车辆的魏某负全部责任。本来可以拿到105万元赔偿的3名女孩的单身母亲，却在执行中遭遇被告私自转移财产的情况。在接待了这些满脸憔悴、泪眼无助的母亲后，王兆清立即到房产处调取了被告出售房屋的档案，发现被告出售房屋的价格明显低于市场价格。经过查找相关证据和法律规定，最终法院依据王兆清提供的证据和相关部门的司法鉴定，依法作出全市第一起行使撤销权诉讼案件，3位母亲终于拿到了全额赔偿。

在从事法律援助工作近18年里，王兆清共接待过上万人次的法律咨询，从没有过拒绝接待，更未收取过任何费用。在面对多次邀他一起执业的大学同学和以高薪待遇诚聘他为大型企业律师时，王兆清总是淡淡地一笑说：还有那么多打不起官司的人在抱怨法律的不公；快到春节了，等着领工资回家过年过节的人太多了。王兆清深知法律援助是党和政府对困难群体关怀的体现。不以物喜，不以己悲，只要那些弱势群体还需要他，即使没有高收入没有任何荣誉，他也愿意留下来。

在"行风热线"广播中，经常会出现王兆清纪实解答听众提出的法律咨询的声音。作为县法学会成员和政府的法律顾问，王兆清每年代表全县律师对政府各项涉法问题提出的意见和建议，被采纳率达到

90% 以上。作为信访局的客座律师，王兆清曾引导 700 多人次上访者通过诉讼完成诉求。

多年来，王兆清带薪休假时间不超过 10 天，但节假日工作时间却无法计算，因为他代写的法律文书几乎都是 8 小时外完成的。他总是把有限的休息时间放在了为贫弱者提供法律帮助上。他共为 800 多名农民工讨薪 500 多万元；为因工负伤人员争取工伤待遇 100 余人次，索回案款 600 多万元；为 10 多位老人解决了赡养问题；代写的法律文书近万份；办理的刑事、民事、行政和劳动仲裁案件近千件。在全市开展的“法律援助助力精准扶贫”和“法律援助关爱明天”活动中，王兆清多次深入贫困村贫困户家中，与贫困户结对子，了解贫困户和留守儿童法律需求，为其提供法律咨询，半年来共受理涉贫诉讼法律援助案件 5 件。

怀着对党的忠诚和悲天悯民的情怀，王兆清用自己的大爱拓宽了法律援助这项连党心、达民意的工程，用自己的无私奉献谱写出了法律援助人最美的诗篇。

个人小档案

张龙江

ZHANG LONGJIANG

张龙江，1968 年出生，中共党员。1990 年参加工作即就职于司法行政系统，1999 年开始从事法律援助工作，曾先后荣获“第五届全国法律援助工作先进个人”“全国敬老爱老助老模范人物”“全市十佳人民满意政法干警”等荣誉称号，并分别荣立三等功、二等功一次。2012 年任连云港市法律援助中心主任以来，他始终坚持“应援尽援、应援优援”的理念，不断完善创新法律援助服务机制和服务方式，为全市的法律援助事业做出了积极贡献。该中心先后荣获全国“法律援助便民服务示范窗口”、国家级“青少年维权岗”、全国“敬老文明号”、“全国老年法律维权工作先进集体”、全省“十佳法律援助先进集体”等多项荣誉称号。

张龙江从1999年开始从事法律援助工作，18年来，他始终站以赤子之心，胸怀公平正义、手持法律之剑，一路披荆斩棘，用忠诚和担当，为困难群众撑起了法治的蓝天；他始终以奉献的精神，站在弱势群体中间，办理了一件又一件法律援助案件，帮助困难群众中树立了法治权威、感受了公平正义；他始终以法治信仰，顶住压力、突破障碍，用实际行动践行了一名党的法律工作者的忠实信念！

勇于担当甘于奉献，法律援助支撑弱势群体法治信仰

2012年，东海县两小学生因模仿动画片《喜羊羊与灰太狼》烤羊情节而被重度烧伤。连云港市法律援助中心受理该案件，张龙江和江苏云台山律师事务所苗红伟律师共同承办。该案件引起了社会各界的广泛关注，央视、凤凰、新浪、《光明日报》、《法治日报》等全国百余家媒体对该案进行连续报道。最终，成功为小哥俩维护了合法权益，还直接推动了我国动画制作管理的立法进程。

2015年8月，灌云县马沟村陶庄七旬老人吴某出门散步被庄头标识牌砸倒，不幸身亡。连云港市法律援助中心受理该案，张龙江和苗红伟律师承办案件。经过调查取证，他了解到，庄头的标识牌是灌云县人民政府统一建筑亮化工程，全县共有3000余个。因标识牌系空心砖堆砌，无钢筋骨架支撑，终至事故的发生。本案不仅涉及老年人生命权纠纷，同时大量标识牌的存在危及广大群众生命安全。

因被告主体的特殊性，案件办理难道很大。在案件办理过程中张龙江接到过多次相关领导电话，提醒他作为党的领导干部，要讲政治！他说，为老百姓伸张正义，为挽救群众生命安危就是最大的讲政治！

案件诉讼过程艰难而缓慢，被告相互推诿，拒不承认施工主体，案件一度陷入困境。他换了一个思路，曲线救国，向灌云县政府、县住房和城乡建设局提起工程招标信息公开的行政诉讼。行政诉讼中被告败诉，张龙江拿到有力证据，他依法向灌云人民法院提起诉讼，要求灌云县人民政府、灌云县住房和城乡建设局将危险的庄牌工程拆除以保障广大人民的生命财产安全，同时赔偿受援人吴某死亡赔偿金等损失。

2017 年 12 月 20 日，灌云县法院依法作出判决，灌云县住房与城乡建设局承担赔偿责任，这起历时两年半的案件终于圆满结束。事后，再未发生一起庄头标识牌倒塌致人伤亡的事故。

畅通法律援助服务网络，打造“半小时法律援助圈”

张龙江不仅是法律援助的工作者，还是法律援助的领导者，他作为连云港市法律援助中心主任，以“应援尽援、应援优援”工作理念，在江苏省率先提出“半小时法律援助圈”工程。

一是构建“大法援”服务网络，提出了创建连云港市“半小时法律援助圈”工程，基层群众从申请提出到援助半小时内获得。主要依靠市、县（区）法律援助中心、乡镇（街道）法律援助工作站、村（社区）法律援助联系点，多层级联动立体式法律援助社会服务网络来实现的。成立了职工权益法律援助中心、妇女权益法律援助中心、服刑人员法律援助工作站、军人军属法律援助工作站等服务站点 10 余处。建成了全省唯一一家以法律援助为主题的法治文化广场——香江社区法律援助广场，确保贫困居民在家门口就能享受到法律援助服务。

二是壮大“多层级”服务队伍。法律援助工作必须依靠社会力量，让更多的人参与法律援助事业。先后成立连云港市法律援助志愿者分会、连云港市工会阳光法律援助志愿者服务支队、淮海工学院大学生法律援助志愿者服务支队，动员社会组织、高等院校参与法律援助服务工作。2017 年，按照省厅要求正式成立法律援助“名优律师团”，选拔社会知名律师，免费为困难群众提供法律咨询、法律援助等法律服务，进一步提升受援群众的满意度和获得感。

三是建立“大数据”联动机制。法律援助作为一项公益性社会事业，离不开社会各部门之间的配合联动。在法律援助工作中联合多单位部门借助科技力量，建立了连云港市法律援助对象数据库，内容涵盖全市 653 名困难职工档案、302,946 名残疾人、5010 名五保户、2134 名社会福利机构供养人员 117,002 名低保人群的基本信息。有了数据库的支撑，减少了受援人重复提交相关证明材料，提升了法律援助的精准性和针对性。

个人小档案

祝小君

ZHU XIAOJUN

祝小君，1963 年 10 月出生，中共党员，现任杭州市西湖区法律援助中心主任。1999 年毕业于中央党校函授法律专业，2008 年至今在浙江省西湖区法律援助中心工作。

作为一名基层法律援助中心主任，祝小君一直致力于打造优秀的西湖法律援助品牌，为人民群众提供优质法律服务，为困难群众维权发声，为司法公平正义力学笃行。以团队为抓手，通过精挑细选，逐步培养出了一只优秀的援助律师团队；以服务为核心，始终以方便人民群众为工作重心，切实做好“最多跑一次”，形成了当场申请、当场受理、当场指派律师的工作模式；以创新为动力，不断探索法律援助工作新方法新模式，探索建立西湖区网上法律服务中心，创作动漫、微电影宣传法律援助等。先后获得“全国法律援助优秀服务标兵”“全国法律援助工作先进个人”“浙江省法律援助工作先进个人”“杭州市十佳法律援助工作者”等荣誉称号。

自担任杭州市西湖区法律援助中心主任以来，祝小君一直致力于用优质法律援助为人民群众服务、为困难群体发声、为司法公正奔走，一步一个脚印把西湖区法律援助工作打造成黄金品牌，并先后获得“全国法律援助优秀服务标兵”“全国法律援助工作先进个人”“浙江省法律援助工作先进个人”“杭州市十佳法律援助工作者”等一系列荣誉，但最让祝小君满足和珍视的还是受援群众的泪水和笑容交织的感动和信赖。

用心做事　情系群众

法律援助作为一项民生工程，群众的满意是广大法援人努力追求的目标。祝小君始终把便民利民放在第一位，专门制作《法律援助申请所需材料一次性告知书》，罗列了常见援助案件申请法律援助需要的具体文书和证据材料，发放到各援助工作站点，上传到区网上法律服务中心，只要群众根据要求材料齐全，就能做到当场申请，当场受理，当场指派律师，且从没有发生过因为已到下班时间而让群众再跑一次的现象。

良好的服务意识，使祝小君和同事们总是尽力为困难群众提供更多额外帮助。如主动为困难群众掏钱垫付房租；护送行动不便的来访群众回家；为老年人提供上门服务。有一次，一位原来取保候审的当事人在庭审时被判刑，当场收监，突然的变故令当事人猝不及防，因为瘫痪在床的妻子在家无人照料，工作人员和承办律师一起连夜赶往当事人家里，安抚家属情绪，帮助联系社区，妥善安排生活。优质服务赢得了群众好口碑，法援中心和律师在法律服务过程中收到了当事人送来的 114 面感谢锦旗，每一面锦旗都是当事人的真挚感情，都是他们对法律援助工作者的感谢和信赖。

工欲善其事，必先利其器

办案质量是援助工作的生命线。2008 年，刚开始担任法援中心主任的祝小君发现，中心工作人员虽是法律专业毕业，但没有办案经验，面对群众咨询只能纸上谈兵，而且存在因办案律师责任心不强被投诉的情况。要想法律援助工作做得扎实，一定要有专业律师做强大的后盾。祝小君积极推进“法律服务打包签约制度”，在近两个月的时间里，和同事一起，逐家上门辖区律师事务所，逐位面试律师，在当年就确定了 4 家签约律师事务所共 10 名签约律师。目前，这支由律所合伙人、骨干律师、年轻律师组成的法援律师团队，已经增加到 11 家律师事务所共 30 名律师。这些优秀律师每天轮流在区法援中心值班，负责接待群众法律咨询，承办全区的法律援助案件。祝小君还定期特邀专家资深律师、法官为法援律师团队提供培训，并认真开展案卷管理，集中交流探讨，回访案件质量，优秀案例剖析汇编等活动。通过高效周到的法律服务质量管理工作，使西湖区法援中心承办的案件在杭州市法律援助案件质量评估考核中均名列前茅。如今西湖法援律师团队已经成了西湖区法律服务的一块“金字招牌”。

道在日新，艺亦须日新

祝小君和她的同事们从不停止创新的脚步。2008 年，开始探索实践法律援助“打包签约制度”；2010 年运用动漫形式创作了“阿普之歌”宣传法律援助和“12348”的法律咨询热线；2013 年在全省率先建立了“西湖区网上法律服务中心”，精挑细选的 22 位优秀法援律师每天轮流在视频室值班，接待群众的法律咨询、完成法律援助案件的初审；2015 年拍摄的西湖区法律援助微电影《锦旗的故事》获得了全国法治动画微电影大赛优秀奖；2016 年开始探索“12348”法律咨询热线服务模式，以政府购买服务形式，直接委托一家社会评价好、热心公益的律师事务所负责在接听电话，形成了“团队分工”“接听 + 记录 + 回访”的服务模式。

借助“网上法律服务中心”和“12348”法律咨询热线，有效整合了资源，方便了群众，规范了服务质量。特别是西湖区的法院、信访局、人社局以及 193 个镇街、村社都设立了“网上法律服务受理点”，统一配备设备，落实专人负责，“实现了城市居民享受基本公共服务 10 分钟，农村居民半小时，网络电话零距离！”

“路漫漫其修远兮，吾将上下而求索”。党的十九大以来，党和国家对法治建设提出了新要求，法律援助事业的发展正处在一个新的起点上，西湖区法律援助事业在祝小君的带领下，不骄不躁，砥砺前行。

个人小档案

陈维芹

CHEN WEIQIN

陈维芹，1968 年 9 月出生，中共党员，现任莒县法律援助中心主任，法律援助专职律师。1985 年 7 月毕业于日照师范学校，2004 年 11 月至今在山东省莒县法律援助中心工作。

自从事法律援助工作以来，陈维芹以维护社会贫弱群体合法权益为己任，为贫弱群体撑起一片公平正义的天空，先后获得“全省司法行政系统 2015 年度人物”“全省十佳法律援助工作者”“全省维护妇女儿童权益先进个人”“齐鲁巾帼十杰提名奖”“日照市三八红旗手”“日照市维护职工权益杰出律师”“日照市巾帼十杰”“五一劳动奖章”等 36 项市级以上荣誉，被省司法厅荣记个人一等功、个人二等功各一次。

“她就像一团火，走到哪里暖到哪里。”认识陈维芹的人，都会由衷地伸出大拇指，因为大家都知道“陈主任帮助弱者会上瘾”。

“每当帮弱者化解矛盾时，就会深刻地感受到法律的公平正义彰显出的强大力量。”身为莒县法律援助中心主任，陈维芹还是山东省人大代表，她先后获得“全省司法行政系统2015年度人物”“全省十佳法律援助工作者”“全省维护妇女儿童权益先进个人”“齐鲁巾帼十杰提名奖”等36项市级以上荣誉，被省司法厅荣记“个人一等功”“个人二等功”各一次。

温情融化一把“仇恨的刀”

多年的援助经验让陈维芹意识到，有时候，弱势群体对法律的信心可能非常微弱，若果稍一怠慢，他们可能就会失去信心，甚至像“炸药包”一样，给社会带来严重危害。

2013年1月25日那天，陈维芹正在办公室埋头整理案卷，突然“嘭”的一声钝响，一把锋利的刀落在办公桌上，在黑色桌面的映衬下，刀显得格外明亮。

等她冷静下来，看到一个一瘸一拐的人闯进办公室，“我要打官司，我没钱！”。这个人叫喻某金，是和莒县人于某在新加坡同一建筑公司打工的江西南昌人。2012年2月7日，在公司晨会上，几名中国工人开玩笑，喻某金被于某不小心拽手摔倒，酿成惨痛后果——左胫骨粉碎性骨折。经住院治疗，喻某金迟迟未好，加上父母年老且体弱多病，家庭生活特别困难。喻某金多次向于某索要赔偿金，因为在数额上一直没达成协议，双方僵持不下。

这次，喻某金打听到于某回家了，便一瘸一拐地从江西赶到莒县。一个要10万元，一个只给2万元，僵持之下，再次谈崩。

“没钱打官司，怎么办？”“找法律援助中心啊！”

陈维芹让喻某金坐到沙发上，给他泡上一杯热茶，又坐下来耐心听他讲。她深知，每一个凶狠的行为背后，都有着当事人的许多无助和失望，坐下来耐心听，给当事人一个发泄的空间，这是援助律师的首要职责。一杯热乎乎的水，一双真诚的眼睛，喻某金像碰上了亲人，多日的委屈和无助就在这一刻尽情释放了。就这样，通过反复调查协调，喻某金顺利拿到了应有的赔偿。

为了 414 名农民工兄弟

法律援助，不但是党和政府的“稳压器”，更是党和群众的“连心桥”。

2014 年 3 月，莒县某食品公司因亏损，以发放工资领取奖金为由，要求 400 多名农民工签订了《劳动合理解除协议》，其中近 200 名职工在不明真相的情况下签订了协议。

3 月 5 日，正值全国“两会”期间，400 多名职工在多次向公司索要经济补偿无果的情况下，群体上访，围堵了县委县政府。

这是一起严重的劳资纠纷案件，农民工合法权益受到损害要求赔偿或补偿，属于法律援助的范围，县里决定将该案转交县法律援助中心给予法律援助，以维护职工的合法权益和社会的和谐稳定。

陈维芹当即为 414 名农民工开辟法律援助“绿色通道”，由多名律师共同参与为上访农民工提供法律援助。

经过 15 天的艰辛曲折，最终该公司与 414 名职工全部签署调解协议，涉及 230 余万元的集体上访事件终于得到了圆满解决。事后，农民工代表送来锦旗，表达了对法律援助“心系贫弱、无私援助”的敬意。

“一声大姐”道出的爱心年轮

虽然与那些专职律师相比，法律援助律师可能获得的回报要少得多，但陈维芹觉得，让每一个普通老百姓都能感受到法律的公平正义，是难以用金钱来衡量的。

2012 年冬，城阳镇 52 岁的妇女王某遭受家庭暴力，母女被丈夫赶出了家门，狠心的丈夫还提起了离婚诉讼。绝望无助的王某找到莒县法律援助中心请求帮助。

面对悲痛欲绝的王某，陈维芹在了解了王某娘俩的情况后，先是自己出钱帮助王某母女解决了生活问题。随后，开始了艰难的调查取证，终于获取了王某丈夫因有第三者介入而抛弃妻女的有利证据。后经激烈的法庭辩论，法院依法判决王某获取了 5 万元赔偿金及所有的家庭财产。事后王某来到莒县法律援助中心激动地对陈维芹说："虽然我比你大多了，但我还是要叫你一声大姐，你是俺的'主心骨'，不然俺娘俩今后的日子可怎么过啊！"

从事律师工作 20 多年来，陈维芹义务代写的法律文书有 1200 余份，义务解答法律咨询 9000 余人次，为妇女儿童、军人军属、老弱病残等社会弱势群体提供法律援助 600 余件，共为当事人挽回经济损失 1500 余万元。

个人小档案

尹江波

YIN JIANGBO

尹江波，1973 年 6 月出生，本科学历，中共党员，现任河南省濮阳市清丰县司法局法律援助中心主任。

2004 年毕业于中南大学。2002 年开始从事法律援助工作，具有 15 年的法律援助工作经验。先后被评为清丰县人民满意的政法干警、濮阳市司法行政工作先进个人、濮阳市维护妇女儿童先进个人、濮阳市政法系统公正廉洁执法先进个人、濮阳市法律援助先进工作者、全省司法行政系统先进工作者、全国法律援助先进个人，所在单位法律援助中心荣获全市司法行政工作十佳服务先进单位、全省维护妇女儿童权益先进集体、全省优秀法律援助中心等多项荣誉称号。在尹江波同志的带领下，清丰县法律援助工作发展态势良好，工作成绩斐然，一直位于濮阳市乃至河南省前列。

古人云："不忘初心，方得始终。"尹江波主任就是这样，因为心系法律援助事业，坚持自己的目标和原则，哪怕经过风雨的捶打，岁月的洗练，我心依然！

尹江波从2002年开始从事法律援助工作，那时清丰县的法律援助事业刚刚起步，可以用"三个一"来形容当时的工作环境：一间办公室、一套桌椅、一个人。工作上没有任何可以借鉴的东西，心里一片茫然。清丰县的法律援助工作更像一个襁褓中的婴儿，而她就像是这个婴儿的母亲，虽然手忙脚乱、经验不足，但是她竭尽全力、浑然忘我的呵护着他，带着对他的热爱和他一起成长！年轻的尹主任和同样年轻的法律援助事业经历了15年的磨砺，不断成熟，不断发展，成果一点一滴的在积累：法律援助案件逐年增多；一间办公室建成了标准化的法律援助接待室，成立了全市第一家交通事故法律援助工作站、全市第一家设在监区内的看守所法律援助工作站，建成了在县法院立案大厅窗口设立的法律援助律师值班办公室；在武装部、妇联、残联、17个乡镇设立了法律援助工作站；504个行政村设立了法律援助联络点，对全县504个村联络员和17个乡镇工作站进行了法律援助知识培训，有效地扩大了法律援助的社会知晓率，形成了横向到边、纵向到底，覆盖全县的法律援助服务网络。

法律援助工作，每天都是接待咨询、审查审批指派案件、卷宗质量评估等，平凡而忙碌，虽然平凡而琐碎，但她的心上装着受援人的期望，眼睛里印着受援人的悲欢。她接待的很多受援人都是一些文化水平低、法律知识欠缺的妇女、老年人、残疾人等，尹江波主任总能做到不厌其烦地予以解答。凡是到法律援助中心的来访者，总是愁云而来，笑容而归。每年，她都会有80多件调解和好、撤诉的离婚、赡养、损害赔偿纠纷案件，受援人的满意率达 100%。在推进审判阶段刑事法律援助全覆盖工作中，尹江波主任积极协调清丰县法院，建立刑事法律援助工作机制，保障了刑事案件被告人在审判阶段获得刑事辩护的权利，有力地推动了全覆盖工作的开展。2017 年清丰县法律援助中心刑事法律援助案件达到了 532 件。

随着法律援助案件数量的增长，她知道如果案件质量跟不上，就会失去受益群体的信任。只有保证法律援助案件质量，才能取信于民，达到援助一件、宣传一片的效果，才能真正体现出法律援助为民服务的宗旨。在她的坚持下清丰县法律援助中心成立了由社会律师和专职律师组成的卷宗评估小组。她参考法律援助案件质量评估标准，从形式上和实体上对案件的办理、卷宗材料的制作，制定了严格的规范和要求，对结案归档的法律援助案件卷宗进行严格审查，评估率达到 100%。通过评估卷宗，对发现的问题向案件承办人及时反馈并提出需要注意和改进的事项。她用严格的管理标准有效地提升了法律援助案件质量，回访受援人满意率达到 100%。也因此有鹤壁、南阳、开封、安阳、许昌、焦作、平顶山等省内多家市、县级兄弟单位前来学习、交流。曾经有些人因为她对案件质量高标准严要求的做法提出质疑，他们认为用低成本来购买律师高标准的法律服务是绝对不可能的。在责任面前，她岿然不动坚持原则，“没有案件质量，何须法律援助”！她用她的执着、她的担当、她对法律援助事业的热爱感染着办案律师，影响着同事、得到了领导的支持和受援人的信任。

多年来，她坚守自己的工作阵地，做到守得住、顶得住，保障了办案经费的规范使用和办案质量的有效提高，工作中以大局为重，任劳任怨、扎扎实实带领法律援助中心一班人，全心全意为受援人服务，把党和政府的温暖送到了困难群众的心坎，把法律援助发展成为清丰县的金字招牌。2016 年，清丰县法律援助中心顺利通过省级优秀法律援助中心复验，中欧法律援助项目评估小组在清丰调研时给予了高度评价，2017 年 3 月司法部在广州召开中欧法律援助合作项目——法律援助早期介入研讨会，她在会上做了典型发言。现在的清丰县法律援助中心是一栋办公楼、一个优秀的工作团队、一个坚持做好法律援助事业永远不变的目标。

鬓边白发添几许，满腔热情献法援！

这正是对尹江波主任工作、生活、理想的真实写照。

个人小档案

张晓婧

ZHANG XIAOJING

张晓婧，1971 年 8 月出生，1992 年 8 月毕业后分配至湖北襄阳市樊城区司法局工作，1993 年通过国家司法考试并取得律师资格证书，2002 年在樊城区法律援助科、樊城区法律援助中心工作至今，2013 年任樊城区法律援助科科长。作为一名公职律师，多年来她办理的案件，没有出现一例错案，没有一起投诉事件发生，没有一名援助对象上访。2009 年 3 月被省司法厅、省妇联授予“湖北省妇女维权法律援助先进律师”荣誉称号，多次被评为湖北省法律援助先进工作者，因为在法律援助工作中有突出贡献，2017 年荣立个人三等功。

张晓婧同志多年来在法律援助工作的岗位上默默耕耘，立足本职讲奉献，每年办理法律援助案件 50 件左右，不辞辛劳，无论严寒与酷暑，奔走在维权之路，为弱势群体撑起了一片蓝天，不求有功，但求无悔。她以她那纯朴的情怀，善待弱势群体，赢得了当事人的真诚喜爱，她的事迹总是被人们津津乐道。

她是正义的使者

2015 年 7 月，樊城区柿铺宋家寨妇女王某（56 周岁），在樊城区环卫所从事清洁工工作，在工作过程中突发脑溢血，在襄阳市一医院抢救时，王某的丈夫看到王某宣告病危，想到夫妻情深，在农村如果人在外面死亡，遗体不能停放在家中。王某的丈夫在悲痛之余，为了让王某的遗体能够停放家中办丧事，便在王某还没有断气时出院。回家后王某便停止了心跳、死亡，距其突发疾病至死亡不到 10 小时。王某的后事办理中，王某的丈夫从王某的单位樊城区环卫所借支了 25,000 元。王某的后事办理后，王某的丈夫以王某是工亡为由向樊城区环卫所索赔，但是单位却以王某到了退休年龄和单位是劳务关系、不是劳动关系为由拒绝赔偿。王某的丈夫及家人听后不服，但到信访局上访，并围堵政府大门，在信访局的引导下，王某的丈夫及家人来到法律援助中心申请法律援助，张晓婧律师代理了此案，首先是与王某的单位法律顾问就王某与单位是劳动关系，还是劳务关系多次协商，最后达成一致意见，因单位没有给王某购买各项社会保险，王某虽达到了法定退休年龄和单位应当是劳动关系。本以为劳动关系确定了，王某的死亡认定为工亡申请赔偿应当是铁定的事实了。但是对方律师却以王某在没有死亡，仅是宣告病危时，王某的丈夫就放弃对王某的抢救，不是经抢救无效死亡的，不应当是工亡。这一问题的提出有一定道理，但不符合实情，张晓婧律师多次和单位法律顾问沟通，又到王某生前抢救的医院咨询主治医师，最后对王某的情况进行充分了解后，达成了王某死亡是工亡的共识，但是考虑到王某单位的实际履行能力，双方最后在互谅互让的基础上达成了赔偿协议，单位一次性支付赔偿款32.5万元，有效地化解了一次可能引起群众性上访的社会矛盾。

她是维权的能手

2012年的一个上午，在法律援助中心办公室，一位脸色蜡黄、身形消瘦的男子和一位满脸稚气的少年在沙发上坐立不安，低头不语。经交流，才知来者卢某二人是父子。1993年，卢某在保康磷肥厂打工时被烧伤，在市内某医院住院治疗。这两年来总是不明原因的持续发烧，在市中心医院检查，才得知感染艾滋病毒，并且已到发病期。在儿子的提醒下，才想到自己在某医院住院时输过血，可能是输血感染的。

张晓婧先后多次到该医院，复印病历，查询输血记录及输血人的资料，走访当年的输血人，其中有一位输血人因艾滋病已经死亡。在当年的输血记录中，院方没有输血人的血液检测记录。在取得充分证据后，以医院为被告，起诉至樊城区人民法院。在审理的过程中，张晓婧又接待了一名未婚女性王某，当年和卢某是病友，也感染了艾滋病毒。张晓婧律师一人代理二人的案件，后在法院的主持下，院方同意调解，分别赔偿了二人40万元。卢某、王某拿到赔偿款后，长跪不起，表达谢意，称其是救灾扶困的“活雷锋”，是患者的福音。

她对工作的高标准

樊城区司法局由于客观条件限制，樊城区法律援助中心和樊城区法律援助科合署办公，只有3名工作人员。每年要完成全区400件左右的法律援助案件的受理、审查、指派、监督，全区律师却不到 30 名，律师资源满足不了群众的法律需求，群众的法律需求是法律援助的立身之本，张晓婧作为一名公职律师，在做好科室管理工作的同时，身体力行地办理法律援助案件、解答法律咨询，她的手机就是群众的 24 小时咨询热线，2017 年 6 月，赵某的妻子在医院住院时突然死亡，赵某茫然无助、束手无策，拿到朋友给的电话号码便在凌晨 3 点，给她打电话，张晓婧从睡梦中惊醒，在弄清事情的经过后，便耐心地从法律角度解答赵某的咨询，并告知其目前应当注意的问题。她总是把受援人的事情当成自己的事情办，在办理苏大爷分割儿子的工亡赔偿金时，因为要办理财产保全，苏大爷夫妇是以做小吃为生，没有财产做担保，她拿出自己唯一的房产证为苏大爷夫妇担保，才最终能够成功地为苏大爷维权，为其争取了 28 万元。

“不驰于空想，不婺于虚声”，踏踏实实做事、老老实实做人，这是对她最好的写照，立足本职讲奉献，一步一个脚印地做好法律援助工作，点点滴滴无不体现出其对法律援助工作的热爱。

个人小档案

高承龙

GAO CHENGLONG

高承龙，1989 年 5 月出生，中共党员，2012 年毕业于甘肃政法学院民商经济法专业，现任甘肃省兰州市红古区法律援助中心主任。

2012 年至 2014 年连续两年参加“西部计划——基层法律援助”志愿服务，中国共产党兰州市红古区第十一次代表大会党代表，共青团兰州市红古区第十一次代表大会代表、委员，共青团兰州市第十六次代表大会代表；2016 年 6 月获兰州市红古区区直机关工委优秀共产党员称号，2017 年 6 月获兰州市红古区司法行政系统优秀共产党员称号。

从事法律援助工作，对他来说是一种机缘巧合。2012 年 6 月，本来已参加招聘成为唯一入选的公证员助理的他，在听到“西部计划——基层法律援助”招募志愿者时，辞去工作，参加考试，并入选为志愿者，开启了两年的志愿服务行动，服务于兰州市红古区法律援助中心。因工作期间成绩突出，任劳任怨，踏实肯学，2014 年 7 月 1 日，就在党的生日的那一天，党送了份礼物给他，就是志愿期满，留本单位入职。加上法律援助志愿服务两年时间，现在从事法律援助工作 5 年半了。

从事法律援助工作这 5 年，是他成长的 5 年。放弃公休，贡献周末，只为了将本区的法律援助事业干好。他刚从事法律援助工作时，红古区一年只有 60 个法律援助案件， 2013 年开始以志愿者身份临时负责区法律援助工作，他加大宣传力度，拓宽服务渠道，多管齐下，2013 年法律援助案件达到 226 件，援助中心当年还承办了当地影响极大的天然气闪爆案件，为 126 户居民挽回损失近 150 万元，2014 年以来法援中心每年递增办案数量。2017 年办案 280 件，受援人数接近 1200 人次，挽回各类经济损失 980 余万元。在 2013 年和 2014 年，他还圆满完成中彩金案件项目工作。高承龙先后参加区委讲师团，去各单位宣讲党的十八届四中全会精神，主动到村、社宣讲法律知识，送法进军营、进学校、进家庭、进企业，从不吝啬把自己掌握的知识拿出来分享。2016 年《反家庭暴力法》实施后，他主动联系妇联，结合自己承办过的法律援助案件，将该部法律浅显易懂的送到了社区、企业。《民法总则》于 2017 年 10 月 1 日起施行，他主动备课，承担起民法总则宣讲任务。

近 3 年，高承龙参与承办了 100 余件法律援助案件，兰州某公司 148 名职工经济补偿金纠纷案件，在当地影响很大。政府交办以后，他和援助中心一名老律师，前后开庭 9 次，历经 3 年，终于为职工们挽回了 195 万余元损失，同样的案件还有某公司 54 名职工劳动争议案件，也是群体信访案件，他和一名专职律师历经两年多，前后开庭 7 次，最终挽回损失 131 万余元。

在工作之余，高承龙发扬志愿者的奉献、友爱、互助、进步的精神，参加了红古区最大的两个爱心协会——博爱义工联合会和君心爱心协会。为近 700 名爱心志愿者免费承担日常法律咨询服务，在 2016 年 12 月 31 日，获得了由兰州市红古区文明办和君心爱心集结颁发的“一星志愿者”奖牌。

在这几年工作期间，高承龙并没有放松法律知识学习，在 2013 年通过了国家司法考试，也因为他的专业知识一直没落下，实践经验又增加了些，工作上没有出现纰漏，有幸被甘肃省司法厅法援处抽调，参加 2016 年全省法律援助案件质量督查。对他来说督查也是学习的过程，通过督查，回来进一步完善本区法律援助工作，更趋规范化；2017 年 5 月，再次被省厅法援处抽调，参加全省法律援助经费使用管理情况的督查。这种肯定，让他更有信心、更有力量干好法律援助事业。

“莫要人夸颜色好，只留清气满乾坤。”他记得总书记引用的这句诗，并为自己写了一首简单的诗，就是对法律援助的一种态度。

《法援路，不负青云志》

勿论出生高与低，且看今朝谁人及。
不辞辛苦不言愁，一腔热血满怀游。
雄姿英发正当求，风清气正大江流。
浊酒不销法援梦，君子不负青云志。

人民调解员

个人小档案

宋春娇

SONG CHUNJIAO

宋春娇，现任天津乔满晟律师事务所主任、西青区交通事故调解委员会开发区调解室主任，该调委会2017年被司法部授予“全国模范人民调解委员会”荣誉称号。她于2010年起从事调解工作，工作期间以服务民生、弘扬法治精神为己任，以耐心倾听、爱心帮扶、公心调解、诚心待人为工作理念，化解了一起起纠纷，赢得了事故双方当事人的满意。2015年被评为“天津市最美人民调解员”，2016年获得司法部“我的调解故事”征文二等奖，2016年被选举为西青区人大代表，2017年被选举为天津市人大代表。

宋春娇是西青区交通事故调解委员会调解员，2010 年西青区交通事故人民调解委员会成立之初，她凭借一个律师的法律素养成为首批加入这个团队的人民调解员。工作期间，她以服务民生、弘扬法治精神为己任，以耐心倾听、爱心帮扶、公心调解、诚心待人为工作理念，化解了一起起纠纷，赢得了事故双方当事人的满意。2015 年被评为“天津市最美人民调解员”，2016 年获得司法部“我的调解故事”征文二等奖，2016 年被选举为西青区人大代表，2017 年她们交通事故调解委员会被司法部授予“全国模范人民调解委员会”荣誉称号，2017 年被选举为天津市人大代表。

人民调解不同于法院判决，作为一名具有律师身份的调解员，在调解过程中确保中立性、公正性的同时确保合法性、专业性是她一直所追求的目标。从调解事交通事故几年时间里，她先后成功调解道路交通事故纠纷 2109 起，其中涉及死亡的重特大交通事故 220 起，充分发挥了人民调解来自群众，服务群众的独特优势，为预防和化解社会矛盾，维护人民群众合法权益，促进经济社会发展做出了重要贡献。

作为一名调解员，要做到公平、公正赢得当事人信任。在道路交通事故纠纷中，大多牵扯人身损害赔偿纠纷的处理，当事人很容易产生不良情绪。这类矛盾纠纷涉及的利益、责任分配等问题，一旦处理不好，感觉不公的一方往往会采取不理性的行为，动辄就集体上访、聚众闹事，成为影响社会和谐的重要因素。赔偿问题作为道路交通事故人民调解的核心问题，是化解双方矛盾纠纷的关键。但有时候肇事者确实无力赔付，这时就需要寻求其他可利用的一切途径来共同化解矛盾纠纷。

作为一名调解员，要做到专业、细致赢得当事人认可。多年的调解工作使她明白，当调解员一定要有一颗强大的心脏。在调解工作中，一些家属情绪激动，有时甚至把怨气撒在调解员身上，此时绝对不能被当事人的情绪牵着走，要保持理性和冷静，待当事人冷静下来，才能进行调解。她曾经接待过一位四川籍王姓“老人”，说是“老人”，其实不过 40 多岁，但看上去老态龙钟、思维迟缓。原来，几天前王某 22 岁的儿子因酗酒骑电动车与停在路边的一辆报废车撞击当场死亡。根据现场勘察，责任事故认定为报废车主与王某儿子承担事故同等责任。王某承受不了丧子之痛和责任认定结果，不断的上访。宋春娇接待中王某并不配合。几天的接触中，宋春娇得知了王某的家境困难，一人独自从四川老家来津处理儿子的事故，举目无亲很是绝望。宋春娇就自己花钱为王某买来可口的饭菜，在生活上处处给予关怀，调解工作持续一个星期后，王某的态度改变了，他对宋春娇说：“你是好人，你不会骗我，我听你的！”得到充分的信任，很快双方达成了赔偿协议。王某在达成协议的当天就起程回四川老家，而且同意对方分期把赔款打到自己的账号里。

交通事故调解工作具有特殊性。经常有外地车辆途经天津发生交通事故，为了尽快调解成功，减轻外地司机在天津的食宿费用，宋春娇经常要加班加点，披星戴月。起初家人难以理解，都为她放着社会地位高、收入丰实的律师不做，却偏偏钟情于人民调解感到纳闷。这只有她自己明白——在调解工作中，普及法律知识，宣传法治理念，每当有当事人在迷茫中豁然开朗之时她就倍感心满意足。默默地付出，最终赢得了家人的理解和支持，成为她坚持至今的动力！

选择了人民调解工作，就是选择了一份责任，有了责任，就要义无反顾，再苦再累也一定要坚持到底。多年来，她凭着坚定的政治信念，良好的业务素质，不计报酬，甘愿奉献。今后的工作中，她将继续利用自己的专业优势做好人民调解员、普法宣传员，在依法治国的进程中甘愿做一个螺丝钉。

个人小档案

潘明杰

PAN MINGJIE

潘明杰，1950 年 11 月出生，现任宁波市鄞州区东柳街道人民调解委员会专职人民调解员。

曾获 2013 年宁波市江东区政法委“十佳调解能手”，2013 年宁波市司法局“宁波市金牌人民调解员”，2013 年宁波市委市政府“宁波市优秀人民调解员”，2014 年宁波市江东区“2013 年度最美江东人”，2014 年浙江省司法厅“第四届百名优秀人物提名奖”，2014 年宁波市文明办“宁波好人”，2015 年宁波市首届“十大法治人物”评选提名奖，2015 年宁波市江东区“第二届江东区道德模范”，2017 年司法部“全国模范人民调解员”。

每一个矛盾纠纷都是社会的一道伤痕，作为一个健康成熟的社会，必然要有自我修复的机制和能力，而调解员就像一名“伤痕的修复者”。我是潘明杰，从事调解工作20余年，2013年7月，东柳街道成立“老潘联调工作室”，我正式加入街道专职调解员队伍。我始终秉持“在调解中传递快乐”的宗旨，坚持“六个一”核心理念：

一张微笑的脸，传递信任的力量

冷漠是群众工作大忌，我坚持用笑脸拉近与当事人的心灵距离。2012年9月，我因成功调处一起涉藏群体性医患纠纷，与少数民族同胞结下了缘分。为与他们拉近距离，我积极自学维吾尔语、藏语等民族语言，认真研究他们的风俗习惯，并经常带着微笑、提着水果到他们的租住房中走访慰问，帮助解决实际困难，久而久之，他们都亲切地称我为“干爸爸”“干叔叔”。从那时至今，再遇上涉及民族因素的矛盾纠纷都能轻而易举地化解了。

一双敏锐的眼，捕捉解题的契机

2015年5月，派出所接到史姓男子报警：女朋友在公园河边散步意外失足溺水身亡。几十名女方家属闻讯赶来，质疑公安机关作出的意外死亡鉴定，迟迟不肯火化尸体。在你来我往中，我抓住了4个核心点：（1）史某与死者恋爱关系稳定、感情深厚；（2）死者家属平日里对史某人品基本持肯定态度；（3）家属提出史某的口供前后不一致是因晚餐的酒精残留作用；（4）有保安看见女子独自站在河边水管上。在我的分析下，死者家属们打消了对史某蓄意谋杀的疑虑，妥善处理了后事。

一颗真诚的心，融化隔阂的坚冰

园丁社区某法官和律师是邻居，因空调外机摆放位置引发矛盾，持续 5 年未解并愈演愈烈，有一次律师家属甚至把粪便泼在了法官家的门窗上。事件发生后，我第一件事就是拎着水桶，到法官家所在的 6 楼来回跑了十几趟，不顾恶臭将门窗清洗干净。这番举动使双方感到惭愧和内疚，待到调解时态度明显缓和，我便顺势劝说，双方最终握手言和，这起“积案”得以化解。

一张幽默的嘴，营造轻松的氛围

语言的“曲线”往往比“直线”更有魅力。在派出所接到的婚姻家庭纠纷报案中，常涉及家庭暴力，尤其多发于流动人口家庭。对情节尚属轻微的该类案件，我习惯用幽默打开局面、消除心结，调侃：“男子汉勿在家中充好强”；男人在家里应该是“副厅级干部”，老婆在客厅看电视，老公就要第一时间让位，只有“保安队长”“微波炉炉长”这样的职务才能做到“正厅级”。调解现场往往都会从最初的尴尬紧张到后来的欢声笑语。

一双温暖的手，扶起生活的希望

“某公司楼上有一中年妇女要跳楼！”早上 6 点我接到社区民警的电话，火速赶往现场，了解到范姓女子因丈夫、儿子为公事与工友发生冲突不慎致对方死亡而均被判重刑，向公司追讨赔偿未果，生活陷入绝境。我安抚劝慰，打消其轻生念头后，积极与公司沟通对接，帮助范某争取到补助金和工资共 5.2 万元。之后，我还四处奔走，为家属找到了稳定工作，彻底帮他们解决问题，鼓励他们乐观积极地生活。范某感动地说：“多亏老潘一直热心帮忙，最难过的一段时间已经挨过去了，我们不会再给大家添麻烦了。”

一对麻利的腿，跑出群众的期盼

在多年的调解实践中，我发现当事人常常存在一种“弱势心态强势表现”的特点。24 岁的鄞江小伙袁某因驾驶不当造成高位截瘫，后遗症让他苦不堪言，医院在明确告知所有后果后接收其入院治疗，但家庭窘迫的内外交困逐步使袁某失去理智，将责任全推到医院，1 年间多次上门闹事采取各种举措无效。接手该案后，我看出袁某是因不幸导致心理扭曲，于是七下鄞江使出浑身解数最终感动了他，并向各方争取到人道补助。

我常想，“国治而后天下平”，是每个人共同的期盼与责任，而做好调解工作就是我履行职责的路径。

个人小档案

杨慧芝

YANG HUIZHI

杨慧芝，江西省吉安市新圩镇新圩社区居委会主任兼人民调解委员会主任。1992 年担任人民调解员以来，二十五年如一日，怀着对人民群众的深厚感情，凭着对人民调解事业的无限忠诚与热爱，成功调解处理了上千起矛盾纠纷，辖区矛盾纠纷调解成功率达 99%，其中不乏“老大难”纠纷、“民转刑”案件，在党和政府与人民群众间架起了一座“连心桥”，在平凡的岗位上做出了不平凡的业绩，发挥了共产党员的先锋模范作用，树立了人民调解员的良好形象，被誉为小镇里的“金牌调解员”、正能量铸就的“最美调解员”。先后获得“吉安市优秀人民调解员”“吉安市十佳共产党员”“江西省优秀人民调解员”“江西省十大法治人物”“江西省十大拥警模范”“江西省先进工作者”“全国司法行政系统劳动模范”“全国模范人民调解员”“全国三八红旗手”“2017 年度中国十大法治人物”等荣誉。2013 年当选第十二届全国人大代表。2015 年当选中华全国人民调解员协会第四届理事会常务理事，是江西省唯一当选的基层人民调解员。

25年的坚守，来源她对自我提升的严格要求

杨慧芝在从事基层人民调解员工作之前在粮贸公司上班，从未接触过人民调解工作，她能从一个“门外汉”成为一个在吉安市，甚至全国都有影响力的人民调解员，靠的是她对自我的严格要求。一方面，苦学，补“营养之钙”。20多年来，在空暇之余，杨慧芝经常抓紧时间学习，自费订阅了《法治日报》等跟调解行业相关的报刊，主动学习丰富自身法律、法规和政策条文甚至中华民族传统的伦理、道德和当地的风俗习惯等各种知识，从中汲取营养，以备做调解时能做到依法讲德，入情入理。她还经常与派出所民警、治保干部共同探讨调解民间纠纷的新思路，积极探索和总结新时期民间纠纷发生的规律、特点及解决的对策，不断提高自已的分析问题和解决问题的能力。另一方面，苦练，活“经脉之血”。只有经常性参与种类不同的调解，调解更多的纠纷，自身的技能才能进一步提高。在20多年的调解生涯中，根据自身调解经验，她不断探索、创新，总结提炼出了一套独特的调解方法，被称为新时期化解矛盾纠纷的“杨慧芝调解法”，即杨慧芝“四心五步六法”调解工作法。该方法独到而实用，调解成功率高，群众满意度高，为基层人民调解工作提供了宝贵经验。

25年的坚守，来源她对群众那份期望的执着

当群众发生矛盾纠纷时，绝大多数的人都希望有人来劝，也需要人去劝，群众需要一个热心肠的人出现。杨慧芝就是这样一个热心肠的人，她始终坚持真心诚意为群众办实事，只要群众有需要，不分昼夜，她总是第一时间赶到现场，始终秉持三心为民，用群众看得见的

行动温暖着群众。一是坚持热心，有求必应。农村基层的矛盾繁杂琐碎，几乎天天、时时都要面对各类大小矛盾，有时许多看似细小的事情，鸡毛蒜皮的纠纷，一旦调解不及时或处理不好，都有可能导致上访，引发矛盾激化，影响社会稳定。杨慧芝始终抱着这样一个信念："只要是群众的纠纷找我，无论大小，我都必须要去调解，决不能让矛盾激化，更不能让民事纠纷转为刑事案件"。正是基于这样一个信念，她在群众中树立了良好威信，深受群众的信任。二是坚持公心，不偏不倚。公平做事，公正做人，一碗水端平，既是对党和组织负责，更是对人民群众负责。在调解中，有时当事人双方怕自己吃亏，想意思意思给她送烟送酒，她全部直接拒绝，从不开这个口子。她常对人说一句话："吃了人家的嘴短，拿了人家的手软。如办事不公道，人家会指着脊梁骨骂的，睡觉都不安稳。" 杨惠芝同志就是这样一个坚持公心的人，她始终坚持站在公理这边，带着感情、带着责任去做，将心比心，不会偏袒任何一方。三是坚持耐心，孜孜不倦。做群众工作一定要有耐心恒心，没有坚持到底的品格，做不了更做不好群众工作。杨慧芝在接待群众来访时，始终把群众当"家人"，把群众来信当"家信"，把群众反映的事当"家事"。她总是耐心倾听群众诉求，在做调解时，一直有股不调解成功不罢休地劲头，当天调解不成功，隔天又继续找到当事人进行调解，反反复复，直到调解成功为止。也就是这样的工作方法，才让杨慧芝化解矛盾纠纷成功率那么高，用实际行动在基层树立了一面鲜红旗帜。

25 年的坚守，来源她对组织关爱的回报

杨慧芝从一个默默无闻的基层人民调解员茁壮成长为全国模范人民调解员，一方面需要自身的不懈努力，另一方面也需要组织的关爱。25 年以来，组织一直默默地支持着杨慧芝的工作，一是成立了一个以她个人名字命名的调解工作室。2003 年，青原区司法局在新圩街道居委会成立了以杨惠芝名字命名的工作室，组建了杨惠芝调解队伍，这

让杨慧芝有了一个更好的工作平台来做她热爱的事业，进一步激发了杨惠芝同志的干事热情。群众只要有纠纷需要调解，都可以来到工作室进行调解。当地村民有事没事都会上工作室坐坐，找杨慧芝拉拉家常、诉说心声。二是开通了一条培育她茁壮成长的道路。为了能培养好杨惠芝同志，将比较难、棘手的纠纷案子让她参与进来，让她在处理难题中反复得到磨炼和历练，同时常年邀请她为基层的人民调解员授课，邀请她担任法院的陪审员，激励她再接再厉。

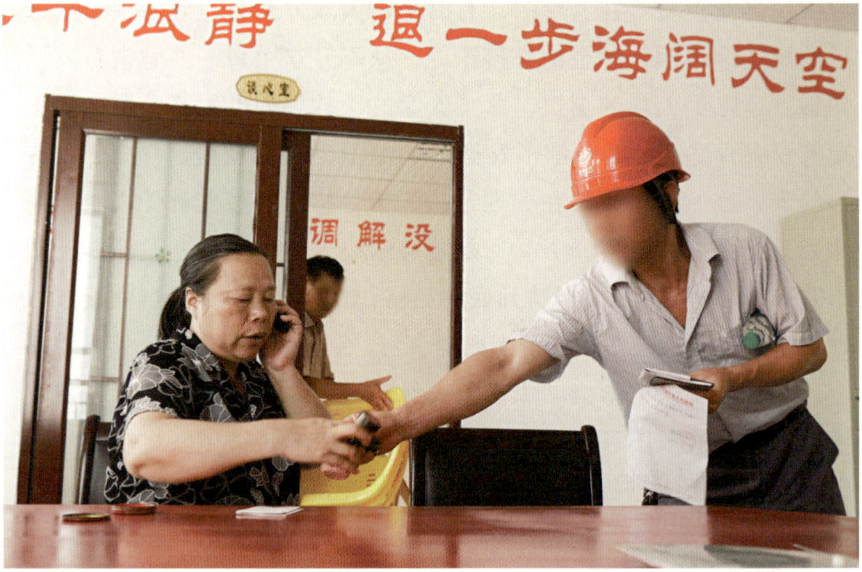

个人小档案

陈家广

CHEN JIAGUANG

陈家广，1950 年 9 月出生，中共党员，1999 年 7 月至 2005 年 6 月担任广西玉林市博白县亚山镇民富村治保会主任兼调解员；2005 年 7 月至今，担任广西玉林市博白县亚山镇民富村党支部书记兼调解员。曾荣获 2009 年度博白县村级人民调解工作先进个人；2006~2010 年博白县法制宣传教育先进个人；2006~2010 年玉林市法制宣传教育模范；2006~2010 年全国法制宣传教育先进个人；博白县第一届、第二届“十佳人民调解员”；2012 年玉林市创先争优优秀共产党员；2012 年广西壮族自治区创先争优优秀共产党员；2012 年广西壮族自治区人民调解能手；2012 年全国人民调解能手；2013 年广西壮族自治区人民调解工作突出贡献奖；2013 年全国“模范人民调解员”；2014 年玉林市优秀人民调解员；2016 年博白县“千名调解能手”；2016 年全国司法行政系统劳动模范。

自1997年参加工作以来，陈家广同志以强烈的事业心和高度的责任感，始终秉承“一心为民，不怕群众不听；一碗水端平，不怕群众不服；一身力出尽，不怕事情不成”的信念，把群众当家人，把群众事当家事，公平公正地为群众调处矛盾、化解纠纷，深得广大群众信任，为当地社会的和谐稳定作出了杰出的贡献。十几年来，他亲自调解大大小小各类纠纷1250件，调解成功1228件，成功率98%，当事人履行率100%。

认真学习法律法规政策，全面提高法律政策水平

以前，陈家广作为一名调委会主任，传统型的矛盾纠纷靠自己的好人缘，通过“屋角头、地头、村头”的“三头”调解就可以化解了。可随着越来越多新型矛盾纠纷出现，涉及的法律知识越来越多，越来越重要，如果要想做好这份工作，成为一名合格的基层人民调解员，就必须用法律知识武装自己的头脑。于是，他与时俱进、认真系统地学习了《民法通则》《民法总则》《最高人民法院关于审理人身损害赔偿案件适用法律若干问题的解释》《婚姻法》《继承法》《物权法》《人民调解法》《广西壮族自治区土地山林水利权属纠纷调解处理条例》《农村土地承包法》等与农村、农民日常生产、生活相关的法律法规和人民调解相关知识、基本方法、技巧，具备了较高的法律政策水平，并能在实践中熟练掌握和运用各项法律法规政策，从一个门外汉成为调解能手。

大力创新工作机制，狠抓管理促服务

自任广西博白县亚山镇民富村调委会主任以来，陈家广不断探索

人民调解工作新路子，创新工作机制，在完善岗位责任制、纠纷登记制度、统计制度、档案管理制度、纠纷信息传递及反馈制度、纠纷排查制度、回访制度以及规范人民调解案卷、文书格式的基础上，推出了矛盾纠纷联系卡工作制度，即将调解员的姓名、联系电话统一印制在一张卡片上，并将该卡片分发到全村村民手中，调解员的联系电话24 小时开通，村民如发生纠纷，可马上联系到调解员，及时调处矛盾。该制度可以让调解员第一时间收集到纠纷信息，第一时间赶赴现场，第一时间调处矛盾，让矛盾纠纷尤其是突发性的纠纷化解在初始阶段，避免形势恶化。该制度的实行，也收到了显著的效果。此外，他将人民调解工作与普法依法治理紧密结合，积极探索总结出“五有三结合”的学法用法规律，有效解决了农村许多热点、难点问题，广大人民群众逐渐养成了“平时学法、遇事找法、处事依法、时时守法”的良好行为习惯。

积极化解矛盾纠纷，维护和谐促稳定

2010 年 5 月 15 日，民富村荔枝坡队陈姓兄弟分家析产，几次请来长辈、亲戚主持分家，兄弟俩总是觉得不合理。因为分家这件事，本来团结一致的兄弟俩还闹翻了脸。为尽早解决这个问题，让兄弟俩重新团结起来，长辈们建议请村调委会陈家广主任来调解。接到申请后，5 月 17 日，陈家广到荔枝坡陈姓兄弟家进行调解，耐心细致地与双方沟通，用道理、用人情、用法律来疏导、说服他们，让他们明白兄弟终究是兄弟，要时刻保持团结，不能因分家析产而闹翻脸。当晚 12 点多，经过协商，陈姓兄弟俩握手言和，这起 1700 多万元的分家析产案终于画上完整的句号。2013 年 11 月，广西玉林市福绵区陈善永到玉林市博白县径口镇茶根村购买速丰桉树，在开山路的过程中将该村陈姓祖坟损毁（涉及 3000 多名陈姓群众），经茶根村、径口镇、博白县等多方组织调解双方仍无法达成一致意见。陈家广同志受邀参与该纠纷的调解，经过详细的法律法规宣传、耐心的疏导、不懈的劝解，最终达成了 6.68 万元的赔偿协议，双方握手言和。

陈家广同志从多年的调解工作实践中总结出做好人民调解工作“23456”方针，即当好人民调解员的“两个一”（一个明确指导思想、一个端正的工作态度）、做好人民调解工作的三个“勤”字（脑勤、嘴勤、眼勤）、当好人民调解员要讲究调解“四个艺术”（语言上、感情上、方法上、调处上）、当好人民调解员要具备五种心理要素（临危不惧的气魄、化解矛盾纠纷的能力、科学调处的方法、掌握纠纷当事人的心理活动能力、查明双方争执的矛盾起因）、调处纠纷的六种方法（情感染法、柔克刚法、先守后攻法、正义感慑法、亲情促动法、群众抨击法）。他的“23456”方针也在广西壮族自治区推广，创建了广西首家农村人民调解员培训基地、成立了广西首家以人民调解员命名的“陈家广人民调解工作室”。

个人小档案

日巴加布

RIBAJIABU

日巴加布，1942 年 6 月出生，1978 年起从事人民调解工作，现为泽库县司法局人民调解中心特邀调解员。

1990 年获得黄南州治安保卫工作优异奖；1991 年获得泽库县第二届民族团结优秀个人奖；1993 年获得泽库县人民调解先进工作者奖；1995 年获得青海省司法行政工作先进工作者奖；2016 年被青海省司法厅评为“全省最美调解员”；2017 年被司法部评为“全国家模范人民调解员”。

事迹材料

日巴加布，是青海省黄南藏族自治州泽库县麦秀镇人民调解委员会调解员，1978 年从事人民调解工作，40 年来调解各类矛盾纠纷 1000 余件，调解成功率达到 95%以上，为维护群众合法权益和社会稳定做出了积极贡献，受到人民群众的赞扬。

在麦秀镇调委会工作期间，他对麦秀镇 6 个村 3300 多户人家的基本情况、家长里短、利益纠葛都了如指掌。

2016 年 5 月 12 日，多隆村妇女才某来到镇调委会哭诉丈夫多某长期酗酒，酒后经常对她打骂，严重时拿刀子威胁，扬言要杀了她，自己非常害怕，请求调委会为她做主，制止丈夫的不良行为。当天日巴加布接待了才某，根据才某的陈述，他意识到这是一起家庭暴力行为，如果继续发展下去很可能发生难以预料的后果。于是当机立断，当日组织调委会力量赶到才某家开展对多某的思想教育工作。对调解员的到来，多某起初不屑一顾，认为这是自己的家事，外人不必掺和。面对文盲加法盲的多某，日巴加布严肃地指出，他的暴力行为已经触及了《婚姻法》和《反家庭暴力法》，告知多某如果对自己的行为不做收敛，将会面临刑事处罚危险。听到问题这么严重，多某显得有些紧张。善于察言观色的日巴加布见多某的思想有所触动，不失时机地作进一步疏导劝解。他规劝多某多体谅妻子的苦衷，要善待妻子。指出家庭暴力是一种野蛮愚昧的违法行为，最终结果只能是害人害已。并通过对现实生活中发生的相同案例分析，告诫多某珍惜家庭和睦，千万不要以身试法。经过日巴加布依法析理的苦口劝导，多某终于认识到了问题的严重性，主动承认了自己的错误行为，并当场向妻子才某发誓(藏民族遵守约定的至城诺言，言必信，行必果)，今后将改掉酗酒和打人的不良习惯，善待妻子，做一名合格的丈夫。看到丈夫主动向自己承认错误，才某也当场原谅了丈夫多某，一起因家暴力引起的婚姻家庭纠纷在日巴加布的耐心调解下得到圆满化解。事后，日巴加布不放心夫妻的关系，对才某家又进行了多次回访，看到才某与丈夫多某恩爱如初，一心经营着自己的小家庭，日巴加布长吁了一口气。此时，他觉得自己再苦再累也值得。

近年来，随着冬虫夏草价格的飙涨，镇域内因采挖虫草引起的草山纠纷也呈多发态势。牧民间为经济利益动辄武力相向，严重影响当地的社会和谐稳定。面对新矛盾，日巴加布总是以高度的政治责任感，努力践行着作为一名社会稳定工作坚强卫士的信念和追求，为当地党委政府解压，捍卫社会稳定。

2015 年 9 月，兰采乡与年都乎乡因虫草采挖引发重大群体性事件，双方近 200 人参与斗殴，年都乎乡群众打死兰采乡两名群众，事件在黄南州乃至全省造成了极其恶劣的影响。凶手虽然绳之以法，但遗留的问题叠加，积怨之难调、矛盾之尖锐很难想象，严重影响了两地社会和谐稳定和群众正常生产生活，使两处边界牧民苦不堪言。黄南州政府与同仁县政府经过多次调解未能取得实质性突破，为了彻底解决这一“老大难”问题，黄南州政府成立了联合调处工作组，从泽库县选调日巴加布等 4 名资深人民调解员参与该纠纷的调处工作，日巴加布与纠纷调处组同志一道亲临边界现场，挨户走访，在做了大量细致入微的群众工作后，最终于啃下了这起长达 20 年之久历史遗留问题的“硬骨头”，两乡群众握手言和，边界纷争从此消失。

从事 40 年的人民调解工作，日巴加布获得了省、州、县很多荣誉，对此他看得很轻。他认为，多少荣誉都顶不上群众对自己的一句肯定话。如今的日巴加布虽年逾古稀，但仍奋斗在人民调解第一线。他说：“只要自己身体允许，群众需要我，就是干到一百岁，自己也要发挥余热。”

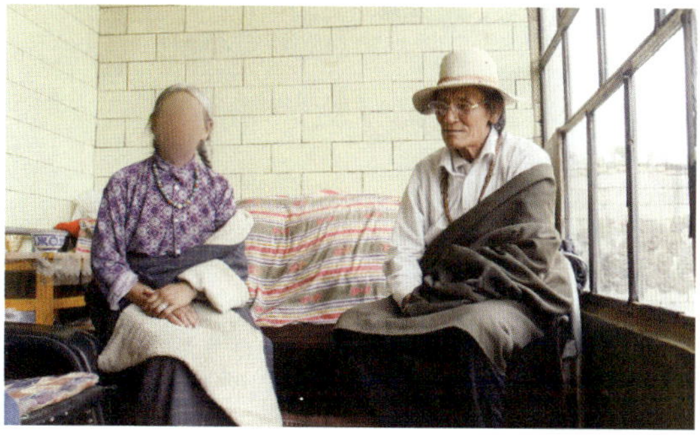

个人小档案

许玉静

XU YUJING

许玉静，1943 年 9 月出生，河北省廊坊市安次区落垡镇许东庄村人，1962 年 3 月参加工作，1983 年 3 月起从事人民调解工作，现任河北省廊坊市安次区落垡镇许东庄村人民调解员、非常帮助人民调解委员会调解员。

1996 年 12 月被评为河北省廊坊市安次区落垡镇优秀人民调解员，1997 年 12 月被评为河北省廊坊市安次区优秀人民调解员，2000 年被评为廊坊市优秀人民调解员，2008 年 8 月被评为河北省十大热心肠人物，2009 年 6 月被评为河北省廊坊市安次区道德模范，2010 年荣获河北省廊坊市第二届道德模范提名奖、廊坊市平安建设先进个人、廊坊市优秀人民调解员、廊坊市法制宣传教育先进个人，2015 年被评为河北省廊坊市优秀人民调解员、获河北电视台帮大哥后援团优秀奖，2016 年被廊坊日报社、廊坊市老干部局评为廊坊市“夕阳美好贡献”有为之星奖，2017 年被评为全国模范人民调解员。

许玉静是廊坊市安次区非常帮助调委会调解员。30 多年来，凭着他对调解工作的热爱和对老乡亲的一片赤诚，许玉静尽心尽力为群众成功化解各类家庭、邻里纠纷 2000 多起。经他调解的纠纷中多名老人很好赡养，闹离婚的夫妻破镜重圆，悲观厌世想轻生的人鼓起了生活勇气，持械对峙纠纷化干戈为玉帛。

热衷调解，爱心化解民间事

1982 年许玉静辞去了民办教师职务回家后，当起了村里的调解员，一心给亲们管闲事，到处化纠纷，解矛盾，成了十里八乡的“杂事总理”，而且一做就是 30 多年，不管自己有多忙，只要是群众的事，他都热心去管，为群众排忧解难。像他这样的人很多人都难以理解，尤其是家里人经常怨他、劝他、拦他，可他总是说：“我天生就是这么一个爱管闲事的人，把乡亲们的事管好了，我心里就觉得特别舒坦。”

为了加强自身的业务水平，他通过购买法律书籍、看电视、听广播学习有关法律法规和调解技巧。多年来，他做的学习笔记多达 30 本，用坏了的收音机就有 20 多个。通过不断的学习与实践，他总结了“五心三法”调解经验，“五心”即接待当事人要热心、调查了解要细心、教育疏导要诚心、调解纠纷要耐心、处理纠纷要公心。“三法”即换位思考法，引导当事人站在对方的角度考虑促成调解；巧借外力法，动员当事人的亲朋参加协商促成调解；疏导倾诉法，通过让当事人相互倾诉、释放悲愤情绪实现理性调解。

讲求方法，诚心调解促和谐

许玉静凭着他知人知底的先天优势和喜欢管闲事的爱好，用聊天的方式帮周围群众化解纠纷，有时像法官、有时像警官，乡亲们就给起了一个绰号，叫他“聊警”他平时走东村，串西家，得知哪里有矛盾，就到哪里聊，白天聊晚上聊、风雨雪天聊、坐车走路聊、田间地头聊。民间纠纷的复杂性和多样性，决定了调解方式必须灵活多样，村民王某和李某是多年的好邻居，因垒墙头差了20公分打得不可开交，上方都住进了医院，家里人都怒气未消准备开战，许玉静得知后多次到上方家里做思想工作，主动到土地部门和村街调取他们房基地的尺寸，反复向他们讲房基地使用有关规定，妥善处理了他们房基地纠纷，一件民转刑案件得到了有效预防。

无私奉献，公心感动千万家

在调解工作中，许玉静处处维护群众的利益和法律的尊严，以浩然的正气，火热的心肠，崇尚的威信赢得了乡亲们的赞誉。几十年来他没有工资，从没未收过群众一分钱，从来没吃过当事人一顿饭，没要过当事人任何东西。需要到外地调解时，他总是自己掏腰包出车费，遇到双方各不相让时，为息事宁人，还自己掏钱去平事。

多年的调解工作使他练就了一套硬功夫，禁渴又禁饿，禁冷又禁热。还练就了一套软功夫，就是语言美、动作轻、讲文明、不粗野，说出话来使当事人爱听、旁观人中听。他热情待人，真诚帮人、真情感人，在情急之中沉着老练，明事理、顾大局，忍辱负重不妄动，大事讲原则、小事讲风格，认理不认人，帮理不帮亲，法先行、情引路、情法并用依法证人，依理服人，息事宁人。围绕着百姓生活中的纠纷他总结出十大劝：

一劝世人孝为本，金钱难报养育恩；

二劝媳妇孝公婆，孝敬公婆好处多；

三劝公婆莫心偏，待闺女媳妇要一般；
四劝妯娌要相合，和睦相处共生活；
五劝兄弟要互敬，兄宽弟忍莫相争；
六劝夫妻好感情，和美恩爱度一生；
七劝邻里莫相欺，友好往来互相依；
八劝干群矛盾少，互相理解不乱搞；
九劝三思莫逞强，争强好斗惹祸殃；
十劝遵法要守章，文明礼貌达小康。

光阴荏苒，许玉静30多年如一日，只要是群众的急事给他打个电话就管事，多忙不喊累，多累不喊冤。人老心红斗志坚，虽过半百返童年，为了他一生钟爱的事业，调解千家事，温暖万人心！

个人小档案

任红梅
RENHONGMEI

任红梅，山西省阳泉人，1970 年5月出生，1997 年6月加入中国共产党，1988 年9月参加工作，大专学历，现任矿区桥头街道段南沟社区党总支书记、居委会主任。2017 年3月被推选为阳泉市人民检察院人民监督员。

2010 年被评为阳泉市“优秀共产党员”；2011 年被选为中共阳泉市第十一次代表大会代表；2012 年被评为阳泉市创先争优“时代先锋”；2014 年被评为阳泉市“三八红旗手”；2016 年被选为矿区人大代表；2016 年被评为山西省“优秀党务工作者”；2016 年被选为中共阳泉市第十二次代表大会代表；2016 年被选为中共山西省第十一次代表大会代表；2017 年被评为山西省五一劳动奖章获得者；2017 年被评为山西省十佳最美社区干部；2017 年被选为党的十九大代表。

事迹材料

一路驱车，阳泉的天格外的蓝，很难想象到这座琉璃般纯净透彻的小城竟是坐落在煤炭大省山西。或许正是因为这样干净透彻的城市风貌，才能孕育出淳朴热情、温柔和善的阳泉百姓，而任红梅就是其中的一位。

第一次与任红梅相见，她身着一件大红色的及膝裙，一头黑发高高盘起，显得极为干练。同事们、前来办事的人们，以及没事儿喜欢和她唠嗑的人们都亲切地称她为“红妹”。正是这样一位在社区邻居、同事眼中普通的“大妹子”，做着看似平凡却又不平凡的事情。

从矿区桥头街道段南沟社区居委会主任，到社区党总支书记兼调委会主任；从阳泉市“优秀共产党员”，到中共山西省第十一次代表大会代表，再到党的十九大代表，这其中，多的是任红梅每天早出晚归忙碌的身影，多的是她办公桌上一沓沓堆积起来的纠纷档案，更多的是社区居民、亲戚同事，以及省、市、区领导对她工作的认可与肯定。

“纵使别人有千条妙计，我却只有一门绝招，就是用‘情’”，任红梅说

某年秋天，社区里新搬来一位80多岁的吴大爷，平日里喜欢帮左邻右舍的居民代理官司，群众发现他经常站在市委、市政府门口堵着要为他们上访。任红梅得知后，主动上门找吴大爷聊天。“大爷，您身体还好吧？孙子最近咋样？”没等任红梅话音落下，大爷急忙翻抽屉取出孙子的相片集，和任红梅聊起他的孙子：“那娃特别懂事，你看看，这些照片都是他的，俺越看越喜欢。这不，都已经上学会认字了。”大爷边说边望向桌上的钟表，脸上溢满幸福的笑容，“快了快了，俺孙子快下课了，一会你就能见着他”。

经过任红梅的观察和了解，吴大爷常年一个人带着孙子在家。自

从孙子上学后，他的生活更加孤单。因为家人疏于对老人的关爱和沟通，这才让他闲来无事想去代理官司和上访。此后，任红梅经常登门与吴大爷聊天，彼此之间渐渐熟悉起来。除了时刻掌握大爷的行为动向，还经常为大爷讲解国家相关的法律法规。过完年，任红梅再次见到吴大爷时，他腿脚已不灵活，走路的步伐也不似从前那般矫健。可即使是这样，吴大爷依旧踱着碎步经常在任红梅办公室门口等着她，不为别的，只为能和任红梅聊几句。而任红梅自从发现大爷腿脚不灵活后，逢年过节、刮风下雨、严寒酷暑，只要任红梅有空，便会到大爷家送些生活必需品，帮助他接送孙子上下学，也借此为大爷解解闷儿。日复一日、年复一年，经过任红梅日积月累的照顾，吴大爷孤单的生活里有了可以说话并且关心他的人，上访的次数逐渐减少，直至为零。“最难的不是如何运用调解技巧和方法，而是用心用情。其实调解工作做多了，便知道老人最缺的就是关爱。”任红梅说。

每天发生在社区邻里的矛盾纠纷很琐碎，也很杂乱，但是任红梅都能一一处理的让群众满意。社区居民师大娘说：“红妹干事儿我们大伙最放心，不仅因为她所做的事情我们大家都看在眼里，还因为她为人善良，经常自掏腰包解决群众的纠纷。”在一旁的霍大娘也急忙地补充道：“我是红妹以前的同事，我也在社区做过一段时间的工作，深知这份工作的不易。经常下雨天能碰见她穿着雨衣、雨鞋亲自到山上帮居民整理放在室外的生活用具。大家都劝她不必这么辛苦，她却说这里的老人妇女生活都不容易，平时帮不到什么忙，也就下雨天出来看看，否则她心里也会不踏实。”

除了每天忙里忙外的调解社区矛盾纠纷，任红梅还将自己的很多想法付诸实践。比如，在居委会三层的办公楼里，开设了许多便民服务间：有提供公共法律服务的微信扫码平台；有提供聊天空间的“鸿雁邻里聊吧”；有提供专业法律服务的威雁法律援助站；还有她自掏腰包开设的青少年社会工作站等。这些便民服务间，几乎每天都座无虚席，不仅为社区群众提供了专门的学习交流空间，也提高了调委会的办事效率。

任红梅虽然每天做着看似平凡的工作，但却取得了不平凡的工作成绩。也正是因为这样，才能博得群众的信任与依赖，同事的好评与赞赏，以及领导的认可与肯定。

“预防、控制纠纷，是我为和谐的家庭、邻里关系设置的一道保护墙”

家住四矿小区的王大娘是社区里少有的能歌善舞的少数民族。最近，在排练舞蹈时总不见她，文艺队的人便向任红梅反映这件事。任红梅下班后，便特意到了王大娘家。见到任红梅，王大娘失声痛哭，捶着自己的胸口说道：“女婿好赌，女儿要跟他离婚，我这大把年纪了，也不知道自己能做什么……”这时，任红梅起身去拿纸巾，帮王大娘擦了擦眼泪。待大娘心情平复了以后，任红梅便教她怎样与家人进行沟通，也多次去劝说大娘的女婿。前几次去大娘家时，任红梅被其女婿拦在门外，出言不讳地说她多管闲事。但是任红梅并没有因此而放弃，寒冬腊月在王大娘家门口一等就是几个小时。经过任红梅的一再坚持，其女婿也同意一次性把问题说清楚。但在其女婿屡次不改，依旧好赌的情况下，经王大娘的要求，任红梅咨询律师，忙前忙后，最终让小两口顺利离婚，帮助王大娘维护了其合法权益，保护了其女儿的合法财产。

从此之后，王大娘又和往常一样，积极组织社区文艺队伍彩排表演，而她本身，也因为任红梅的帮助，主动成为“社区的眼睛”。不管谁家有解不开的心结、遇上难缠的纠纷，她都会第一时间将信息传递给任红梅。“社区的眼睛”是任红梅为及时了解群众纠纷而成立的社区组织，不仅为政府传达了政策方针，同时也为社区调委会吸收了社情民意。

除了创造性地成立“社区的眼睛”，让文艺队伍成员成为社区纠纷信息员，任红梅还在办公楼里设立了雏雁之家、青少年社区工作站、青少年书画室、百姓大舞台以及居民大讲堂等。不仅为社区孩子提供与家里长辈近距离沟通、活动的机会，还通过组织青少年团体活动来有效的从源头阻止问题儿童心理疾病的滋长与蔓延，保护他们健康成长，维护他们的合法权益。“人民调解不只重在调解，还需要做好预防、控制纠纷的工作，而预防、控制工作就需要从青少年抓起。”任红梅说道。

四矿小区原本是煤矿基地，近些年矿区破产，这一带的青壮年几乎都去往外地打工谋生，留在这里的基本是老人与儿媳妇带着年幼的孩子，家庭、邻里之间矛盾纠纷多发。针对这种情况，任红梅通过动员志愿者上门沟通，或者以多种理由将这些缺少关爱与沟通的老人、孩子请出家门，参加她们组织的活动，也通过“社区的眼睛”及时知晓已产生纠纷的进展状况，达到预防未发生、控制已产生的效果。用任红梅的话来说：“这样做的目的在于，让这些老人和孩子没有时间生气，也没有精力怄气。如此，孩子健康成长，老人乐享晚年。而家庭和睦，邻里和谐，社会便稳定了。”

“当选党的十九大代表，责任更大，肩上的担子更重了”

提及任红梅当选党的十九大代表，她觉得最大的变化其实是心态的变化。“因为我是党的十九大代表，所以我会时刻注意自己的言行，时刻提醒自己，党和政府给予我权利，是让我更好地为百姓服务，从这一层面来说，责任更大，肩上的担子也更重了。”

作为社区调委会主任，红梅平时大多数接触到的人群是本小区的居民。如今，她当选党的十九大代表后，周围小区的居民都慕名前来让她进行调解，除了平时的调解工作之外，也会有更多的琐碎之事找上门。有时，清晨来到办公室，杯子里倒满热水，还没等喝一口，便急急忙忙地出门进行调解，一整天也顾不上喝一口水。“这都没什么，只有矛盾解决了，我才能安心地回办公室喝水。”任红梅笑着说。

最近，小区居民为附近山上住户向山下倾倒垃圾弄脏窗户而烦恼，听到这一消息后，任红梅立即与山上住户进行协商。协商成功后，山下的居民不愿意就此了结，他们认为倒垃圾这事儿解决了，可窗户脏了理应由他们将之清理干净，双方谁也不肯退让一步。见调解不成，任红梅从调委会取来一张抹布，二话不说就开始擦玻璃，双方见此情景，也被任红梅的这股劲儿所打动，一起跟着她有说有笑地擦玻璃。任红梅回忆说：“这不是想刻意炫耀什么，我既然是党的十九大代表，像这种随手能解决的事，就更应该给他们做个表率。”

因为当选十九大党代表，任红梅也对自身提高了要求。她不仅注意总结平时调解工作中的经验做法，还经常组织社区调解员队伍培训学习。除此之外，为了能给辖区居民提供包括心理咨询在内的更加专业化的调解服务，不仅自己考取了国家二级心理咨询师和社工师证书，还组织带动社区工作人员共计 11 人考取了 2 名社工师、9 名助理社工师。

原社区支部书记对任红梅持有高度的评价："任红梅同志十年来始终如一日，坚守在党和政府的基层岗位，坚守在人民调解工作的第一线。她说是社区党总支书记兼调委会主任，现在也是十九大党代表，而实则是为社区老百姓提供后勤的中坚力量。"

采访的最后，在谈及如何衡量对于这份工作的感情和责任时，她略做思考后说道："对于党和政府，我肩负的是这份工作的责任，这是我的使命所在；而对于群众百姓，我做这份工作，投入更多的是对他们的感情。党和政府赋予我权利，我就需要扛起这份责任，用心用情去为百姓做好每一件事。"

如果说这个世界上有所谓的奇迹，那么它便是努力的另一个名字。任红梅就是在这样一个平凡的岗位上，凭着自身的努力，创造了奇迹。她就似黑暗里的一束光，似干涸生命中的一滴晨露，似寒冷黑夜里的一丝温暖，是社区群众通往幸福生活的坚强依靠。怀揣着对工作、对百姓的热爱，任红梅将以更高的热情、更饱满的精神状态迎接党和人民赋予她更艰巨的任务！

个人小档案

程　思

CHENG SI

程思，担任江苏省连云港经济技术开发区朝阳司法所所长、人民调解委员会主任，从事司法工作10多年来，成功调解纠纷1980余起，化解集访事件98起，制止群体性械斗140余起，教育转化矫正390余人，成功帮扶180多名刑释人员满意就业，为辖区群众、中小学、企业开展普法教育活动120次，提供法律服务和法律援助460余件，挽回经济损失9000余万元。

先后被评为“全国模范司法所长”、“全国模范调解员”、“江苏省人民满意政法干警”、江苏省十大“群众心目中最美司法所长、最美调解员”、“优秀共产党员”，2014年被江苏省委、省政府记一等功；被连云港市市委、市政府记二等功、三等功。相继受到各类表彰30多次，收到群众赠送锦旗127多面，她的事迹曾被多家媒体报刊报道。

真情相助化积怨，勇于担当冲在前

化解老上访积怨，既要讲事理，更要动真情。程思对此有着深刻的体会。2002 年村民贺某礼一家 12 口人举家从灌云县乡下，迁到刘巷村，当时分给他家 12 口人口粮田，2007 年土地调整时将他家口粮田拿掉，贺某礼不服，10 多年来不断地进京、去省、市、区上访。其间，区及朝阳镇领导多次出面调解，始终未能就补偿费用达成一致意见。

2017 年，贺某礼先后 9 次非法进京上访。党的十九大召开期间，贺某礼再次进京非访，途中被街道工作人员及派出所民警带回监视居住，程思得到消息后，主动带着派出所民警到他家里走访，一开始其家人态度十分恶劣，他的老伴说："哪一级领导派你们来的，你这点小小所长能处理好我家的事？少啰唆，快给我滚吧！"其儿子还拿起棍子威胁着往门外推。导致无法沟通交流，但是程思并没有放弃化解的决心。

"问题不能再拖，事情总得解决！"为了做好贺某礼一家的思想工作，程思是跑断腿、磨破嘴，一边向领导汇报一边积极与村里沟通，想办法协调筹集补偿款，还入情入理地做好贺家人的思想工作，经过不懈努力于10月20日贺某礼一家终于同意接受补偿并签订息诉协议。21 日中午，当程思和派出所所长带着慰问品上门看望贺学礼时，得知他心脏病突发急需住院治疗。面对焦急万分的贺家人，程思当即表示："救人要紧，钱的事我来想办法！"随后，她亲自将贺某礼送往医院急救，并从自己的工资卡中提出 3 万元现金交给贺家人急用。

人心都是肉长的，全家人的心被彻底感化了，贺某礼逢人便说："程所长不仅解决了我家的事，还救了我的命。"他出院后，第一件事就是亲自给市司法局领导写了感谢信。老夫妻俩带着儿子、儿媳双手捧着锦旗来到程思面前，他对儿子说："孩子，跪下，来感谢我们的恩人"。

一起持续了 10 多年的“老大难”信访积案从此画上了圆满的句号。

真心帮困解难事，再难再烦不退缩

无数次不偏不倚的调解，程思总能以诚感人，寓情于法理之中。2017 年 7 月，刘巷村村民王某来到开采办，突然拿出农药欲寻短见，程思获知后当即前往调解。原来，不久前王某贷款 40 多万元买了一辆货车，由其丈夫驾驶跑运输养家。一天丈夫驾车途中出现溜车，幸好被路边大树拦住才避免了一场大事故。由于影响山场交通，开采办擅自出动挖掘机施救，因操作不当，导致货车摔下山崖，给王某家造成直接经济损失近 20 万元。事后，他们多次找开采办负责人要求索赔，但一直无果，王某一气冲到开采办以死相逼，程思苦口婆心劝说并把她送回了家。一到她家，情况更令程思吃惊，她年近九旬双目失明的老母，还有一名双腿残疾的孩子静坐在门口，等候妈妈的归来。凄惨的情景，无不为之动容，程思落泪了。事后，她自费买了米、油、衣服和一些生活用品，到王家看望。一边不厌其烦地到开采办作耐心调和，开采办起初坚决不“买账”，经过程思一次次以法说理、以情动人，最终开采办愿意一次性赔偿 10 万元。为了弥补王家修车资金缺口，程思又动员村里及相关部门出面相助，终于将王家 19.8 万元的修车款凑齐。事后，王某搀扶着婆婆，丈夫拿着锦旗，一进门老人家哭着说：“程所长，你是政府的好干部，是咱百姓的贴心人。孩子啊，我虽然看不到你的人，可是我看到你的心啊！”

耐心解调促和解，亲情感化获好评

化解民事纠纷并非易事，每次程思总能通过和风细雨的工作，把做工作做到双方当事人的心里，让大家满意。2017 年 4 月，尹宋村村民李某与妻子薛某在杭州打工期间因家庭琐事激烈争吵，盛怒之下薛某拔刀自杀，经抢救无效死亡。但李某并未向当地报警，而是将薛某尸体运回了老家。女方父母认定薛某是被折磨致死，便纠集亲属160多人，对李家实施打砸，在院内烧纸，摆花圈，哭声、怨声撕心裂肺，现场一片狼藉，抢尸体中，双方发生激烈械斗，造成十几人受伤，在公安特警稳定事态的同时，程思火速展开说服调解。

她先劝男方亲属暂时回避，避免进一步激化矛盾；继而又做女方亲属工作："无论如何也要让死者入土为安，打打闹闹既违法又伤人，哪能解决问题？"寥寥数语让女方亲属沉默了，但他们提出薛某死得不明不白，李某要负刑事责任，并要求赔偿60万元。程思首先想到矛盾的根源在于查明薛某死因，便积极配合公安部门对尸体进行司法鉴定，确认薛某系自杀，从而消除了女方亲属疑云。此后，一趟、两趟、三趟……历经几十次艰难调解，最终双方达成一次性给女方父母赡养费22万元。双方都被程思不懈努力地工作所打动，他们摒弃前嫌，握手言和，分别制作了锦旗送到政府。事后，关注此案的江苏电视台城市频道法制栏目派记者赶到薛李两家进行实地采访，专题报道播出后在社会上引起了很大反响。

程思靠其独特的个人魅力，巧用工作中总结出"亲情感化、现场办公、联合调处"等工作方法，使一对对即将分手夫妻破镜重圆，一起起易激化纠纷得到圆满解决，一双双渴望的眼睛找回喜悦，一个个特困学子圆了大学梦，百余名刑释人员找到了新的工作。她常说："我只是为群众做了一些我应该做的事，党和人民却给了我很高荣誉。荣誉属于过去，工作还看将来。我将以更加务实的工作作风，在党和政府与人民群众之间架起和谐、信任的桥梁，为维护社会和谐稳定做出自己更大的努力！"

个人小档案

左从贵

ZUO CONGGUI

左从贵，1966 年 7 月出生，中共党员，现为安徽省宣城市郎溪县建平镇三岔村书记、主任、调委会主任，2016 年当选为宣城市人大代表。从事人民调解工作 23 年，先后调处化解各类矛盾纠纷 1800 余件，2014 年 4 月创建“左哥”调解室。2011 年被评为宣城市“文明家庭”；2012 年被评为宣城市 “五好家庭”；2013 年被评为宣城市为民办实事先进个人；2014 年被评为宣城市优秀调解员；2015 年被评为郎溪县优秀调解员；2016 年被安徽省委、省政府授予“防汛抗洪抢险救灾先进个人”荣誉称号；先后被评为宣城市抗洪先进个人、宣城市优秀调解员、郎溪县优秀共产党员、郎溪县优秀党支部书记。

“情理法”并用　调出和谐一片天

左从贵，建平镇三岔村人民调解委员会主任。从事人民调解工作20多年来，他成功化解基层各类矛盾纠纷1800余起，使一对对分手的夫妻重归于好，使一家家老死不相往来的亲人重新团聚。特别是他被调整到三岔村担任村书记、村主任和调委会主任以来，他以强烈的事业心和责任感，积极化解各类矛盾700余起，调解成功率达98%以上，防止可能“民转刑”案件58起，接待来访群众3800人次，在调解工作中做到“小事不出组，大事不出村”，上为政府分忧，下为群众解难，将大量的矛盾纠纷化解在基层，保障了群众合法权益，为当地和谐稳定做出了积极的贡献。

2016年，建平镇党委政府为加快大堤重建步伐，需要尽快拆除439户村民房屋，共涉及6个村民组。由于涉及面大，情况较为复杂，贸然拆除可能会引发群体性事件。为了实现和谐拆除，左从贵同志毅然请命，带领一队工作组到拆迁户一家一家摸排矛盾纠纷隐患，从法律、政策、情理等方面入手，耐心宣传解释，全力化解矛盾。在这次圩堤大拆迁中，他所带领的工作组共调解房屋财产纠纷、房屋买卖合同纠纷等达100多起，提前完成任务，受到方方面面的充分肯定。

三岔村是全省有名的上访村，每年到省上访达到30人次。在此期间，多名村、镇领导受到处理。2010年左从贵被选任村委会主任，他审时度势，以开展法制宣传促进形式矛盾纠纷化解，以建立规范化人民调解组织来促进化解矛盾纠纷，充分发挥人民调解第一道防线作用，有力践行了人民调解为人民的服务宗旨。左从贵作为一名具有多年调解经验的资深调解员，他于2014年4月在村成立了“左哥调解室”，他结合自己多年的办案经验，开展情、理、法融合的调解，受到群众普遍欢迎，“有事就找小左哥”成为当地群众遇到矛盾纠纷时常常冒出的一句“口头禅”。

村里的工作复杂琐碎，往往是“上边千条线，下边一根针”，左从贵树立“实干就是能力，落实就是水平”观念，他在心中给自己规定：矛盾不能上交，只有及时化解在基层，才能有大家的和谐、社会的稳定。左从贵始终不忘自己的职责，不管哪里有纠纷，不管何时有纠纷，他从不推辞，总是尽心尽力及时化解。

由于左成贵同志工作成绩突出，2014 年、2016 年被市评为优秀人民调解员，多次被县评为人民调解先进个人，2016 年被选为宣城市人大代表、安徽省第二届人民调解协会理事。2016 年他的调解先进事迹被央视录成《车祸之后》，在 12 频道《小区大事》栏目播出；同年被省委省政府授予“抗洪英雄”称号。三岔村人民调解工作被郎溪县、宣城市电视台作了多次报道，三岔村也由全省有名的上访村变成了如今发家致富的和谐文明村。

个人小档案

陈耀辉

CHEN YAOHUI

陈耀辉，1949 年 8 月出生，本科学历，中共党员，1979 年 12 月参加工作，1982 年 4 月起担任人民调解员。

2010 年 1 月至今，担任永春县医疗纠纷人民调解委员会主任（2012 年 9 月选任福建省首届人民调解员协会理事）。

2000 年 2 月被评为泉州市司法行政系统“人民满意的司法助理员”；2012 年 6 月被中共五里街镇委员会授予“2010—2012 年创先争优优秀共产党员”；2012 年 10 月被评为“泉州市人民调解能手”；2013 年 12 月被评为“全省优秀人民调解员”；2015 年 12 月被评为“泉州市 2013—2015 年度优秀人民调解员”；2016 年 10 月被泉州市司法局、泉州市人民调解员协会授予“五星级人民调解员”；2017 年 5 月被司法部评选为“全国模范人民调解员”。

事迹材料

陈耀辉从1982年开始在农村基层从事人民调解工作，至今已近40个春秋了。在福建泉州永春一带，他是闻名遐迩的“金牌调解员”，仅2010年来，就先后评为“泉州市人民调解能手”“全省优秀人民调解员”。2016年10月泉州市司法局、泉州市人民调解员协会授予他“五星级人民调解员”，2017年5月司法部表彰其为“全国模范人民调解员”。

手中技艺行，调解自然成。陈耀辉同志在长期基层的调解经历中深刻体味到，调解要靠法。他常说“调解都是讲法的，矛盾调解过程就是普法过程，最好的普法就是调解案例”。他深知没有扎实的法律知识，是做不好基层调解工作的。为此，他以超出常人想象的毅力，坚持不懈的学习。1987年，陈耀辉同志取得华侨大学法律专业大专学历；1995年，取得华东政法大学法学本科学历；59岁时成为华侨大学法学院2008级首届法律硕士研究生班学员，是班上年龄最大的学员。近60岁的人，每周一早上6点骑着摩托车从永春县岵山镇出发，花2个多小时骑行约83公里到教室上课。退休2年后，取得法律硕士学历。参加工作以来，他自己投入学习的资金近3万元，购买图书140余册，藏书达1000多册，做学习笔记近5万字，写心得体会30余篇，理论文章近70多篇。陈耀辉坚持将学习法律知识和解决实际问题结合起来，善于运用所学的法律技能去攻克疑难民间纠纷。曾经有位当事人吴某因脑瘤而丧失听觉，为调解吴某与丈夫的家庭纠纷，他与吴某用书写文字的方式进行沟通，等到调解成功，一本笔记本就用完了。

心中有真诚，调解促和谐。在长期的调解工作实践中，陈耀辉总结出化解纠纷四部曲：受理稳定人心——进行梳理，厘清法律关系——深入现场第一线，核实情况——拟定调解方案，多次耐心调解——促成调解成功。而最重要的是，调解员要一颗真诚之心。他曾调解了一对年龄均为76岁老人离婚纠纷。年逾古稀的村民孙某丈夫要和她离婚，孙某没有谋生技能，离婚后晚景堪忧。陈耀辉多次上门调解这对夫妻双方矛盾。孙某丈夫死后，孙某生活没有着落，他从中协调孙某的几个继子出钱给老人养老，又帮老人申请了困难补助。9年来，他都记不清为了孙某的事跑了多少趟。孙某每次到镇里都只找他，她说，“就信他一人”。为帮当事人要回260元，他跑了三趟泉州；为了一起遗产继承纠纷调解不下8次。他也有心力交瘁的时候，经常可以看见他脖子上一串红色的印迹，那是在烈日下奔走中暑后刮痧留下的，常常是旧的印迹还没消退，新的印迹又已出现，但他始终坚持“群众无小事，件件挂心上”的理念。在调解时间上，采取全天候方式，只要当事人有调解意愿，可以随时进行调解。

脑中存廉洁，调解不徇私。在日常调解工作中，陈耀辉同志始终恪守俭以养德、廉以立身的人生准则，严格遵守人民调解员纪律规定，不徇私舞弊，不袒护当事人，不泄露当事人隐私，不接受当事人请吃送礼。他至今仍保留着青年时代抄录在一张簿子格线纸上。毛泽东主席说过的一句话“不吃（人家的东西）是很高尚的，而吃了是很卑鄙的”，把它作为调解工作的座右铭和生活的方向标。在基层调解，经常会遇到有些当事人偷偷找上门，送礼送物送钱，承诺给予“比例分成”的好处，要求调高调解赔偿金额等。面对种种诱惑，陈耀辉同志始终坚持人民调解员的公正、公平、公开原则，不仅婉言甚至严词拒绝，还给当事人讲清调解工作原则与纪律，打消当事人“拉关系，走后门”的念头。

从事调解工作36年来，陈耀辉同志走遍了辖区的每个角落，为群众调解矛盾纠纷，调解成功的案件1300多件，调解成功率达到99%，其中化解可能因民事纠纷激化转为刑事案件80多起，避免20多起重大恶性案件和群体事件发生，为集体和个人挽回或避免经济损失多达1000余万元。

个人小档案

阳昌绍

YANG CHANGSHAO

阳昌绍，自2005年3月担任人民调解员以来，为当地群众调解了大量的矛盾纠纷。媒体称赞他是化解矛盾的“稳压器”、弹奏和曲的“调音师”、弥合人心的“润滑油”。曾获“全国人民调解能手”“全国司法行政系统先进工作者”“中国好人”“江西十大法治人物”“江西省劳动模范”等荣誉。阳昌绍个头不高，还残着一只右手，咋能得到这么多的美誉？答案就在于，他有一腔柔情正义，一副铁嘴铜牙，能平息事端，化干戈为玉帛，以一颗赤子之心，赢得了民望，更赢了民心。

事迹材料

排忧解难声自高

阳昌绍年轻时，因工扭断右手，落下终身残疾。身残志坚、自强不息的他，2005年村委会换届选举时，以高票当选村委会委员，村调解委员会副主任，并担任村人民调解员。从此，在别人眼里看着烫手的事，阳昌绍出马后，就如春风化雨，达到了“大事化小，小事化了”的境界，只手独臂谱写了一曲曲和谐乐章。12年来，他已累计化解各类矛盾纠纷1000余件，制止处理突发事件、群体事件40余件，挽回经济损失800余万元，远赴浙江、广东等地为农民工追讨赔偿110余万元。

阳昌绍说，调解工作没有什么秘诀，窍门就在于要耐得烦，要劝得勤，更要拎得清。自做起了调解工作后，原先风风火火的阳昌绍性情都变了不少，被村民们形容为像一坨棉花一样。“调解工作急不得，要柔，要慢，两边都要听，水到渠成了，问题才好解决。”阳昌绍解释道。

没有金刚钻，不揽瓷器活。阳昌绍心里清楚，调解表面上是“磨嘴皮子”，但最靠得住的还是法律。因此，高中毕业的他自费买了法律书籍，逐一啃透，写下5万多字的读书笔记，烂熟于心，成为名副其实的“土律师”。

有求必应人称道

珠亭村在当地是一个大村。阳昌绍生于斯，长于斯，与村民打成一片，被村民嬉称“老绍一出马，麻烦没有啦”。他一到场，夫妻反目可以破镜重圆、婆媳不和可以重归于好、邻里成仇可以冰释前嫌、吵架扯皮可以握手言和。

熟悉他的村民都知道，阳昌绍是个有求必应的人，老百姓一有什么需要就会鞍前马后来回奔波，前前后后骑坏了 6 辆自行车，跑烂了 10 多双解放鞋。2011 年，芦溪县在村级推广成立群众工作室，将调解功能向全方位的社会管理、群众工作等延伸。作为工作室的负责人，阳昌绍比以前更忙了，这家小两口闹矛盾了，那家邻里打架了，重点工程项目建设被阻挠了，交通肇事死人了……每次，他总会放下手头的事，急速赶赴现场，挨骂受气他不嫌，婆婆妈妈他不恼，啰啰唆唆他不厌。2015 年，为方便调解、咨询和普法，珠亭村成立了“老绍之家”，工作室有活动场所、有法律书籍、有人财保障、有工作台账。

单纯的人民调解职能已向法律维权、矛调维稳、便民服务、关心困难群众、法治宣传等方面延伸。

扶危济困人品好

不仅调解工作做得好，阳昌绍在珠亭村“走红”还有一个重要原因，那就是乐于助人。萍乡市残联奖励了阳昌绍 2000 元帮扶慰问款，可他却分成四份捐给了 4 名患有重病的人。阳昌绍说：“帮人好比推车上坡，在陡坡上拉人一把，就能使他顺利走上坦途。”阳昌绍有一个特殊的爱好，就是不管有事没事喜欢在屋前房后骑着车“打转转”，挨个走访村里的残障人士、孤寡老人和留守儿童，其良苦用心就是探查民忧。村里无论是砸伤腿的胡德清，天生弱视的何建林，还是双目失明的易月星，每家的情况他都一清二楚，都倾注了心血。

脚板底下出和谐。正是有了阳昌绍不厌其烦地辛苦奔忙，珠亭村多年来没有一起集体上访、越级上访案件，百姓邻里和睦，群众安居乐业，社会治安形势良好。村委会主任易光生感激地说：“我们村里多亏有了老绍！”

阳昌绍始终秉承着“有事就办、有难就解、有困就帮”的情怀，用心铺就了一条和谐之路。他像扎根乡野沃土里的一块红薯，以朴素的本色和可贵的精神，散发出独特的人格魅力，正成为基层党员干部学习和践行的一根“标杆”。

个人小档案

李荣凯
LI RONGKAI

李荣凯，1973 年 10 月出生，汉族，民革党员，本科学历。1995 年毕业于山东政法学院，2012 年至今，受聘担任济南电视台《有话好好说》人民调解委员会调解员，2017 年 5 月至今，被推选为山东省人民调解员协会会长。

2008 年 1 月荣立省司法厅个人一等功；2008 年 5 月被评为全国法律援助先进个人；2014 年 3 月被评为全国“六五”普法中期先进工作者；2015 年被中共山东省委聘请为省委法律专家库成员；2017 年被评为全国模范人民调解员。

李荣凯是山东省济南市市中区正荣凯人民调解委员会副主任和调解员、济南市中正荣凯法律服务所主任，同时担任济南电视台《有话好好说》人民调解委员会调解员、济南电台经济广播《以案说法》节目主持嘉宾。自 2001 年开始兼职担任人民调解员以来，他累计调处化解矛盾纠纷近万余件，为维护群众合法权益、促进社会和谐稳定做出了积极贡献。

心系调解，忘我开展普法和纠纷调处

李荣凯开始从事人民调解，源自他担任济南电台经济广播《以案说法》节目主持嘉宾。2001 年，一直从事基层法律服务的他，走进了济南电台经济广播《以案说法》节目，每天晚上 7 时至 8 时 30 分，接听听众热线，解答法律问题。面对听众咨询的养老、继承、婚姻、拆迁、下岗安置等大量突出问题，他深深认识到，这些问题涉及群众基本生活保障，关乎社会和谐稳定，需要及时开展普法教育，提升群众法律素质，引导群众依法维护合法权益。从此，他带领正荣凯法律服务团队，先后组织普法进社区、进校园、进部队等活动近千场，积极开展以案说法和法规政策宣传。随着法治宣传教育的深入开展，他进一步认识到，推进社会和谐稳定，仅靠教育还不够，还必须依法调处化解民间纠纷和社会矛盾。2006 年 8 月，他应聘担任济南电视台《有话好好说》人民调解委员会首席调解员。10 余年来，他参与调解基层群众各类矛盾纠纷 5000 多件，收到了“调解一例，教育一片，普法一面”的良好效果。2012 年，他成功利用《以案说法》直播，劝调莱州杀人犯投案自首，在社会上引起强烈反响。16 年间，发扬“5+2”和

"白＋黑"的拼搏精神，每天参加《以案说法》和《有话好好说》节目播出和录制，将普法教育和人民调解送到全市乃至全省听众的耳畔、观众的眼前，"有事找荣凯"成为泉城百姓耳熟能详、妇孺皆知的民调品牌。

勇于担当，积极为党委政府和人民群众排忧解难

李荣凯将人民调解作为维护基层社会稳定，促进经济健康发展的重要手段和途径，积极参与社会矛盾的调处化解，最大限度地减少社会不和谐因素。这些年来，他参与调处重大疑难社会矛盾纠纷上百起，充分发挥了党和政府联系人民群众的桥梁纽带作用，得到党委政府的高度评价和广大人民群众的信任。他先后受聘担任济南市仲裁监督员、济南市政协社情民意特邀员、山东省人民政府信访事项听证员、山东省公安边防总队法律咨询委员会委员。2016 年 2 月，李荣凯被山东省委聘为省委法律专家库成员，成为 30 名专家库成员中唯一一位人民调解员代表。

注重积累，充分发挥媒体调解带头人作用

2014 年，李荣凯担纲的《有话好好说》，作为省内首档电视公益调解类栏目，荣获"全国电视民生影响力 10 强品牌栏目"。2017 年，《有话好好说》人民调解委员会被评为"全国模范人民调解委员会"。在打造媒体调解品牌的过程中，李荣凯提炼形成了"九位一体"调解法，得到省市区各级领导的高度评价。他多次在省市人民调解骨干培训班上传经送宝，发挥媒体调解领军人物的带动示范作用，推动调解队伍骨干力量不断发展壮大。2016 年 12 月，全省人民调解员专家库将李荣凯吸收为首批成员。2017 年 5 月，在省人民调解员协会换届大会上，李荣凯高票当选新一届省人民调解员协会会长。

无私奉献，积极投身于公益事业

李荣凯主动承担起社会责任，积极投身社会公益事业。这些年来，他资助3名孤儿，从小学开始直到大学毕业，每年为每个孤儿捐款1400元。2016年1月，李荣凯创建山东省第一家专业从事遗嘱项目工作的公益机构——齐鲁遗嘱库，面向基层，服务百姓，为60岁以上老人提供免费遗嘱起草、免费遗嘱登记、免费遗嘱保管。目前，已帮助1000多名老人起草、保管遗嘱，解答咨询4500人次。多年来，李荣凯及其团队在公益事业上共投入260万元，开展法律援助1000余件，他本人被评为全省、全国法律援助先进个人。

个人小档案

谢扬标

XIE YANGBIAO

谢扬标，湖南省邵阳市洞口县人，1963年5月出生，大专文化，中共党员。1988年开始从事人民调解工作，1998年因调解工作成绩突出被破格录用为国家干部，现任洞口县黄桥司法所所长、黄桥镇人民调解委员会主任。先后获得“全国政法系统优秀共产党员”、“全国标兵人民调解员”、“全国模范司法所长”、“全国模范人民调解员”、全国“从事信访工作二十五年以上”先进个人以及湖南省“十杰政法干警”、湖南省“十佳人民调解员”、湖南省“十佳司法所长”、“湖南省优秀青年卫士”、“湖南省十佳法律服务工作者”、“2016年度湖南省最具影响力法治人物”等荣誉称号。先后被评为市、县先进50余次，9次被表彰为全县见义勇为先进个人，荣记一等功2次。

在湖南省洞口县黄桥镇，有一位家喻户晓的人，他三十年如一日，扎根基层，用真情和汗水，书写着新时期人民调解员忠诚为民的答卷，他就是该镇人民调解委员会主任谢扬标。

解难救急　情动众人平事端

2007年10月，丰产村村民张某在某砖厂务工时，不幸卷入搅拌机身亡。张家几十名亲友赶来找砖厂老板周某理论，周某也叫来几十人压阵，一场群体性械斗一触即发。接到报案后，谢扬标立即和派出所同志赶到现场，经过耐心细致的说服工作，使双方情绪暂时平息。但马上又因尸体收敛问题陷入僵局。看到搅拌池中血肉模糊的场景，谁也不敢去收殓死者尸体，连请来装殓尸体的人也打了退堂鼓。谢扬标见状默默地脱下外衣，下到搅拌池中，摸索着将尸骨一块一块捡上来，按照人的模样拼拢，再用白布裹起入棺，忙了2个多小时。无声的行动令在场的人无不动容，双方很快达成调解协议。

2012年5月，雷霆村村民蒲某驾驶三轮车不慎翻下3米高坑，当时车上有1名孕妇，蒲某被车压住当场死亡，孕妇也受了伤。谢扬标闻讯赶到现场，一边抚慰亲属，另一边安排施救，因坑高坡陡，3个多小时才将车拖到路面。死者已被撞得面目全非，亲戚朋友都不敢靠近，谢扬标二话不说，拿了一块塑料布将死者的尸体包好。现场清理完毕共花了6个多小时，没吃中饭他不说饿，全身湿透也不叫苦，路人递上一瓶水，谢扬标接过，直往冒烟的嗓子里倒，一气喝完后叹道“谢谢，这可是救命水啊！”在场的群众充满敬意，死者的家属连表感激。6天后孕妇出院，谢扬标立即组织调解，死者的儿子当场赔偿了医药费。

伤病无阻　痛失独子志不移

2015 年 6 月，谢扬标赴娄底调查信访对象时不慎摔伤，腰骨骨折。然而在住院的第四天，他就拄着拐杖、强忍伤痛来到了交通事故现场，协助调处了朱桥村刘某的损害赔偿纠纷。2016 年 6 月某日，谢扬标突然肚子疼痛难忍，在同事的劝说下准备去医院，刚走到门口就接到电话，该镇突发一起一死一伤重大交通事故，他顾不上疼痛立即赶到事发地，协助交警进行调查处理，因延误了治疗时间，导致阑尾炎穿孔化脓。住院期间，郝水河发生 2 人溺亡事件，因发现较晚，加之高温，尸体严重腐烂，死者家属与附近村民为打捞尸体发生争执，面临纠纷激化。谢扬标闻讯后冒雨赶到现场，边协助公安机关打捞尸体、组织尸检，边做死者亲属的安抚和村民的说服工作，一场群体性事件得到平息。

世界上最悲痛的事，莫过于白发人送黑发人。2015 年 10 月，30 岁的独子不幸离世，谢扬标人生之痛可想而知，众人为他扼腕长叹，担心这个群众的“守护神”被压垮。然而，就在处理完儿子后事没几天，金田村彭某因在村民家喝酒致死发生纠纷，他接案后拍拍卧床的妻子就立即赶往现场，强忍刚失独子的沉痛，声嘶力竭两头疏导，最后成功调结此案。

有人问他，“这么拼，你为了啥？”谢扬标如此说道：“如果是自己亲人出了事，你急不急？”是的，他把群众当亲人，心中装的是大爱，不忘的是化解身边矛盾、守护一方平安的初心。

心系群众　患病老人有所依

2017 年 12 月，62 岁的梁某请求谢扬标帮助解决子女赡养费、医疗费和护理等问题。梁某历经 4 次婚姻，生育四子一女，近日因患晚期子宫瘤住院。因与子女生活时间不长，未能尽到母亲的义务，子女对其没有感情，导致住院期间无人照看，生活费、医药费无着落。

谢扬标到医院安抚梁某，就梁某的医疗费问题分别联系 5 个子女，在家的上门劝说，外出的电话沟通，以诚心感动了老人的子女，子女们最终愿意承担梁某治病的费用，并同意轮流照顾其生活起居。调解成功后，性格刚烈的梁某满眼泪花，反复念叨："人民政府好，共产党好！"

"别怕，有我！"是他对弱势群众的第一句话，"有事找我"是他对黄桥人民最平凡的诺言。近5年来，他排查调处各类矛盾纠纷900余起，调解成功率99%以上，没有发生一件大的群体性事件。他，以实际行动，谱写了一曲曲党和人民的忠诚卫士之歌！

个人小档案

马有信
MA YOUXIN

马有信，1952 年 11 月出生，小学文化，现为武威市古浪县工商联土门商会人民调解委员会人民调解员、古浪县人民法院人民陪审员，建立马有信调解工作室。

在开展调解工作中，他多次被《甘肃法制报》、中国司法网、甘肃电视台、武威电视台、《武威日报》等宣传报道。2011 年被评为甘肃省首届“十大法制人物”，2012 年荣获甘肃省司法厅“人民调解能手”，2012 年 8 月荣获“全国人民调解能手”荣誉称号，2013 年被授予“武威市第三届助人为乐道德模范”，2015 年 11 月被甘肃省高级人民法院评为甘肃省首届“优秀人民陪审员”。

马有信同志自2008年担任调解员以来共调处纠纷2460件，涉及金额1200余万元，预防群体性事件14件，民转刑案件56件60人次。2015年9月，古浪县法学会、司法局专门为马有信同志成立了马有信调解工作室。工作室成立3年来，共调解各类纠纷矛盾60余件，跨乡镇调解纠纷2件，协助法庭、派出所处理矛盾纠纷20余件，调解本辖区矛盾纠纷30余件，得到了广大群众的高度认可和赞扬，为“平安古浪，法治古浪”建设做出了积极贡献。

“我说事一不图名，二不图利，就本着一个想法，万事和为贵”

当地群众把说和、化解矛盾纠纷叫“说事”。因为熟悉乡风民约、擅长沟通交际、人缘好、威信高，原本剑拔弩张的双方当事人，经他一说合，往往握手言和。“说事”渐渐说出了名气，请他来“说事”的人越来越多，马有信对“说事”上了瘾。他笑称自己养成了“爱管闲事”的习惯，“一听见哪里吵架闹事就坐不住”。

一天中午，正在喂牛的马有信隐隐约约听见不远处传来吵骂声。他立即放下手里的活计，循声找了过去。在一家化妆品店门口，两帮人正吵得不可开交，时不时推搡着撕扯在一起。几个年轻人正拿着手机打电话叫人，围观的人把店门口围得水泄不通。原来，一名女子使用了在这家化妆品店买的护肤品，第二天早晨起床后发现了满脸的红疙瘩。一气之下，便叫了一帮人来跟化妆品店的老板评理。见对方来势汹汹，店老板也不示弱，打电话请来一帮“铁哥们”。两拨人你推我搡，动作越来越大。见着情形，马有信拨开围观的群众，首先将闹得最凶的两个人分开。问清原因后，马有信提出了调解意见，使双方当事人消了气。随后，他又带着当事人来到城区找到该化妆品店的总代理商，通过协商，对受害女子进行赔偿。

“只要能将理讲到群众的心坎上，他们就会理解。”

相对普通的民事纠纷，群体性纠纷具有当事人多、涉及面广、矛盾复杂激烈等特点，处置不妥当，容易引发影响社会稳定的事件。在调解群体纠纷方面，马有信有他独到的经验。

2008 年 10 月 25 日中午，古浪某公司职工贾某在宿舍休息时突发脑干疾病，经抢救无效死亡。其家族亲友 100 多人围攻公司 30 多小时。马有信得到消息后，一方面想办法控制事态发展，另一方面找死者方面代表、公司方面代表调解，最终使双方当事人自愿达成协议，由公司一次性支付死者家属各种补偿，并将死者妥善安葬。一场一触即发的群体性纠纷就此平息。

有人问马有信，调解群体性纠纷的秘诀到底是什么，为什么原本剑拔弩张的双方当事人会听他的话？“我就是一个老百姓，我最知道他们在想什么，只要能将理讲到群众的心坎上去，他们就会理解。”马有信说，自己之所以能屡屡成功，只因为有“两把尺子”，一把尺子量别人的长处，一把尺子量自己的不足，对照当事人，明理依法，不偏不倚，公平公正。

“双方当事人掐在一起不肯让步，是因为都觉得自己是占理的一方。如果不能先挑出各自的错误让其做出让步，后面的调解就没有办法进行。”

土门镇居民马某家租住着一些来土门求学的外乡学生。2009 年 6 月的一天，一学生的手指被马某的蜂窝煤机器绞伤。马某赶忙将学生送医院治疗，无奈受伤过重，久治未愈，学生家长提出了高额索赔，双方一闹就是 2 年，僵持不下。最终，双方当事人请马有信出面调解。

马有信弄清原委后认为，马某支使学生干活，致学生受伤，马某应负一定责任；煤场老板贸然合闸，酿成惨祸，也有责任；受伤学生虽是限制民事行为能力的人，但他明知手握皮带轮的后果，却冒险而行，对事故已负有责任。如此一说，三方都觉得有理，等双方心理放松后，再根据法律条文经单进行简单定责。再跟当事人讲道德，讲传统美德灌输给当事人，保证调解协议能够在双方心甘情愿的前提下履行，冰释前嫌重归于好，最后达成赔偿协议。马某和煤场很快履行了义务，受伤学生也重新回到了校园，一桩纠缠2年之久的纠纷终于画上了句号。

司法鉴定工作人员

个人小档案

任嘉诚

RENJIACHENG

任嘉诚，1949 年 2 月出生，2009 年至今担任北京市红十字会急诊抢救中心司法鉴定中心主任、技术负责人，主任法医师，享受国务院特殊津贴。曾获得全国优秀科技工作者，北京市有突出贡献的科学、技术、管理专家，北京司法鉴定行业先进个人等诸多荣誉称号。在公安局工作期间，因办案数 10 次立功、受嘉奖。曾任中国法医学会病理专业委员会主任、北京市法医协会会长、北京市司法鉴定业协会病理主委会主任。

任嘉城自1978年进入北京市公安局开始从事法医鉴定工作以来，已经从事法医鉴定工作39年有余，主办鉴定已超3万件，其中重大、疑难案件6000余件。运用其出色的法医技术，为这些案件成功告破、审结作出了关键性、决定性的贡献。至今未接到一件群众对其不满的有效投诉，亦没有一件鉴定出现结论性错误。

自2009年转入北京市司法鉴定业，亦做出了有目共睹的贡献，如带领他的团队——北京市红十字会急诊抢救中心司法鉴定中心年受理案件量达到北京同行业第一，创造了连续8年零有效投诉的纪录；同时在办案过程中解决了诸多疑难问题，并纠正了一些错鉴案件。如2011年3月“常某某死亡医疗纠纷案”，某单位初次鉴定为伤害致死案，经近一年的侦查未果，家属提出二次鉴定申请。任嘉诚调阅了大量的原始资料后做出常某某因患“心肌炎”，干活时摔伤，经3家三级以上医院救治过程中出现误诊、延误治疗，最终导致了死亡的发生。西城法院采纳了该鉴定意见，家属获得了上述3家医院给予的经济赔偿。2012年5月“孙某某工伤事故死亡案”，受青岛海事法院委托，受理孙某某出海捕鱼操作中摔伤导致脾摘除，后因未获得赔偿金无力继续治疗而回家后导致腹腔脏器多次感染，并发胰腺炎，胰头癌等疾患，1年后死亡。某单位初次鉴定为病死，与工伤无因果关系。任嘉诚对孙某某尸体进行了解剖，并调取了原始病历，做出了孙某某系因开腹手术后无钱继续治疗，胰腺引流管未拔，多次感染，导致急性腹膜炎而死亡，患胰头癌与外伤及多次感染间亦存在间接因果关系的结论。最终上述法院采信了任嘉诚作出的孙某某因工受伤后脾摘除与死亡间存在直接因果关系的鉴定意见，家属获得了船老板给予的经济赔偿。2014年1月“李某某被伤害死亡案”，某地公安局受理一例李某某死亡案，在当地法医未作出病理鉴定之前，以调查案情为据将杨某某刑事拘留，1月后取保候审。二月后法医出具的鉴定意见为“李某某因心脏病死亡”，使本案陷入僵局。公安局预审部门和检察院委托其单位重新鉴定。任嘉诚对李某某尸体及病理切片进行了重新检验，发现第一次鉴定存在漏检和错误的镜下诊断，从而作出了错误的鉴定意见。正确的鉴定意见为“李某某因伤害造成骨盆骨折导致肺脂肪栓塞而死亡”，使本案得以进入审判程序，还死者一个清白。2016年7月“非法行医致范某某苯甲酸中毒死亡案”，河北省沧州地区范某某到北京一美容院求治牛皮癣后死亡，当地出具的鉴定意见为“心源性猝死”。家属不服，进行多次上访。北京某公安部门委托其单位作重新鉴定。任嘉诚在当地鉴定部门不提供病理切片的情况下，调取死者剩余脏器重新取材切片，结合死者血液中检出“苯甲酸”，作出了范某某系大面积外敷“苯甲酸”中毒，导致多脏器功能衰竭而死亡，使非法行医者杨某某被绳之以法。苯甲酸中毒死亡案为世界首例报道，至今常有公检法单位邀请任嘉诚同志参加疑难案件的会诊。任嘉诚虽已年近古稀，凭借强健体魄，仍然坚持在办案第一线，每年完成法医学鉴定1000余件。每逢尸体解剖他总以主刀身份带领相连，年轻同志完成。他总是说，法医办案是其终生的事业，每一案件都与法律、人民群众相连，没有一个认真负责的精神和兢兢业业的工作态度是做不好的。

从事法医鉴定工作近40年来，立足于法医岗位，刻苦钻研，勇于创新，在专业技术领域具有极高的造诣。任嘉诚获省、部级科研进步奖10余项。主持撰写、编译完成法医专业著作如《实用法医弹道学》《法医病理学》等多部以及制定了《法医学尸体解剖》《法医学尸表检验》等公共安全行业标准，公开发表学术文章40余篇，被国内多所院校聘为客座教授、研究生导师，培养了大量优秀的法医工作者。

任嘉诚于20世纪90年代初创建了我国第一家法医检验鉴定中心，使我国的法医工作向现代化、正规化、标准化提升了一大步，受到了政府、群众和同行的认可，并领导法医中心于 2003 年率先在我国司法鉴定界通过了“国家实验室认可”和“国家计量认证”。组织了我国司法鉴定领域第一次能力验证活动，使我国司法鉴定业走入了与国际接轨的长足发展之路。

任嘉诚是享受国务院特殊津贴专家，曾获得全国优秀科技工作者，北京市有突出贡献的科学、技术、管理专家，北京司法鉴定行业先进个人等诸多荣誉称号。曾任中国法医学会病理专业委员会主任、北京市法医协会会长、北京市司法鉴定业协会病理主委会主任。

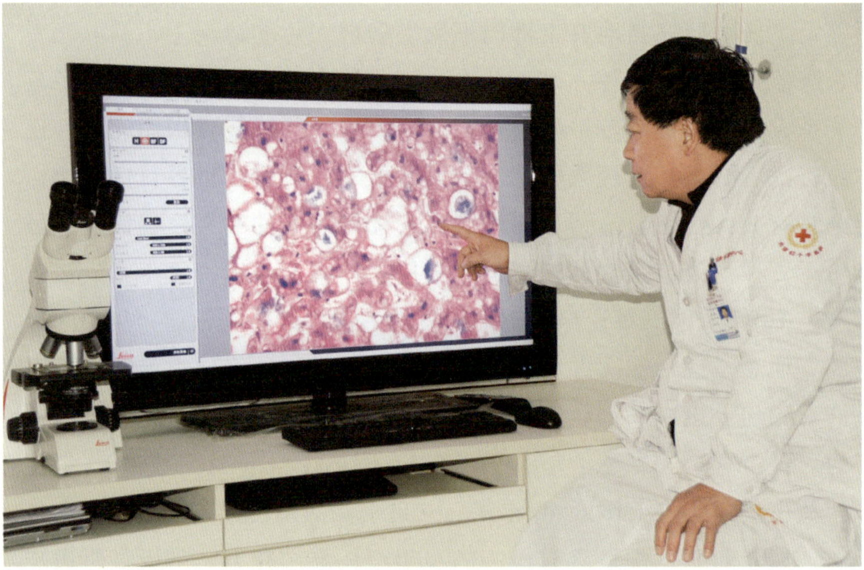

个人小档案

郑瞻培

ZHEGN ZHANPEI

郑瞻培，1933 年出生，浙江宁波人，1958 年毕业于上海医科大学。上海市精神卫生中心主任医师，教授。曾任上海市精神卫生中心副院长，中华医学会精神科分会司法精神病学组组长，上海市精神疾病司法鉴定专家委员会主任委员等职务。

1999 年起正式担任上海市精神疾病司法鉴定专家委员会主任委员，现任该专家委员会及上海市司法鉴定协会和浙江省司法鉴定协会精神病鉴定分会顾问，享受国务院特殊技术津贴。

2007 年被中国医师协会评为全国杰出精神科医师，2010 年被司法部评选为全国优秀司法鉴定人，2013 年被上海市司法鉴定协会评为上海市司法鉴定先进个人。2006 年研究项目“精神卫生相关规范的研究和应用”（研究人之一）获上海市科学技术二等奖，2009 年研究项目“一种刑事责任能力评估系统及方法”（研究人之一）被评为第 22 届上海市优秀发明选拔赛优秀发明金奖。

郑瞻培正式成为司法鉴定人是在我国《刑法》颁布之后，在长期的司法精神病鉴定实践中，他积累了丰富的鉴定经验，工作态度诚恳、严谨、公正，坚持意见的同时又善于听取不同意见而完善鉴定结论，因此他的结论总是得到大家的信服，他在鉴定精神检查方面有独到经验，能做到系统和全面，因此有的同道听之后誉为“艺术享受”。他对鉴定文书的书写有一套完整的思路和描述技巧，已多次在全国各地宣讲，并公开在他的出版书籍中，有一位持有许多鉴定问题的辩护律师阅看了他的鉴定文书后，叹言“我无话可说”。他一生参加了许多全国性疑难案例鉴定，包括国家领导人关心的及全国公安、司法部门委托鉴定的案例，2003 年聘任为最高人民法院的技术专家，在此后一段时间里，他和其他专家一起“转战”于全国各地，为维护我国法律严肃及稳定社会上下立下了不朽功劳。上海市精神疾病司法鉴定专家委员会在全国成立最早，成立之初他就担任主任委员，现在继续担任司法部司法鉴定中心的特约顾问，协助鉴定部门把好技术关，提高司法鉴定人的鉴定实践能力。

1992 年至 2004 年，他担任中华医学会精神病分会司法精神病学组正副组长（1999 年起担任组长），领导全国每两年召开一次全国会议，出席人数众多，会议主题突出，会议气氛活跃，每一次会议讨论几个主题，使会以致用，受到全国同道欢迎和拥护，有人称这个时期为我国司法精神病学术的“鼎盛”时期。

他在鉴定中不但敢于实践，承担疑难案例鉴定的责任，并善于从鉴定实践中总结经验，并善于从鉴定实践中总结经验，写作出版了许多司法精神病鉴定的专业著作，受到全国同道的欢迎，有的同道开玩笑称“我们是吃您的奶长大起来的”。年过八旬之后，他怀着“人离世了，不要把经验带走”的想法，决定再写作此生最后一部著作，书名“司法精神病学鉴定实践”，他称为“经验之作”和“生命之作”，即在与生命争夺的过程中留给后世的经验之谈。此想法得到了出版社的支持，不久此书即可问世，对他来说也是一种无憾的留念。

他对新人不遗余力培养，在他的精心支持下，他的唯一研究生已成为我国司法精神病学的精英和著名学者，用他自己的话来说“我可以含笑于九泉了”。他指导研究生的最初研究项目——暴力行为研究及鉴定量表制定，目前已成为全国司法精神病学的研究热点，历史会认定出这是他点燃的火种。如今他已步入耄耋之年，但他仍继续在思索司法精神病鉴定中有关的鉴定疑难问题，力所能及的讲授些经验之道，也协助参加一些疑难案例的鉴定，尤其通过鉴定案例，帮助青年鉴定人获得经验，他认为这是他人生余年的欢乐。

个人小档案

崔 文
CUI WEN

崔文，中共党员，法医病理学研究生导师，1982年毕业于泰山医学院医疗系，至今在济宁医学院工作，35年来一直工作在法医病理学、病理学教学、科研和社会服务的一线。2013年法医学与医学检验学院院长、司法鉴定中心主任，2016年11月任济宁医学院党委委员、副校长。1995年破格晋升为副教授，2001年晋升为教授，2013年晋升为二级教授。分别于1995年、2005年、2016年赴香港中文大学医学院、英国开放大学、台湾阳明大学等国家和地区做访问学者。

现任中国病理学工作者委员会常委，中国司法鉴定理事会常务理事，山东省司法鉴定协会副会长、法医专业委员会主任委员，山东医学会常务理事，山东省高等学校优秀科研创新培育团队领军人，山东省十一五和十二五病理学（特色）重点学科主任、山东省高水平应用型法医学重点培育专业负责人等。荣获山东省科技进步奖、省级优秀教学成果等一等、二等、三等奖10余项；荣获山东省富民兴鲁劳动奖章，山东省教学名师，山东省普法先进个人，山东省学术骨干、学科带头人培养对象，济宁市有突出贡献的中青年专家，荣立山东省司法行政个人二等、三等功，享受国务院政府特殊津贴。

事迹材料

作为济宁医学院司法鉴定中心主任，崔文从中心建立开始就坚持高起点、高定位，以质量和服务打造山东品牌机构。

以质量之实固发展之基

作为机构带头人，组建了山东省医学类高等院校唯一一所法医类司法鉴定中心，顺利通过了国家 CNAS & CMA 二合一认证认可评审。作为法医领军人物，始终以优秀鉴定质量和社会服务为宗旨，以人才培养和品牌建设为目标，不断彰显大学司法鉴定机构的社会公信力，在全省法医司法鉴定领域鉴定实务、技术研讨、业务培训、理论研究等方面起到引领作用，成了山东省的标杆鉴定机构和优秀综合鉴定平台。中心先后被评为山东省司法先进集体、司法行政警风行风示范窗口，个人荣获山东省教学名师、富民兴鲁劳动奖章、“六五”普法教育先进个人，荣立山东省司法系统二等、三等功等荣誉称号。

以服务之实固管理之基

作为中心主任、法医病理鉴定人、授权签字人和总技术负责人，始终把培养“业务精湛、品德高尚”的法医人才作为鉴定质量的坚实保障，采取请进来、走出去的办法，不断引进、培养和聘用高水平的法医鉴定人才，确保每一鉴定意见都能成为公正司法的有力证据。与山东省及各地市公检法司系统建立了广泛的业务合作和交流，多次参与省市大案要案难案的鉴定和侦破工作，维护了法律的尊严。与多个国内知名高校司法鉴定中心建立了业务联系，聘请多名法医专家作为中心客座教授，构建了山东法医精湛技术平台。近年来，中心完成各类鉴定案件万余例，未发生一起有效投诉案件；先后承担完成省部级、厅局级科研项目 20 余项，获山东省科学技术进步三等奖 3 项、优秀教学成果奖 3 项，山东省高校优秀科研成果奖 5 项；发表学术论文 60 余篇，主编和参编著作 10 余部。法医病理案宗连续获得两届“宋慈杯”优秀鉴定文书奖、山东省优秀鉴定文书一等奖。目前已培养全日制法医病理学和病理学研究生 10 余名。

以满意之实固信誉之基

“金杯银杯，不如口碑”。作为山东省司法鉴定协会法医专业委员会主任委员，多年来全身心投入到山东的法医学教学、科研和司法鉴定工作中，幽默而富有哲理的授课方法、丰富的理论知识、精湛的司法鉴定能力及科研水平得到了法医界同行的一致好评。在司法鉴定实践中始终秉持仁爱和谐、严谨科学、关怀备至的态度对待每一例鉴定，将司法鉴定作为一种社会公益事业来做，为困难家庭开展法律援助，多次被新闻媒体宣传报道，得到人民群众的认可和信赖。

“具备学识与人格双重魅力的鉴定人，自然会赢得社会和群众的敬重与热爱。作为一名鉴定人，只有坚持弘扬光明正大、公平公正的品德，努力引导鉴定人弃旧图新、不断创造，致力于完善鉴定人的学识和人格，才能在司法鉴定这个平凡的岗位上做出不平凡的业绩来。”崔文不仅是这样说的，也是这样践行的。

个人小档案

徐代化

XU DAIHUA

徐代化，1953年出生，副主任法医师，毕业于华西医科大学，从事临床医学工作17年，法医学检验鉴定28年、研发“利用计算机检验文件制成时间”项目11年，具有法医临床、法医病理及文书司法鉴定人资质和丰富的检案经验，完成案件超2万宗。

2003年至今任广东南天司法鉴定所所长。现任广东省司法鉴定协会副会长、广东省价格鉴证与评估协会副会长、《中国司法鉴定》常务理事、广东司法警官职业学院律师学院／华南师范大学律师学院客座教授、广东省反保险欺诈中心专家顾问；2009年获“全国司法鉴定先进个人”荣誉称号；2013年获深圳市科技进步二等奖；2014年获广东省科技成果三等奖；所创建的广东南天司法鉴定所获“国家高新技术企业”及“深圳市高新技术企业”认定。

使命召唤，投身司法鉴定事业

时光追溯至2002年，曾在四川省人民检察院万县分院工作，渴望鉴定机构成为独立第三方的徐代化，抓住国家司法改革机遇，毅然决定投身面向社会服务的司法鉴定事业。

他动员了祝家镇、王成荣、袁之宜等在法医、文书鉴定领域的知名专家，于2003年创建了广东南天司法鉴定所。当初只有140多平方米的办公面积，5名鉴定门类，23名鉴定专家，全年仅完成31宗案件。如今，办公面积增至1500多平方米，已开展11类司法鉴定，鉴定人103名，其中70%以上拥有高级职称，博士11人，硕士15人，引进海外留学人才5人，2017年完成鉴定案件超过2万余宗。

敢为人先，狠抓质量与廉洁

2006年率先建立了适合司法鉴定机构实际情况的质量管理体系，并在2007年、2008年分别获得国家认可委颁发的《检查机构认可证书》和国家认监委颁发的《资质认定审查认可证书》，成为全国首家既通过国家认可委认可，又通过国家认监委资质认定的司法鉴定机构。2017年获国家“高新技术企业”“深圳市高新技术企业”认定。

他每年上班第一天就与员工一同签署《廉洁自律、保密公约》，对腐败及违规行为零容忍，保持14年来廉洁问题零投诉，树立了南天所风清气正的形象。

砥砺前行，攻坚克难备受关注

2010 年深圳某施工路段，一名骑车男子被不明物体割断喉咙成了植物人，事故发生时前行的只有一辆大客车，对于该男子的受伤原因，某鉴定中心 80 天鉴定未果，引起矛盾激化，双方家属 10 余人声称将在该机关内跳楼。情况紧急，徐代化同志临危受命，立即带领法医、痕迹团队赶赴现场，历经三天三夜，终于在大客车挡泥板处找到了线索，并根据伤者情况判断系大客车爆胎冲击挡泥板所产生的射杀伤所致，平息了这场风波，中央电视台、广东卫视均以《被割喉的男子》为题名进行系列报道。

2011 年，某法院受理一桩经济案件，证据是一份金额超过 2 千万元的《承诺书》，但被告坚决否认、要求鉴定，前后经国内 2 大机关的 4 家机构鉴定，均对其签名、指印真实性作出认定，未对该《承诺书》真伪给出明确意见。法院判被告败诉，冻结其近亿元土地，但被告在上诉时坚称鉴定有误，引起社会高度关注。广东省高级人民法院委托南天所进行鉴定。徐代化迅速组织文检专家展开鉴定，凭借扎实的专业功底、丰富的办案经验以及细致认真的检验鉴别，最终发现变造痕迹，确定该承诺书系利用被告真实签名、指印变造形成。其司法鉴定意见得到法院高度认可，为长达 5 年的官司画上句号，国内 40 多家主流媒体跟踪报道，好评如潮。

科研创新，誓把鉴定做专做强

徐代化重视科研与司法鉴定实践结合，除鉴定专业室外，还设有中心实验室、研发中心、环境模拟实验室并拥有世界上种类最多的墨迹样本库。2006 年开始组团着手研究“文件制成时间鉴定”这一世界性难题，并取得突破，一种“利用计算机检验文件制成时间的方法及计算机系统”科技项目在 2009 年通过了成果鉴定，并先后在中国、日本、美国获得专利授权，并获广东省、深圳市科学技术奖。目前，该方法已经应用到来自全国30个省市、我国港澳台地区及国外的千余宗实际案例中，办案机构反映良好。

他提出“人无我有，人有我优，人优我精，人精我新”的理念，鼓励员工大胆创新。通过自主研发已取得3项科技成果、2项软件著作权和2项发明专利。

合作交流，推动司法鉴定事业发展

近3年来，他以“司法鉴定在律师、保险业务中的应用”为题给广东省8000多名律师、1000多名保险管理人员授课；曾两次受邀出席最高人民检察院举办的“全国检察机关文件检验专题提高培训班”，为来自全国各地检察系统的400多名文检专家授课，反响热烈。

南天所是与最高人民检察院司法鉴定中心和法大法庭科学鉴定中心签署合作协议的司法鉴定机构，长期与司法部司法鉴定科学技术研究院、西南政法大学等院校交流，美国、英国、韩国、日本、泰国等专家也慕名前来参观交流，曾前往美国纽黑文大学、美国法医学会交流，并受邀出席2016年美国文件检验专家协会年会，就“文件制成时间鉴定”技术作专题报告，受各国专家高度赞赏。

徐代化同志不忘初心，始终坚持奋斗在第一线，认真对待每一宗案件，体现出极高的专业水准，只为做好一名司法鉴定人，做客观事实的还原者，为实现司法公正贡献绵薄之力！

个人小档案

邹明理

ZOU MINGLI

邹明理，1935 年出生于四川省武胜县。1955 年参加公安工作并于同年加入中国共产党。曾任西南政法大学侦查与物证技术学教授、硕士研究生导师、侦查学系主任、司法鉴定中心主任；曾担任重庆市第四届人大代表、中国刑科协理事、中国检察官基金会理事、重庆市和四川省检察院技术顾问、七所政法公安院校客座教授；曾 5 次被评为重庆市先进工作者，1 次被评为四川省优秀教师，2 次被评为重庆市优秀鉴定人，1 次被评为司法部优秀鉴定人；1993 年起享受国务院特殊津贴待遇，2001 年获司法部二等科研奖。

在从事教学、科研、鉴定实务工作的 60 年间，给在校学生及全国 17 个省、市、区的侦查和鉴定专业人员主讲 7 门课程，主编和参编全国统编教科书、工具书 30 余部，出版专著 3 部，发表学术论文 200 余篇，参加省部级鉴定立法 6 项，鉴定文书物证数万件。

退休后的 18 年里，撰写了 70 余篇学术论文并选辑为《余热集》出版。现任中国行为法学会侦查学研究会顾问、中国政法大学教育部重点实验室学术委员会委员。

邹明理教授是我国司法鉴定行业的泰斗级元勋。这位一直拼搏在教学、科研、鉴定工作的第一线的年过八旬而精神矍铄的老人，现仍时常忙碌于西南政法大学司法鉴定中心——我国中西部地区唯一的国家级司法鉴定机构。

在司法鉴定领域，邹明理教授在实践方面的贡献和理论方面的造诣，都达到了常人难以企及的高度。他的工作主要涵盖了以下几个方面:

一是鉴定立法工作。从重庆到其他省市乃至司法部的相关法律法规的起草和修订工作，都有邹明理教授的参与。例如，他作为专家参与了 1999 年《重庆市司法鉴定条例》的起草以及后来的修订工作；参与了山东省、四川省、厦门市等地关于司法鉴定的法律法规修订工作；参与了司法部《司法鉴定法(初稿)》《司法鉴定机构登记管理办法》《司法鉴定人登记管理办法》《司法鉴定程序通则》的讨论、起草等工作。

二是司法鉴定有关文件的修改建议工作。多年来，邹明理教授为司法部等部委关于鉴定人出庭作证、司法鉴定体制和机制改革等文件提出了大量深入而切实的修改建议，从而有力地助推了我国司法鉴定工作的持续改进。

三是长期坚持司法鉴定实务工作。他从事鉴定实务工作 60 余年。近 20 年来，亲身参与或审查的文书类司法鉴定事项平均每年达 350 件左右；参与公安部、最高人民法院、最高人民检察院、总政保卫部等全国性重大、疑难、复杂案件的讨论有 20 多起；尤其是参与的多起中央领导批办案件的鉴定，都成功定案或破案，获得过总政保卫部的嘉奖。这都在我国司法鉴定领域产生了广泛而深刻的影响。

四是对外授课工作。邹明理教授除了长期坚持校内的讲课工作以外，常年外出讲授司法鉴定的实务、理论、管理等方面的课程。特别是在全国人大常委会《关于司法鉴定管理问题的决定》和刑事、民事诉讼法修订颁布以后，他奔波于全国的17个省市，结合立法规定进行司法部体制改革、司法鉴定管理、鉴定人能力培养与出庭作证等热点问题进行深入讲授，受到各地好评。

五是研究工作。在繁忙的司法鉴定实务工作之外潜心学术研究和写作，也是邹明理教授的过人之处。其所正式发表或出版的学术成果，主要有教材、论文、专著等。近20年来，他主编或参编的教材达20余部，其中司法部统编教材就有7部，如《司法鉴定通论》《司法鉴定概论》《文书司法鉴定实务》《司法鉴定学》等，部分教材获得司法部统编教材二等奖；近为北京大学、中国政法大学编写新版的《司法鉴定教评书》。就学术论文来看，邹明理教授至今仍是多产的学者，近10年来平均每年都有5~6篇论文正式发表，其中两篇被人大复印资料收录，一篇获司法部司法杯奖励。而《我国现行司法鉴定制度研究》《侦查和司法鉴定热点问题研究》《余热集》则是他近期学术成果的集中反映。

尽管创造了理论与实践的辉煌成绩，对我国司法鉴定工作和法治社会的进步做出了巨大贡献，也为后继者树立了学习的榜样，邹明理教授却总是十分谦逊，他说自己只是做了一名鉴定理论和实践工作者应该做的。

个人小档案

王　璐
WANG LU

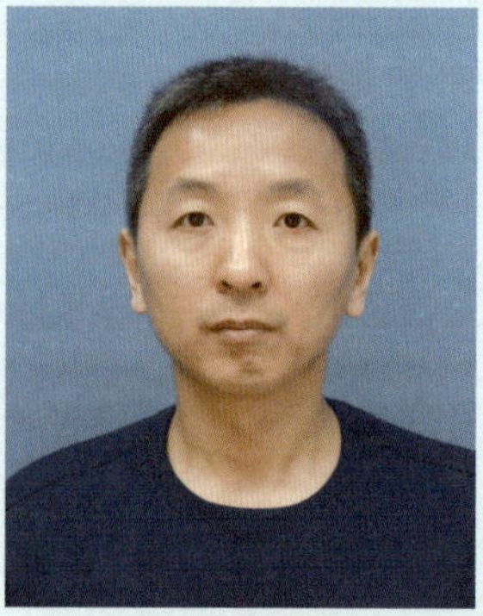

王璐，1981 年 1 月出生，中共党员，高级工程师，农业生态环境及农产品质量安全司法鉴定中心司法鉴定人，2002 年以来一直从事司法鉴定相关工作，2011 年 9 月经天津市司法局审核登记成为司法鉴定人，长期从事农业环境与农产品司法鉴定一线工作，主要负责有机污染物检测技术和安全控制标准等领域的研究工作。截至目前，共主持科研项目 2 项，参与科研项目和标准制修订项目 20 余项，主编著作 1 部，参编 1 部，发表论文 30 余篇，申请获批国家二级标准物质 162 种。工作期间，多次担任全国及北京、天津、河北等地检测技能竞赛裁判以及检测技术视频教材操作演示人员，2010 年被中国计量测试学会评为年度全国先进个人会员，2017 年入选天津市环境损害司法鉴定机构登记评审专家库。

刻苦钻研、勇于创新

作为一名司法鉴定人，恪守岗位职的同时也不忘创新，“大胆、创新”是他的工作“标签”。为确保鉴定检测数据的准确性、提高鉴定工作效率和检测成本，通过对鉴定案件的不断研究，王璐同志发现国内环境损害类司法鉴定机构甚至所有的检测机构在检测工作中普遍遇到国家一级标准物质品种不全，二级标准物质浓度水平较低，进口产品价格过高且采购周期较长的难题，为此，王璐同志结合其多年鉴定工作中积累的经验，引进了 CDFA 的农药标准物质质量保证技术体系，并建立了一套适合我国国情的农药标准物质制备技术体系，仅用 4 年时间，就成功研制并获得原国家质检总局批准 162 种国家二级农药标准物质，填补了国内 1000mg/L 高浓度农药标准物质的空白，仅在原农业部农产品质量安全例行监测任务中就累计为国家在标准物质采购方面节支超过千万元。

扎根基层、攻坚克难

农业污染事故损害的多是农民们滴滴汗水换来的点点利益容易造成群体性事件，因此为确保司法鉴定意见能够真正充分科学地保护受害方利益、不对受害方造成“二次伤害”，王璐同志经常主动承接难度大的案子并深入鉴定现场。

在 2012 年山东某园艺场损失评估案件中，王璐同志与中心的另一名司法鉴定人为采集有效的鉴定数据，弃自身的健康不顾，强忍案发现场污染源排放造成的胸闷、头晕等强烈的身体反应，坚持拿着皮尺一步一步丈量出了不规则多边形园艺场 32 亩的枣树种植面积，并对现存的 569 棵园艺苗木依次进行了胸径测量，最终确定了园艺场农作物损失情况并出具了司法鉴定意见书，为圆满解决这场历时 9 年的污染事故提供了重要的依据；2016 年江西万年铁皮石斛受高速公路施工影响鉴定案件中，由于鉴定机构介入时间较晚，污染行为已经结束，案

发现场遭到严重干扰，在排除了化学污染物导致作物受害的情况下，王璐同志大胆提出了施工扬尘对作物的物理危害假设，并通过查阅文献资料、专家考察分析、现场调查取证等方式综合判断，验证了该假设，出具了鉴定意见，提供了重要的参考，有效维护了石斛种植户的合法利益不受损害；2014 年安徽滁州污染事故损害评估案件中，王璐同志在法庭上面对被告方辩护律师以国内无污染修复技术标准等种种理由对土壤修复费用提出质疑时，从国内外相关技术要求与发展情况，到环境保护重要性，再到受污染土壤未来使用等方面，详细科学的阐述了土壤修复的必要性和修复费用测算的科学性，获得了法官和陪审员的支持。

敢于担当，无私奉献

王璐同志在工作中勤奋刻苦，主动加班加点，善于攻坚克难，主持并参与科研项目共 20 余项，国家和行业标准制修订 10 余项，精通农业环境和农产品质量安全污染事故微量物证鉴定技术，参与并承担多起污染事故的损失原因和损害评估鉴定工作。“道虽迩，不行不至，事虽小，不为不成”，王璐同志以他刻苦钻研的韧劲和默默奉献的精神，在司法鉴定的工作岗位上实现着自己的人生价值，十几年来，凭借出色的专业技术能力和坚定的司法公正信念，追求着自己的人生理想，赢得了领导、同事和同行的广泛认可。

个人小档案

丛　斌

CONG BIN

丛斌，1957 年 7 月出生，山东文登人，九三学社社员，1974 年 11 月参加工作，研究生学历，医学博士，教授，中国工程院院士，律师，主任法医师，法医学和病理生理学专业博士研究生导师，河北医科大学副校长、法医学院院长，国家法医学重点（培育）学科带头人，河北省法医学重点学科带头人，河北省法医学重点实验室主任，燕赵学者，全国优秀科技工作者，曾荣立省政府二等功。河北省优秀专业技术人才，省管优秀专家，河北省教学名师，1998 年起享受国务院政府特殊津贴。中国法医学高等教育研究会副理事长，教育部高等学校医学学科教学指导委员会副主任，中国法医学会专家委员会副主任，《中国法医学杂志》编委会副主任、副主编。

事迹材料

丛斌同志长期致力于法医分子遗传学研究，为破解犯罪现场高度腐败生物检材降解 DNA 分型的国际性难题，研发了具有自主知识产权的针对高度腐败无名尸、碎尸等腐败检材 DNA 分型技术。2012 年以后又采用新一代测序技术探索了核小体缠绕区 DNA 分子稳态机制，为研发新的 DNA 分型技术提供了丰富的基因组遗传标记；针对轮奸案及多人参与的互殴等刑事案件的精液、血液、唾液、尿液混合斑检验世界性技术难题，研发出用于混合斑 DNA 分型的技术及计算机分析软件 (2015 年获“混合分析 sepDNA 软件”著作权)。他以检案中遇到的难题为导向，先后在广泛软组织损伤、弥漫性轴索损伤、应激性损伤、酒精性蛛网膜下腔出血等复杂死因的鉴定、死亡机制，毒品依赖，中药毒性天然化合物分离纯化及其毒理学等方面进行了系列研究。有的成果已被推广应用，为认定刑讯逼供和最高人民法院、最高人民检察院、公安部出台的“非法证据排除”制度性规定提供了科学依据。近些年来他对“应激原引起的组织细胞损伤及其猝死参与度的分子机制”又进行了深入系列研究 (2014 年获国家自然基金重点项目资助，81430047)，发现束缚应激可致杏仁核星形胶质细胞线粒体嵴融合，线粒体代谢异常及细胞凋亡，创新了法医病理学组织细胞的成伤理论。

在国际上首次将法医学及法学的理论与技术规范进行系统研究整合，更新了法医学的传统概念(已写入《中国大百科全书》)，主编了《法医法学》全国统编教材，建立了法医法学分支学科。

与此同时，还对缩胆囊素抗炎、免疫调节及其信号转导机制等进行了 20 年的系统研究，取得创新性成果。

丛斌是集法医学与法学技能为一身的法医学家。他在检案中具有独到的见解及缜密的逻辑思维能力，纠正过多起轰动全国的冤假错案。

他成功主持鉴定了数千例有争议的案件，避免了错案的发生。1997年，丛斌为一个被殴打致死的人犯作出了“外伤性多器官功能衰竭”的司法鉴定，为司法实践提供了一项科学有力的法医学证据，此案的公正处理有效遏制了刑讯逼供等非法行为；在做讲师期间，他曾不顾犯罪分子枪击威胁，纠正了一起由国家级知名法医权威鉴定的错案，使5名罪犯得到了应有惩罚。

丛斌两次创造过“枪下留人”的奇迹：一起是已经被两次判处死刑的刘某楷案，经丛斌对现场系统全面勘查及对弹道的几何计算，认定刘某楷系为保护他人生命安全，在与身份不明的持枪人争夺枪只过程中，枪走火致持枪人死亡的一起意外事件；另一起是精神病患者杀人案，丛斌顶住压力、据理力争，终究使死刑令在执行前夜被改变。他一次次捍卫了法律的尊严。

2012年6月，丛斌作为专家组组长承担了湖南省邵阳市李某某死亡案的法医鉴定工作。他复检了该案全部卷宗资料，重新勘察了事发现场，调阅了李某某的病历，最后出具了无可置疑的法医学鉴定意见。获时任中央政法委书记孟建柱同志和多位公安部领导批示和高度赞扬。

他还参与了轰动全国的河北省聂树斌强奸杀人案复查再审的专家论证工作。此案办理的复杂难度前所未有，当时被视为新中国成立以来最难的案件。接受委托后，丛斌经仔细阅卷，科学论证综合分析，向案件承办单位提出，“应依据疑罪从无的司法原则实事求是地处理此案”。该意见被最高人民法院采纳，法院依据疑罪从无的原则再审改判聂树斌无罪。此案的处理结果深得民心，匡扶了司法正义，彰显了公平公正的国家政治形象。获最高人民法院院长周强的高度赞扬。

迄今为止，丛斌获国家科技进步奖一等奖1项，二等奖2项，省科技进步奖一等奖3项；发表专业论文430余篇；主编《实用法医学》、全国统编教材等专著8部。培养博士、博士后60名，硕士101名。

个人小档案

官大威

GUAN DAWEI

官大威，1963年1月出生，中共党员，医学博士、教授、博士研究生导师。1988年获硕士学位，1994年获博士学位，1995年副教授，2001年教授。1997~1999年在日本金沢大学医学部法医学教研室做博士后研究。2007~2008年作为高级研究学者在美国杜克（Duke）大学精神与行为科学系从事研究工作。

先后承担国家自然科学基金面上项目3项、部省级课题9项；在国际及国家级专业期刊发表论文160余篇，其中第一作者及通讯作者论文116篇（含SCI收录论文31篇），并获得省级科技进步奖2项。参加编写法医学专业国家级规划教材或专业著作18部，已培养法医学专业硕士生33名、博士生13名。

先后荣获霍英东教育基金会第五届全国高等院校青年教师奖（教学类）二等奖、辽宁省普通高校优秀青年骨干教师、辽宁省优秀硕士研究生指导教师、辽宁省教学名师奖等荣誉和奖励。

在塞外之地、古城盛京有这样一位司法鉴定人——他从事司法鉴定工作三十载，鉴定为民，律己恪真，永葆公正理念；他从事法医学教学、科研三十载，业务精湛，笔耕不辍，享誉内外；他领导团队十数春秋，团结奋进，开拓创新，为依法治国做出贡献。

他，就是中国医科大学法医司法鉴定中心负责人、中国医科大学法医学院院长、全国著名法医学专家官大威教授。

鉴定为民，一份鉴定绘就公平正义

“鉴定为民，律己恪真”是官大威教授从事司法鉴定工作的理念。30年的工作生涯，他亲自受理并参加法医病理检验鉴定2000余例，无一例出现差错，全部被委托单位或法院采信。2000多份鉴定意见书代表着2000多名死者的灵魂得以安息，代表着2000多个案件得到公正的裁定。这里有说不完的真情故事，讲不完的公平正义。

2000年轰动全国的连某某案件几经波折和死亡原因鉴定，死亡真相不明，迟迟不能定案。社会舆论哗然，人民普遍关注，对此案能否公正裁决成为社会的焦点。2003年3月，官大威教授作为法医专家组成员在沈阳召开连某某死亡原因论证会。论证会上，专家们认真研究了连某某的病理切片、解剖记录及相关案件资料，一致认为：急性出血性胰腺炎的诊断不能成立；不排除机械性窒息死亡，建议由公安机关进一步侦查确认。最后以官大威教授作为第一鉴定人的鉴定意见书推翻了之前的多次鉴定结论，为侦查、诉讼提供了证据，并作为鉴定人出庭，为最终的公正审判提供了重要依据。

诸如其他国内影响广泛的湖南省“黄某死亡案”、黑龙江省“代某死亡案”、河北省“聂某斌强奸杀人案”、北京市“雷某死亡案”，还有其他一些鲜为人知的疑难或重大案件的法医司法鉴定工作或国家级专家论证会中都有官大威教授的亲身参与和真知灼见；多次受最高人民法院或多个省级公、检、法部门聘请为疑难案件处理或审判提供专家意见，也多次为国内知名鉴定机构所受理的疑难案件提供专家意见，使案件真相大白，得到公正处理或审判。作为中华医学会、辽宁省及沈阳市医学会医疗事故技术鉴定以及中华医学会预防接种异常反应诊断专家库成员，他还经常参加各级医疗事故技术鉴定。

笔耕不辍，教学科研享誉内外

官大威教授高超的鉴定水平早已得到业内同行的高度认可，但鉴定水平的高低并非单纯靠鉴定业务量的积累，鉴定业务数量的积累除了带来“熟能生巧”外并不能促进鉴定人业务水平的本质提升，官大威教授的高超鉴定水平还来源他在教学与科研方面的不断学习与探索。

30 年来，他在法医病理学、毒理学方面的科研探索更是孜孜以求，先后承担国家自然科学基金面上项目 3 项、部省级课题 9 项；在国际及国家级专业期刊发表论文 160 余篇，其中第一作者及通讯作者论文 116 篇（含 SCI 收录论文 31 篇），并获得省级科技进步奖 2 项，在多个国家级及部省级学会、协会兼任副主任委员、副会长、学组组长，被多个部省级重点实验室聘任为学术委员会委员。他通过细致的研究在国际上首次阐述了钝性外力所致的心脏震荡的分子病理学机制，目前正在致力于器官组织损伤时间推断这一法医学鉴定中尚未完全解决的世界性难题。他多次参加在国内外举行的法庭科学、法医学学术研讨会，并受邀请作大会发言或专题讲演，还多次为在我国举行的国际法医学术会议做大会现场英语翻译，深受国内外同行的赞赏。

30 年来，官大威教授作为一名一线教师更是将司法鉴定中的实际案例和工作经验融入教学工作中，承担多门法医学专业课程的讲授，并主持多项国家及部省级教育教学改革项目，作为课程负责人和主讲教师的《法医病理学》先后被评为省级及国家级精品课程和精品资源共享课。作为主编、副主编或编者参加编写法医学专业国家级规划教材或专业著作18部次，已培养法医学专业硕士生33名、博士生13名。长期的教学与科研实践、先进的教学理念和为人师表的风范使他先后荣获霍英东教育基金会第五届全国高等院校青年教师奖（教学类）二等奖、辽宁省普通高校优秀青年骨干教师、辽宁省优秀硕士研究生指导教师、辽宁省教学名师奖等荣誉和奖励。

官大威教授对科学的钻研与研究从未停止，他笔耕不辍、孜孜以求，为司法鉴定工作的开展奠定了雄厚的理论基础，从而造就了他在司法鉴定工作中的游刃有余和大师风范。

善于领导，团队发展谱新篇

官大威教授作为中国医科大学法医司法鉴定中心负责人，他高屋建瓴、善于领导，带领鉴定中心的所有鉴定人团结奋进、开拓创新，取得了一个又一个辉煌的成果。

他带领团队严格按照司法部门有关规定建章立制，用制度规范和约束鉴定人的鉴定行为，保证鉴定程序的合法与公正；他在团队中着力营造“公正、客观、科学、规范”的文化氛围，打造鉴定中心的品牌；他要求鉴定人耐心接待来访，真正为民鉴定、为司法服务，为依法治国服务；他大力加强对鉴定中心的经费投入，打造国家级法医远程会诊平台，建设法医学专业多个学科的集教学、科研和司法鉴定为一体的高水准实验室，以保障检验鉴定结果的准确性和可靠性，更好地为司法鉴定工作服务。

官大威教授所在的中国医科大学法医司法鉴定中心被司法部确定为国家级法医司法鉴定人培训基地，两次荣获“全国司法战线先进集体”荣誉称号。鉴定中心的鉴定专家也在团队的支持下经常受邀参加国内疑难、重大案件的法医学鉴定工作。

官大威教授“鉴定为民、律己恪真”的风采让同行钦佩，让学生爱戴。他身兼多项社会学术团体职务，他是辽宁省“百千万人才工程”百层次人才、他获得沈阳五一劳动奖章，他为司法鉴定管理部门献言献策……但无论获得多少荣誉、取得多少成绩，他始终没有忘记：他是一名司法鉴定人！在为维护司法公正和职业尊严的道路上，他将不忘初心，继续努力前行！

个人小档案

徐 彻

XU CHE

徐彻，1965 年 1 月出生，河南南阳人，汉族，正高级工程师，1987 年 7 月参加工作，1992 年 8 月加入中国共产党。2015 年 4 月 5 日 19 时 41 分，徐彻同志在工作中突发心脏疾患，不幸因公殉职，年仅 50 岁。

1987 年 7 月毕业于上海工业大学电磁测量及仪表专业，随后进入司法鉴定科学研究院（原司法部司法鉴定科学技术研究所）从事司法鉴定工作，曾担任团总支书记，2009 年起担任刑事技术研究室副主任。

徐彻同志生前长年奋斗在司法鉴定领域第一线，完成大量重大、复杂、疑难案件的鉴定工作，先后参与 30 多项国家级省部级科研项目，主持制定了《文件鉴定技术规范》《油漆鉴定规范》等部颁技术规范，发表论文 30 余篇，兼任全国刑事技术标准化委员会理化检验标准化分技术委员会委员。徐彻同志生前先后 2 次获得上海市科学技术成果奖，6 次获得研究所科学技术进步奖。2015 年 7 月司法部决定追授徐彻同志全国司法行政系统二级英模荣誉称号。

徐彻同志长期工作在司法鉴定领域第一线，从参加工作到因公殉职的28年间，由一名普通鉴定人成长为一名鉴定专家、党员领导干部，其最值得我们敬佩、鲜明而又突出的特质就是爱党爱国、对事业忠诚、对工作挚爱、对他人热忱、对自己严格；他以毕生精力为专业发展和研究所发展做出了贡献，为维护社会公平正义、建设社会主义法治国家发挥了作用，赢得了全所普遍赞誉，获得了同行高度认可；他用行动和生命诠释了一名共产党员、一名领导干部对党和事业的坚定信仰和不懈追求，树立了新时期司法鉴定人的良好社会形象，是行业中的楷模，是我们学习的榜样。2015年7月13日，司法部追授徐彻全国司法行政系统二级英模荣誉称号。

他是一名技术精湛、作风严谨的鉴定人。作为一名从业数十年的资深鉴定人，徐彻有责任意识、有底气担当，坚持以敬畏之心认真对待每一例鉴定，从不因善小而不为、事难而打折，尽己之力为委托方提供高质量的服务，是法官、公安等委托人心中值得信赖的鉴定人。为了找到一例同源印文鉴定的比对样本，他会往工商局跑上十几次、调阅上百份的档案材料。通常情况下，徐彻从不直言这个案子有多难，而是以一种强烈的好奇心和求知欲，驱动自己一定要设法解决难题，于是从查阅资料、实验检测、咨询专家等环节入手，层层深入、抽丝剥茧，直到最后真相大白、水落石出，给出可靠的鉴定意见。许多疑难重大鉴定之后，徐彻也会经常受邀出现在法庭上，以鉴定专家身份，用洪亮坚定的话语，去陈述、去质证，向社会传达科学公正的鉴定理念。

因鉴定工作的需要，跪甲板、卧车底、手握放大镜一看一上午的事对徐彻来说是家常便饭。几年前，上海松江米市渡发生了两船相撞的重大事故，为提取痕迹和油漆样本，他坚决不让其他同事下水，毫不犹豫地脱鞋卷裤，跳进冰冷齐膝深的水中坚持长时间作业，令在场的海事局领导也十分感动。当了解到一位叫李清泉的老人为支持办学决定捐献自己价值300万元的房产时，他当即决定免收2万元鉴定费，边接待边对身旁的鉴定人说，“是党员的，跟我加个班就好了”，之后很快出具了鉴定报告，满足了老人的心愿。

他是一名勇于创新、殚精竭虑的开拓者。2009年1月，徐彻走上了研究室副主任领导岗位，任微量物证专业负责人。加快建设与研究所整体地位相匹配的微量物证专业是徐彻从事刑事技术工作以来多年的愿望，但是这条发展之路走得并不顺畅，因为长久以来，微量物证的刑事案件都由公安部门承担，这方面的研究起步晚、底子薄，鉴定能力相对较弱，加之社会机构的新兴崛起，多重压力之下，徐彻不急躁、不冒进，而是立足实际，创新思考如何内外融合、夯实基础、引领专业走上具有研究所特征的良性发展之路。在探索民事诉讼中微量物证鉴定新的应用方向中，带领团队逐步摸索出“将质量纠纷转化为材料成分分析”的工作思路，同时，引进了一批高精尖设备提升科研基础，也培养了一支年轻的专业团队。如今，微量物证专业已形成较完整的检测体系，检测和鉴定方法不断创新，鉴定项目稳步增加，案件结构也发生了新的变化。

2014年微量组承担了“十二五”国家科技支撑计划课题《机制文件检验关键技术》的研究，为完成印油（泥）、喷墨打印墨水、激光打印墨粉等500多个实验样品的成分检测任务，并满足使用4种仪器交叉检测的复杂要求，徐彻带领团队精心规划、合理安排，利用一切时间一一细致落实各项实验，最终获得了近3000个精准检测数据，取得了关键性研究成果。多年来，徐彻就是以这样悉心潜心的研究精神，主持并参与了30多项国家及省部级科研项目，主持并参与制定了《文件鉴定技术规范》《油漆鉴定规范》等司法部部颁技术规范，并发表论文30余篇。

他是一名充满激情、忘我工作的孺子牛。徐彻身材微胖，语调诙谐丰富，且嗓音响亮，但工作起来却心细如发、一丝不苟，无论业务还是管理工作，件件不厌其烦、追求完美，体现了良好的职业素养。同事们仍记得几年前的一个周末，他举着一张比对表上一大团深浅不一的蓝黑色笔画，特别开心地大声说：“你们看！这是哪两个字变造形成的？我看了一个下午，终于被我看出来哦！”同事们惊叹他居然能够细致地从这样一堆混乱的图案里，清晰地勾画出其中曾发生过的一切，而这种苦行僧式的探索，竟能够给他带来这么多的快乐。

徐彻所在的研究室不仅有微量物证专业的年轻人，也有陆续前来学习的博士、硕士研究生和实习、进修生等，面对这群活泼朝气的“80后”“90后”，他从学习、工作、生活等方面给予真诚关切，有种发自内心的关心和呵护。专业上，他严格要求学生，常以集体办案的形式组织他们研讨鉴定难点，为他们答疑解惑、传授经验；逐字逐句地审阅他们的论文，提出修改意见；又或者要求他们在规定时间内必须完成一厚摞的比对表，即便是复印材料、整理案件甚至印文位置，都要做到合理美观；他常回忆过去的不易岁月，告诉他们珍惜现在所有；他也时常告诫他们，基础研究很重要，10年之后必有所体会。

徐彻殉职的这天是清明节，实在因为平时工作太忙，所以约请了外地专家来所，对他主持制定的《微量物证鉴定通用程序》进行专家评审。评审会从上午持续到下午，17时许，徐彻突感不适，但他坚持到会议结束，被同事送往医院就诊，就在等待检查报告的过程中，他晕倒在地，虽经抢救，但终因突发心脏疾患，不幸逝世。

徐彻就是这样一位视工作如生命、一心扑在工作上、爱所如家的人，以只争朝夕去努力实现自己的职业理想，在他身上总有使不完的劲，总见他忙碌的身影。对事业和工作，徐彻同志倾情投入、全力以赴，直至生命的最后时刻。可以说，他以毕生精力，追求、弘扬、献身于他所挚爱的司法鉴定事业。

徐彻如此热爱工作，在生活中，他又是一个平易近人、助人为乐、风趣幽默的人。他热爱家庭、孝顺父母、敬悌大姐、爱护妻子、关心孩子，是称职的好儿子、好兄弟、好丈夫、好父亲。爸妈送别徐彻时，难过地说："孩子，你太累了，终于可以休息了……"

徐彻同志虽然离我们而去了，但他践行宗旨、鉴定为民的奉献情怀，敢于担当、勇于创新的进取精神，求真务实、敬业守责的工作作风以及光明磊落、诚实守信的高尚品德永远值得我们传承和学习，也必将激励我们在引领司法鉴定创新发展的征程中，更加积极奋发向上，更加勇于攻坚克难，更加主动有所作为，努力为建设社会主义法治国家贡献我们的智慧和力量。

个人小档案

许卫平

XU WEIPING

许卫平，1957 年 1 月出生，主任法医师，现任宁波天童司法鉴定中心主任、省司法鉴定协会副会长。自担任中心主任以来，始终坚持司法鉴定公平、公正、科学、客观的理念，共办理鉴定案件 20,000 余起，无一起有效投诉案件，得到社会广泛好评，为化解社会矛盾服务做出了贡献；带领天童所转型升级升格为司法鉴定中心，4 次荣获先进集体称号，成为温州医科大学法医学专业实习教学基地，引领全市司法鉴定快速发展；负责起草、制定《浙江省司法鉴定违规行为惩戒办法（试行）》；曾荣立个人二等功 1 次、三等功 3 次，2 次被评为市司法鉴定先进个人，荣获浙江省第四届司法行政系统“十大百优”人物称号、宁波市十大法治人物、宁波市“以案释法”十大典型案例。

2010年10月，许卫平同志加入面向社会服务的司法鉴定队伍，他事业心强，勤奋努力、勇于探索，积极推进司法鉴定转型升级。短短数年，宁波天童司法鉴定所从浙江最小的所变为全省最大的机构之一，并获得较高的社会声誉。

引领转型推升级

2011年，在浙江省司法厅、宁波市司法局支持下，许卫平引导天童所以扩大规模、增强鉴定科技含量，规范执业、提升服务水准为主要内容，积极推进司法鉴定转型升级。许卫平充分发挥自身娴熟的司法鉴定专业优势和管理经验，筹集资金大力推进实验室的规划、筹备与建设。至2012年上半年，天童司法鉴定所已建成5个专业实验室（法医物证、酒精检测、硅藻检测、文书鉴定、痕迹鉴定），并经行政许可开设了6个鉴定项目，成立了宁波天童司法鉴定中心，成为宁波第一家、全省第四家司法鉴定中心，人数由原来的3人增加到目前的50余人，受案量由300起/年增加到5000起/年。2012年7月，浙江省的司法鉴定业转型升级现场会在宁波召开，宁波天童司法鉴定中心的转型升级工作经验在全省推广。此后，乘着司法鉴定转型升级的东风，宁波市乃至浙江省的司法鉴定开始进入了发展的“快车道”。

智办疑案建奇功

2011年以来，宁波天童司法鉴定中心已受理各类案件达3万余起，收到了良好的社会效益。对于复杂、疑难案件，许卫平主任会亲赴现场，严格把关。如2014年4月16日23时10分，鄞州区青年路与邱隘大道路口发生一起交通事故致人死亡案。该案发生时，肇事车辆逃逸，现场缺乏目击证人。路口摄像监控记录下同一时段有 8 辆汽车经过，无法判断哪一辆才是真正的肇事车辆。甄别确定肇事车辆的任务落到了许卫平身上，他第一时间赶赴事故现场进行了仔细的勘验，扎实的法医学功底和丰富的现场勘查经验发挥了作用，许卫平根据尸体头面部的损伤特征、衣服破损机理、现场血迹分布特点还原出了肇事车辆应具有的底盘高度及特征，车辆行驶应有一个倒车的过程等，最终出具了肇事车辆与尸体损伤形成机理相互关系的检验意见，经调查，其中一辆嫌疑车辆行驶轨迹正好符合这一特点。法医的尸体检验意见成为该案的关键证据，法院经庭审采纳了许卫平的鉴定意见，认定了肇事车辆。中央电视台《今日说法》栏目以“车祸无痕”作了详细的案例报道，在全国范围内产生较好反响。

精心履职促规范

浙江司法鉴定的模式及管理经验得到司法部的认可和推介，为了

进一步落实各项规范，抓好队伍管理，维护司法鉴定秩序，净化鉴定执业环境，许卫平身为司法鉴定协会副会长兼协会惩戒与维权工作委员会主任，精心履职，惩戒与维权两头兼顾，开展了一系列卓有成效的工作，制定出台了《浙江省司法鉴定违规行为惩戒办法（试行）》《浙江省司法鉴定维权实施细则》《浙江省司法鉴定行业自律倡议书》等。在全省范围内开展了涉保伤残鉴定案件的调研，并将调研的成果融入了《浙江省司法鉴定机构受理鉴定委托规则》等规范性文件中。配合省司法厅、省物价局多次进行司法鉴定物价调研，为浙江省新司法鉴定收费标准的出台提供依据，为行业的发展发挥了积极影响。

个人小档案

邓建强

DENG JIANQIANG

邓建强，博士，主任法医师，研究生导师。

1995 年延安大学本科毕业；1998 年西安交通大学硕士毕业，同年到重庆医科大学工作；2004 年四川大学博士毕业，同年到司法部司法鉴定科学技术研究所工作，2011 年作为人才引进到海南医学院，带领法医学科团队取得全面迅猛发展，作为创始人在国际上创建热带法医学科体系，团队获校突出贡献奖，本人入选海南省“科技闯海人”及获“宋慈杯鉴定文书评选”二等奖等。现为海南医学院法医鉴定中心主任，法医学科带头人，海南省司法鉴定协会和海南省解剖学会常务理事，海南省法医病理鉴定专家委员会主任，海南省、海口市医疗事故鉴定专家委员会委员，全国法医学专业统编教材编委，人卫社医疗损害司法鉴定系列图书编委，《法医学杂志》、《刑警与科技》及《J Forensic Science & Criminology》等多家国内外杂志编委与专家审稿人。

2011年国庆节后，邓建强博士作为法医学科带头人被引进海南医学院法医鉴定中心工作。初到海南，当看到海南省作为国内唯一全省热带地区面临的特殊法医学实践难题，以及整个海南医学院法医鉴定中心仅有的3间小房子、简陋的仪器设备等现状，邓建强意识到自己肩上的担子非常沉重，心里当即暗暗下了决心，一定要尽快改变这种工作局面，尽量缩小与外省优秀鉴定机构从理论到实践的差距。

秉持着立志改变的初心，坚守着不甘人后的信念，在邓建强的带领下，在鉴定中心所有同志的共同努力下，近6年时间里，海南医学院法医鉴定中心发生了翻天覆地的变化。原来的3间房现在增加到了36间房，工作场所也由120平方米扩大到936平方米，面积将近原来的8倍。邓建强带领团队长远规划、合理发展，找准鉴定中心未来发展定位，以申报国家级资质认定和认可为目标，购置大型仪器设备，高标准配置法医物证、毒物、病理、临床4个专业实验室，并建立了全国领先的法医门诊接诊系统，进一步规范鉴定中心内部管理制度，建立起一套有效运行的质量管理体系。在团队齐心协力努力下，鉴定中心的鉴定质量水平有了大幅提升，自2015年以来参加的能力验证项目全部获得满意评价，2016年参加第二届“宋慈杯”优秀鉴定文书评选获得了二等奖，2017年该鉴定中心顺利通过了国家级资质认定和认可评审，创造了海南乃至全国鉴定机构快速发展的佳绩，并入选“海南省科技闯海人”人选，这是海南省目前授予引进人才科技成就的地方最高荣誉。

邓建强在加强硬件建设的同时，还十分重视对人才的培养。近3年来，该鉴定中心先后引进了3名法医学硕士、2名法医学博士和1名归国博士后等一批年轻有为的法医鉴定专家，建立起了与国际接轨的人才梯队，为学科发展奠定了坚实的人才基础。作为鉴定中心主任和海南医学院法医学教授，邓建强充分发挥自身实践经验和学术研究优势，除了在工作中亲力亲为传、帮、带，还主动承担了海南省司法行政机关、鉴定协会、保险、公安、卫生、教育等相关部门组织的部分培训工作。其生动新颖、理论实践相结合的授课方式，以及紧贴海南实际的本土化培训获得大家的高度认可，甚至有的鉴定人只要听说有邓建强老师的课，不管多忙都要到场听课，百听不腻，每次都感觉收获满满，成为海南司法鉴定培训的一段佳话。

6 年来，邓建强在海南工作、生活，他已深深爱上了这片热土。海南为国内唯一热带地区，鉴定难点与内地大不相同，为此邓建强在国际上首次提出并建立了热带法医学学科体系，开展着眼于解决海南及热带地区法医实践难题的一系列攻关项目，编写了国际上首部《热带法医学》专著，致力于为包括我国海南在内的一带一路热带地区解决热带法医实践面临的特殊难题，获得 2 项国家基金和 1 项省基金资助，近几年在国内外著名期刊发表文章 16 篇，全国统编《法医昆虫学》教材 1 部，主编及参编《司法鉴定与维权》《医疗损害司法鉴定实务与防范措施》《医疗损害防范手册》等专著 6 部，实现了海南司法鉴定领域国家级科研项目零的突破。此外，近年来发生在海南的每例重大疑难法医案件，如海南城管诱奸案、万宁刑讯逼供案、兄弟酒醉枪击案、三亚抢尸案、小学校长强奸案、三亚医院群闹事件等，几乎都有他的团队身影。邓建强每到案件现场，总能很快获得当事各方信任，为平息制止矛盾激化屡立新功，他也因此成为海南公、检、法、司及卫生等系统公认的鉴定专家，在业界享有广泛美誉，其所带领的鉴定中心也迅速成为海南法医界的标杆。

一直以来，邓建强始终不忘初心，砥砺前行，坚守在祖国南端的海南岛上，只为他醉心热爱、无怨无悔的司法鉴定事业！

个人小档案

侯一平

HOU YIPING

侯一平，1954 年 3 月出生于四川自贡。法医学教授，博士研究生导师，四川华西法医学鉴定中心主任。国际法医遗传学会华语区主席 (Chinese Speaking Working Group of ISFG)。

担任教育部高等学校法医学专业教学指导委员会主任委员，中国法医学会法医学教育委员会主任委员。国务院政府特殊津贴获得者。教育部国家级教学名师，首批国家“万人计划”教学名师。1983 年本科毕业于四川医学院，1988 年研究生毕业于华西医科大学。作为德国洪堡基金会研究奖学金获得者，先后在德国科隆大学法医研究所和不来梅大学遗传研究所从事科学研究。1994 年至 1999 年任华西医科大学法医学系主任，1999 年至 2001 年任华西医科大学法医学院院长，2001 年至 2017 年任四川大学华西基础医学与法医学院院长。近 5 年获国家“十三五”重点科技研发计划 1 项，国家“十二五”科技支撑计划 2 项，国家自然科学基金重点项目 1 项、面上项目 3 项，国家授权发明专利 7 项。在 Y 染色体，MicroRNA 和混合斑分析等法医重点研究领域形成了标志性成果；通过发展新检测技术，在分析降解、微量、疑难检材等前沿领域取得了重要突破。

事迹材料

他所率领的四川华西法医学鉴定中心，严格遵守法律法规，规范执业，鉴定质量高，按照国家认监委(CNCA)和中国合格评定认可委员会（CNAS）相关准则建立质量管理体系并按照体系要求进行持续改进。树立了科学规范、客观公正的良好社会形象。

四川华西法医学鉴定中心作为西南地区最具影响力的法医学专业鉴定机构，在他的带领下，在重大自然灾害、突发公共事件和化解矛盾纠纷、维护社会公平正义方面表现突出；在服务社会、解决疑难案件与重大案件的鉴定业绩突出。其中来自公、检、法机关的案件约占总量的53%，重新鉴定案件数量约占总量的35%，参与了大量疑难案件及重大案件的鉴定，为维护司法公正做出了贡献。获司法部“全国司法鉴定先进集体”荣誉称号。

高新技术解决复杂个案鉴定

作为法医物证司法鉴定人，他最早推广了法医STR分型技术（Advances in Forensic Haemogenetics 5,1993）。该技术现为法医DNA分型的主流技术。近5年来，通过发展新的检测技术，在分析降解、微量、疑难检材等前沿领域取得了重要突破。例如，肿瘤诊治的医疗纠纷案件常需要进行肿瘤组织的个人识别。受肿瘤细胞基因组变异的影响，对肿瘤标本进行常规法医DNA分析非常困难。他建立了线粒体全基因组SNP位点复合检测体系，通过对mtDNA上特定的SNP位点进行微测序，单倍型比对的方法有效减少肿瘤基因组不稳定的影响，为解决肿瘤组织个人识别的提供了新技术。

制定标准引领行业技术发展

研制了我国第一个亲子鉴定技术标准（川高法〔1998〕76号）。近5年来，他主持或参与制定的司法鉴定行业标准和技术规范有：亲权鉴定技术规范SF/Z JD0105001—2016，亲子鉴定文书规范SF/Z JD0105004—2015，生物学祖孙关系鉴定规范SF/Z JD0105005—2015，法医SNP分型与应用规范SF/Z JD0105003—2015，生物学全同胞关系鉴定实施规范SF/Z JD0105002—2014，法庭科学DNA亲子鉴定规范GA/T 965—2011。

能力验证提高行业鉴定质量

在国内率先提出法医DNA分型标准化策略，首次组织了实验室之间的DNA盲样分型，证明不同实验室DNA分型具有可重复性，为法医DNA分型可靠性提供了保证。能力验证是一种国际公认的质量控制手段，被国内外许多政府管理部门、行业组织或实验室所普遍采用。他参加了司法部司法鉴定科学技术研究所（上海法医学重点实验室）每年的法医物证专业能力验证方案制定，结果评价。为每年出版的《司法鉴定能力验证鉴定文书评析》（科学出版社）法医物证专业鉴定文书写评述。参与制定法医 DNA 鉴定能力验证实施指南 RB/T 194—2015。促进了司法鉴定行业法医 DNA 鉴定质量的提高。

尽心尽力培养法医鉴定人才

司法部司法鉴定管理局组织编写的教材中，他主编了《法医物证司法鉴定实务》，“十五”“十一五”“十二五”国家级规划教材《法医物证学》，“十一五”“十二五”国家级规划教材《法医学》，“十三五”国家卫计委规划教材《法医物证学》。主讲的《法医物证学》在 2006 年获国家精品课程基础上，2013 年改造升级后作为国家级网络资源共享课首批上线；主持教育部法医学专业教学指导委员会网络资源导论性课程《法医学》2015 年上线，2016 年批准为国家级精品视频公开课。他所率领的四川华西法医学鉴定中心作为法医司法鉴定人培训基地，5 年来承担了四川、广西、贵州、福建、河南、山东等地数以千计的法医司法鉴定人培训任务。

作为法医物证司法鉴定人，侯一平教授通过发展新的检测技术，在分析降解、微量、疑难检材等前沿领域取得了重要突破；注重以科学进步引导行业发展，通过法庭科学实验室国家认证认可等重点项目，实现科学研究与司法实践有机结合，为我国法医司法鉴定工作做出了贡献。

个人小档案

赵丽萍

ZHAO LIPING

赵丽萍，副教授/副主任法医师，硕士研究生导师，中共党员，国家司法鉴定人。昆明医科大学司法鉴定中心副主任。中国法医学会法医临床学专业委员会委员，云南省人民监督员，“12348”中国法网驻场法律服务人。国家实验室认可、资质认定评审员。赵丽萍同志多次评为昆明医科大学优秀共产党员；先后被评为昆明医科大学先进女职工，十佳优秀职工、三育人先进个人、六五普法先进个人。2009年被评为云南省司法厅先进个人，2013年获昆明市政府表彰荣誉证书。

她做人谦逊质朴，犹如平和的绿色；

她做学问成就斐然，犹如灿烂的金色；

她做鉴定客观公正，犹如铁面的包公。

她叫赵丽萍，是昆明医科大学法医学院副教授、研究生导师，司法鉴定中心副主任。30年的无悔坚守，她洒下对司法鉴定的深深情谊，并书写着一名司法鉴定人的责任与担当。日常生活中的赵丽萍爱美、讲究整洁，身上总是泛着一股子青春的气息。但她的工作却恰恰将她和血液、人体组织、病理切片、细菌联系在一起。正是这巨大的反差，凸显了她人生的美丽。

复杂案件中“抽丝剥茧”

2016年8月底，李某驾驶客车连续与四车、道路设施、行人相撞，造成一死三伤，四车及道路设施不同程度损坏的重大道路交通事故。

接到委托后，赵丽萍及她带领的昆明医科大学司法鉴定中心团队通过分析研判，结合医院就诊情况及法医临床检验结果，得出被鉴定人李某符合左侧脑梗塞急性期疾病临床表现，该梗塞形成为被鉴定人自身疾病发展的结果，这次交通事故与被鉴定人驾驶途中左侧大脑内囊处基底节区脑梗塞急性发病有关。从而为交通事故的后续处理提供较大帮助。该鉴案在云南省的鉴定中尚属首例，案件复杂度可想而知。

长期的司法鉴定工作中，赵丽萍经手的复杂案件不少。如前期资料不明朗、社会影响面较大、当事人之前做过2次以上的鉴定、诈病等案件不在少数。

但类似的复杂案件在赵丽萍看来都不算难，严谨的工作作风、精湛的业务能力和丰富的鉴定经验，让她一次次在重大、疑难、复杂的案件中“抽丝剥茧”，破解一个个司法鉴定“难题”。她用客观、公正、科学的态度，出色地完成了一个个司法鉴定案件。

教学科研里的“带头人”

赵丽萍不仅是一名优秀的司法鉴定人，还是一名乐于传道授业解惑的师者。“赵老师”是认识赵丽萍的人对她的称呼。

从承担昆明医学院首批法医学专业的教学起，时至今年，她已经带了31届法医学专业学生。作为医学高等学院的副教授，她承担了《法医临床学》《道路交通法医学》《法医精神病学》等教学任务，且教学效果优秀，多次被评为昆明医科大学教书育人先进个人，课程也多次获奖。

此外，她先后参加编写全国规划教材《法医临床学》第三版、第四版、第五版，先后参加10多项科研项目，发表论文60余篇。

不仅如此，赵丽萍作为云南省司法鉴定人继续教育培训的主讲教师，还承担了云南省司法鉴定人及云南省公安厅、云南省检察院法医类鉴定的部分培训工作。

为了不断提升自己的能力素质，赵丽萍仍在不断的学习和钻研，且涉猎的范围越来越广。

展现司法鉴定人的责任与担当

目前为止，赵丽萍已完成上万件司法鉴定案件，承担了在云南省影响比较大的一些案件。

在云南省乃至全国影响较大的“昆明火车站301暴恐案件”“昆明东风广场2·25事件”“昆明公交车爆炸事件”等案件中，赵丽萍带领她的团队为后续涉及人身损害赔偿进行相关法医临床鉴定，使这些影响大、涉及老百姓的经济补偿的案件得以客观、公正、科学的了结，为社会的和谐稳定做出突出贡献。

作为云南省司法鉴定行业的领军人物和国家级认证认可评审员，她还参与了《云南省司法鉴定管理条例》、司法鉴定相关行业标准制定和云南省司法鉴定人才培训、司法鉴定资质认定评审工作，助推云南省司法鉴定行业发展。

卫生部科技进步三等奖、云南省司法厅先进个人、云南省司法鉴定先进个人等，这是她获得的荣誉；中国法医学会法医临床学专业委员会委员，省法医类专委会委员，省医疗事故技术鉴定、法律援助、法学会专家库成员，省检察院人民监督员，这是她担起的社会责任。

赵丽萍无私奉献、兢兢业业的精神不仅是"实践科学发展观"的亲历，也感染和激励了她身边的同事和年轻一代鉴定人。春风化雨，润泽多少桃李；厚德载物，培育几多英才；明察秋毫，破解诸多疑案。赵丽萍，一名普通的女人，一名并不普通的女鉴定人，在她的教学、科研、鉴定之路上洒满了汗水和艰辛，却也嗅得了满园桃李芬芳！

"荣誉属于过去，司法鉴定一直在路上，司法鉴定人的使命和担当，初心不忘……"

赵丽萍用最平凡的语言，诠释了最神圣的事业——司法鉴定。

个人小档案

吴元明

WU YUANMING

吴元明，1972年11月出生，安徽东至人，中共党员，教授，主任法医师，博士研究生导师。第四军医大学法医司法鉴定所所长，全军计划生育与优生优育中心副主任，陕西省司法鉴定协会副会长，国家自然科学基金评审专家，陕西省“十大中青年法学家”人选。

主持国家“863”重大计划子课题1项，主持国家自然科学基金2项，主持军队后勤科研重大课题2项，主持陕西省重大科技统筹课题2项，陕西省攻关计划5项，总资助金额2600余万元。在核心期刊发表论文75篇（他引355次），其中SCI收录21篇，获国家发明专利1项。陕西省三秦人才，荣立个人三等功一次。2010年、2012年、2013年分别被陕西省评为“司法鉴定规范化建设先进个人”、“法律援助先进个人”和“党员先锋岗”；2015年被聘为陕西省首批人民检察院“人民监督员”。

吴元明，多年来一直从事法医学教学、科研和鉴定工作，带领学科获得“陕西省重点学科”。在病理切片、粪便、白化骨等疑难检材DNA提取鉴定等方面积累了丰富的经验。其中以第一责任人为公、检、法等机关及社会承担各类鉴定达5200余件，未出现一例差错。世界上首次应用DNA技术成功对同卵双生子进行鉴别，协助公安机关破获了多起重大刑事案件。

同卵双生子的DNA鉴定是世界性难题。2012年6月30日，陕西省岐山县三刀岭村一名12岁小女孩失踪。经公安机关侦查，该女孩可能是被27岁邻居张大诱奸并杀害。张大有一个同卵双生子兄弟张二，张二和张大同住一屋，从时间上不排除张二作案的可能，该案陷入了僵局。同年10月16日，在寻求上级公安机关技术帮助无果的情况下，县公安局委托，对犯罪现场遗留的物证进行鉴定。吴元明带领鉴定组成员查阅国内外相关文献资料，制订了详尽的科研攻关计划。经过近1个月夜以继日地工作，终于鉴定出现场物证是张大所留。这是世界上首次利用DNA鉴定技术成功甄别同卵双生子犯罪嫌疑人的案例，填补了同卵双生子通过DNA来进行区分的空白，也让2009年美国电影《白教堂血案》不会在现实中被延续。2013年5月31日，该案例受到中央电视台《走近科学》采访报道，相关方法在法医领域权威杂志《Forensic Science International：Genetics》发表。

2016年1月28日凌晨，吉林省安图县白河镇一名女孩上班途中被一男子拖拽至松树林后暴力强奸。白河森林公安局接到报案后迅速成立专案组，根据监控和女孩内裤精斑，3天后锁定犯罪嫌疑人孙方亮。延边州森林公安局在把孙方亮血液DNA基因密码输入吉林省犯罪人员数据库，竟意外发现孙方亮的基因密码和另外3起强奸杀人案现场遗留物的基因密码一致。从2003年5月发案到2016年1月锁定犯罪嫌疑人历时近13年的系列强奸杀人案，引起了吉林省森林公安局的高度重视。在案件侦查过程中，发现孙方亮还有一个同卵双胞胎的弟弟孙方明。这4起强奸甚至杀人案是孙方亮一人所为？还是两人共同作案，或者分别作案？ 2016年3月17日，吉林省森林公安局委托，对这4起强奸杀人案的现场物证进行鉴定。吴元明组织了高通量测序团队，对该案同卵双胞胎进行全基因测序，运用前沿的生物信息技术在海量数据中寻找到他们的细微差别，鉴定这4起案件的现场物证系孙方亮所留。2017年6月19日，该案例在中央电视台《走近科学》播出。

吴元明带领鉴定团队始终扎根一线，2012年对西安市场肉制品动物源性鉴定，2015年对西安穆斯林聚集区售卖猪肉鉴定案，以及减免费为西安市拾荒儿童提供鉴定的援助行为，充分体现了顾全大局、公正鉴定、服务诉讼，为保障人民群众合法权益，维护社会和谐稳定发挥了积极作用。

吴元明在教学科研上，参编专著1部，国家核心期刊发表论文75篇（他引355次），其中SCI收录21篇，以第一完成人承担国家863计划重大专项分课题1项，国家自然科学基金2项，陕西省重大科技统筹项目2项，陕西省攻关计划课题3项，国家授权发明专利1项。2007年荣获解放军总后勤部“个人三等功”；2010年被评为陕西省“司法鉴定规范化建设工作先进个人”；2012年被评为陕西省法律援助先进个人；2013年被评为“党员先锋岗”，第四军医大学法医司法鉴定所被评为陕西省“信得过司法鉴定机构”和“百所千件司法鉴定援助活动先进集体”；2015年被聘为陕西省首批人民检察院“人民监督员”和陕西省司法厅“社会监督员”；2016年被评为陕西省“三秦人才”。

个人小档案

计　晥

JI WAN

计晥，宁夏人，1981 年考取北京大学生物系，并于 1985 年和 1988 年分别获得该校学士学位和硕士学位。

1991 年获弗吉尼亚理工学院（Virginia Tech, Blacksburg, VA, USA）博士学位。现为宁夏鼎实生物鉴定中心科技总监，种苗生物工程国家重点实验室首席科学家。

曾在国内外著名大学和实验室受训练和做研究。他在美国哈佛大学医学院 Brigham and Women 医院心血管系任研究副手（1997~1998 年）；美国 MD Anderson 癌症中心分子肿瘤学系做博士后（1996~1997 年）。计晥博士是国际生物工业界的“老战士”，有丰富的研究、开发和管理经验。他曾历任美国 BioArts 公司科技总监（2006~2009 年）；Genetic Savings & Clone 公司基因组研究部主任（2005~2006 年）；美国 ViaGen 公司功能基因研究部主任（2002~2005 年）；美国 GenomicFX 公司基因检测部主任（2000~2001 年）；瑞士罗氏公司遗传实验室主任（1998~2000 年）。

在国外生活和学习了20年以后，计皖博士开始了中国创业之旅。他说服了妻子和家人向中国投资，在家乡银川建立了宁夏生物技术有限公司。中国西北地区缺少生物高科技，计皖博士在宁夏建公司可以填补这方面空白，但高科技创业的困难却远远超出了人们想象。由于没有见过这方面的公司，地方官员认为DNA鉴定就是医疗鉴定，必须具备医疗许可证，因此仅说服各级官员允许公司注册就花了6个月的时间，进口DNA测序仪等高精仪器又花了一年时间。公司还没开工，就已经花了一半时间，但这仅仅是开始。由于缺乏商业运作机会，面对种种困难，计皖博士没有他放弃在家乡创业的梦想，他没有去大学或研究所寻找一个教职，全身而退，而是集中全部精力坚持不懈地开展了高科技创业。

面对西北广阔的市场，计皖博士选择了全方位地向市场提供技术服务。从2009年起，公司运用计皖博士在美国发明的D N A快速鉴定专利，在宁夏首先推出了“D N A鉴定，一天搞定”的客户服务。这项服务，在全世界的服务速度是最快的，在全国价格是最低的，而测定准确度却全部达到了国际标准。2014年1月，公司承担了宁夏公安户籍处和妇幼保健院办理户籍和出生证DNA鉴定业务，公司的业务量迅速增长，已成为全国最大的DNA鉴定中心之一。

2011年12月，宁夏司法厅经过严格审核，向鼎实公司颁发了司法鉴定许可证，使其成为少数几家被授予司法鉴定许可证的民营企业。司法鉴定许可证的颁发使鼎实公司有可能扩大其经营规模，为西北和全国提供其优质基因检测服务。

计皖博士于2009年至2010年，领导承担了宁夏科技厅的重点攻关项目“羊绒及制品基因检测方法研究及标准试剂盒开发”。该项目旨在用最新的DNA检测技术，定性定量区分山羊绒和绵羊毛，以打击在羊绒行业中普遍的假冒伪劣行为。公司不仅顺利完成了攻关项目的全部研究，通过了科技厅的专家验收，还在国内和国际的权威杂志上发表论文两篇，申请国家专利一项，获得了各界的好评。

2010年，计皖博士被评为中央组织部引进的海外高层次人才“千人计划”成员，他亦是宁夏区人民政府“百人计划”成员。2012年，他获得中国华侨创新人才奖，还被选为银川市政协委员。

面对越来越好的发展形势，计皖博士更加坚定了终生在家乡开发生物高科技市场的决心。继以满意成绩通过司法部能力验证之后，鼎实生物司法鉴定所又陆续开发了清真肉类的鉴定、转基因食品鉴定、动物纤维鉴定等一系列围绕回族地区生产生活的DNA鉴定。他说:“我不是一个在象牙塔里研究高深理论的科学家，我们的科研成果将直接面对市场，向人民提供最好的生物高科技服务。在市场的打拼中的公司，虽然生长缓慢，却极具有生命力。我相信只要政府能提供一个公平的竞争环境，我们就一定能发展成一个具有地方特色的、为地方发展服务的高科技产业。”

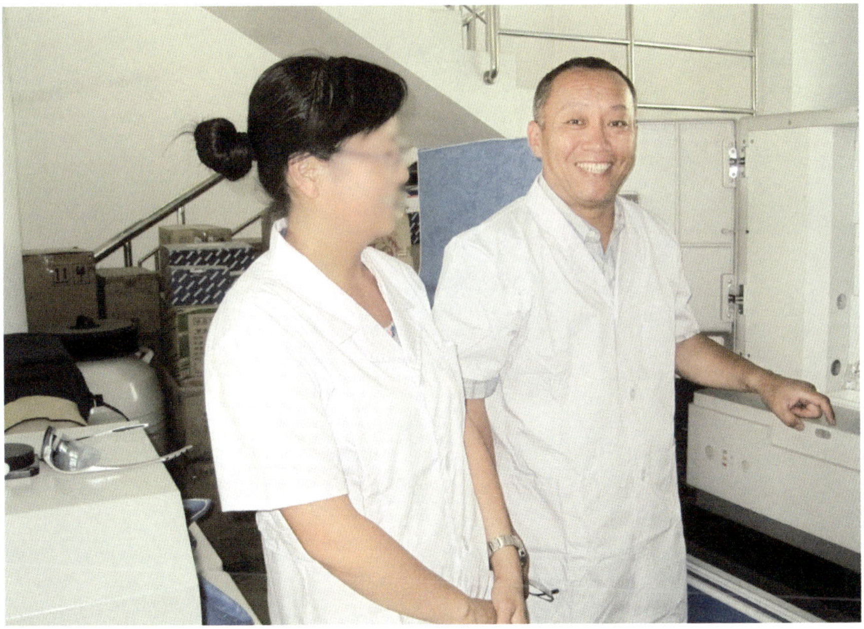

图书在版编目(CIP)数据

新时代最美法律服务人 / 司法部法治宣传中心编
. -- 北京 : 法律出版社 , 2021
ISBN 978-7-5197-4527-1

Ⅰ. ①新… Ⅱ. ①司… Ⅲ. ①法律工作者—先进事迹
—中国 Ⅳ. ① K825.19

中国版本图书馆 CIP 数据核字 (2020) 第 086409 号

新时代最美法律服务人
XINSHIDAI ZUIMEI FALÜ FUWUREN

司法部法治宣传中心 编

策划编辑 沈小英
责任编辑 沈小英　毛镜澄
装帧设计 汪奇峰

出版 法律出版社
总发行 中国法律图书有限公司
经销 新华书店
印刷 中煤(北京)印务有限公司
责任校对 晁明慧
责任印制 吕亚莉

编辑统筹 法治与经济出版分社
开本 710 毫米 ×1000 毫米　1/16
印张 32.5
字数 490 千
版本 2021 年 3 月第 1 版
印次 2021 年 3 月第 1 次印刷

法律出版社 / 北京市丰台区莲花池西里 7 号(100073)
网址 /www.lawpress.com.cn
投稿邮箱 /info@lawpress.com.cn
举报维权邮箱 /jbwq@lawpress.com.cn
销售热线 /400-660-8393
咨询电话 /010-63939796

中国法律图书有限公司 / 北京市丰台区莲花池西里 7 号(100073)
全国各地中法图分、子公司销售电话:
统一销售客服 /400-660-8393/6393
第一法律书店 /010-83938432/8433　西安分公司 /029-85330678　重庆分公司 /023-67453036
上海分公司 /021-62071639/1636　深圳分公司 /0755-83072995

书号: ISBN 978-7-5197-4527-1
定价: 220.00 元
(如有缺页或倒装,中国法律图书有限公司负责退换)